Anthony | Mord an der Music Hall

W0094318

Barry Anthony

Mord an der Music Hall

Verbrechen und Laster im viktorianischen London

Aus dem Englischen übersetzt von Holger Hanowell

Reclam

Die Originalausgabe erschien unter dem Titel *Murder, Mayhem and Music Hall. The Dark Side of Victorian London* bei I. B. Tauris & Co Ltd, London.

2018 Philipp Reclam jun. GmbH & Co. KG, Siemensstraße 32, 71254 Ditzingen
Umschlaggestaltung: zero-media.net
Umschlagbbildung: INTERFOTO / Mary Evans (Bild-Nr.: 01686422)
Druck und buchbinderische Verarbeitung: Kösel GmbH & Co. KG,
Am Buchweg 1, 87452 Altusried-Krugzell
Printed in Germany 2018
RECLAM ist eine eingetragene Marke
der Philipp Reclam jun. GmbH & Co. KG, Stuttgart
ISBN 978-3-15-011058-4

Auch als E-Book erhältlich

www.reclam.de

Inhalt

1 Wo ist Troja geblieben?

>»Ich denke immer«, sagte der blonde Mann, während der Zug
>langsam über die Blackfriars Bridge fuhr, »dass die Reihe der
>Straßenlaternen dort drüben und ihr Widerschein im Fluss
>der schönste Anblick in ganz London sind.«
>»Wenn ich *das* sehe«, sagte der dunkelhaarige Mann, »muss ich
>immer daran denken, dass dahinter der Strand liegt.«
>»Und über dem Strand ist, Gott sei es gedankt«, warf die Frau
>des blonden Mannes ein, »der Himmel.«
>»Und darunter?«, wollte der Dunkelhaarige wissen.
>»Darunter gibt es nichts«, sagte der alte Mann, der einen Zwi-
>cker auf der Nase trug. »Man kann nicht tiefer sinken als der
>Strand.«[1]

Die Bahnreisenden, die Robert Blatchford in *Dismal England* por-
trätiert, fuhren gegen Ende des 19. Jahrhunderts in Richtung Strand.
Hätten sie sich entschlossen, jener Straße, von der sie keine hohe
Meinung hatten, einen Besuch abzustatten, hätten sie ein Gebiet
im Herzen Londons vorgefunden, das sich in etwa über eine Drei-
viertelquadratmeile erstreckte. Dieser Bezirk war allen erdenkli-
chen Formen des Freizeitvergnügens und der Unterhaltung gewid-
met. Die aufwendig gestalteten Fassaden der unlängst errichteten
Theater, Restaurants, Hotels und Public Houses (Pubs) wetteifer-
ten mit älteren, teilweise verwinkelten Gebäuden, die einer Vielzahl an Geschäften, Clubs und Zeitungsbüros Raum boten. Auch
zwielichtige Hinterzimmer gab es, die nicht selten für undurchsichtige Machenschaften genutzt wurden. Schilder mit der Aufschrift »Zu vermieten« prägten das Viertel und passten sich ein in
eine Galerie aus grellbunten Postern, die auf jeder noch so kleinen
freien Fläche ins Auge stachen. Werbung beschränkte sich indes
nicht auf Mauern und Plakattafeln: Ein ganzes Heer von traurig
dreinblickenden Männern trottete – quasi als lebendige Werbe-
tafeln – mit tragbaren, doppelwandigen Plakaten die Rinnsteine
entlang. Auf den Gehwegen des Strand herrschte bis spät in die
Nacht großes Gedränge, während die schmale Straße selbst oft von

einem hoffnungslos verworrenen Knäuel aus Pferdeomnibussen, zweisitzigen Kutschen (sogenannten Hansom Cabs) und privaten sowie gewerblichen Fuhrwerken verstopft war.

Wer in der viktorianischen Epoche auf dem Strand unterwegs war, sei es zu Fuß oder mit einem Wagen, musste eine Flut von Sinneseindrücken verarbeiten. Das alltägliche Stimmengewirr, die Straßenmusik und die Rufe der Zeitungsjungen wurden untermalt von den schweren, dumpfen Geräuschen der eisenbeschlagenen Räder, die über den hölzernen Straßenbelag rumpelten. Selbst wenn der dichte Nebel, den man mit der unweit gelegenen Themse in Verbindung brachte, einmal nicht durch das Viertel waberte, bot der Strand eine überwältigende Mischung aus Gerüchen: Pferdedung, Zigarrenqualm, Bierdunst, Schwaden aus den Garküchen, der Duft von Parfüm – aufdringliche und raffinierte Noten – und die unvermeidlichen Ausdünstungen einer größeren Menschenansammlung. Auf der Straße war es so eng, dass man unweigerlich mit anderen auf Tuchfühlung ging: Man stieß aus Versehen mit jemandem zusammen, erhielt hier und da einen Schubs, kam in den zweifelhaften Genuss einer flüchtigen Liebkosung einer »gefallenen Frau« und merkte womöglich zu spät, dass sich die Finger geschickter Taschendiebe an der Geldbörse oder den Innentaschen zu schaffen machten.

Im 16. Jahrhundert beherrschten noch Adelssitze im Tudorstil den Strand. Erker, Flankierungstürmchen und verzierte Torhäuser boten einen märchenhaften Anblick. Die Durchgangsstraße, die auf eine mehr als fünfhundertjährige Geschichte zurückblickt, folgte der sanften Biegung des Flusses zwischen der City of London und Westminster und stellte die erforderliche Landverbindung zwischen dem finanziellen und dem politischen Zentrum der Metropole her. Im Mittelalter machte der oberen Biegung der Straße die Maiden Lane Konkurrenz, eine parallel verlaufende Straße, die die Grenze zu den ausgedehnten Gemüseanbauflächen und Obstgärten bildete, die der Abbey of Westminster gehörten. Zu Beginn des 17. Jahrhunderts wurden beide Seiten des Strand gesäumt von den herrschaftlichen Gebäuden adliger Familien – Cecil House,

Exeter House, Bedford House und Wimbledon House auf der nördlichen Seite und Arundel House, Somerset House, Salisbury House, Durham House, York House und Northumberland House, die sich südwärts zur Themse hin erstreckten. Im Lauf der Zeit griff die stetig anwachsende städtische Bevölkerung nach und nach auf die herrschaftlichen Häuser über. Die schönen Gärten entlang des Flussufers, die Terrassen und Landungsstege büßten an Attraktivität ein, je stärker die Themse befahren und verschmutzt wurde. So kam es, dass die aristokratischen Bewohner des Strand sich allmählich in die ländlichen Gebiete rund um London zurückzogen. Bauträger traten auf den Plan und begannen, die Herrenhäuser abzureißen, wobei nur die ursprünglichen Namen übrig blieben, damit man die einzelnen Straßen voneinander unterscheiden konnte, die vom Strand wegführten. Von allen alten Adelsresidenzen existierte im 19. Jahrhundert nur noch das Northumberland House. Seine langgezogene Fassade markierte bis ins Jahr 1874 die westlichen Ausläufer des Strand. Näher an der City blieben nur in der Holywell Street, einer schmalen Straße, die parallel zum Strand verlief und dorthin zurückführte, einige auskragende Häuser erhalten, die noch aus der Zeit vor dem großen Brand von 1666 stammten. Das östliche Ende der Straße markierte Temple Bar, eine verzierte Tordurchfahrt, die 1672 errichtet wurde.

Nachdem die bessergestellten Nachbarn den Straßenzug verlassen hatten, widmeten sich die verbliebenen Bewohner des Strand unbeirrt dem Arbeitsalltag. Weitere Kneipen, Geschäfte, Theater und Bordelle öffneten ihre Pforten, und 1682 wurde die verfallene Kirche St. Clement Danes wiederaufgebaut, um den gelegentlichen spirituellen Bedürfnissen der stetig anwachsenden Bevölkerung etwas bieten zu können. Etwa in der Mitte der Straße angesiedelt, beherrschte die St.-Clements-Kirche das gesamte Viertel und war bald bekannt für ihre fröhlichen Glockenklänge, die sich sogar in einem Kinderlied erhalten haben (»›Oranges and lemons‹ say the bells of St Clements«). Dreißig Jahre später wurde eine zweite Kirche auf einer Verkehrsinsel des Strand errichtet, St. Mary le Strand; die Baugenehmigung ging auf einen Parlamentsbeschluss zurück,

Abb. 1: Westliches Ende des Strand, mit der Fassade des Northumberland House, frühe 1860er Jahre

fünfzig neue Kirchen in London zu errichten. Um das meiste aus dem begrenzten Raum zu machen, wurden die Häuser höher und schmaler, mit Geschäften im Erdgeschoss und weiteren Stockwerken, die als Lager und Wohnraum dienten. Die hohen Fassaden und die verhältnismäßig schmale Straße ließen den Strand wie eine im Schatten liegende, überfüllte architektonische Schlucht erscheinen. Etwa ab dem Jahr 1680 führte der öffentliche Gehweg tatsächlich durch ein Gebäude – man ging durch die Arkaden vor den

Geschäften, die im Erdgeschoss der Exeter Change untergebracht waren, einem Gebäude, das an der Stelle des ehemaligen Exeter House errichtet worden war. In diesem Gebiet blühte jede Art von Handel (Hutmacher, Tuch- und Strumpfwarenhändler), und im späten 17. Jahrhundert eröffnete der Hungerford Market unmittelbar neben Northumberland House. Weiter nördlich des Strand büßten ab etwa 1630 die eleganten Wohnhäuser und Plätze (im Piazzastil), die an der Stelle des Konventsgartens (Convent bzw. Covent Garden) errichtet worden waren, an Attraktivität ein, als ganz in der Nähe ein Gemüsemarkt entstand. Ein Jahrhundert später riefen die Brüder John und Robert Adam auf der gegenüberliegenden Seite des Strand ein erfolgreicheres Experiment des eleganten Wohnens ins Leben: Die im neoklassizistischen Stil errichteten Adelphi Buildings bildeten ein ganzes Wohnquartier mit Straßen, Häusern und einer eindrucksvollen Terrasse mit Blick auf die Themse.

Je weiter sich London ausdehnte, desto rascher verschwanden alle Spuren ländlicher Strukturen, die einst bis an den Strand gereicht hatten. Dennoch, inmitten des Rauchs der zahllosen Schornsteine und der Geräuschkulisse des städtischen Lebens hielten die Bewohner nach wie vor die ländliche Vergangenheit in Ehren. Vom Lande her kam ein nicht abreißender Strom Wanderarbeiter in die Stadt, auf der Suche nach Lohnarbeit, aber viele andere, die seit Generationen in der Stadt lebten, gaben sich immer noch ländlichen Gepflogenheiten hin. Zum Beginn des Sommers versammelte sich die Menge zum Tanz um den geschmückten Maibaum, wobei es sich nicht mehr um einen Baum bescheidener Größe wie auf dem Dorfplatz handelte, sondern um einen hundert Fuß hohen Stadtpfahl, der an der Stelle des mittelalterlichen Strand Cross errichtet wurde – dort, wo später St. Mary le Strand erbaut wurde. Die Puritaner missbilligten diesen offen zur Schau gestellten heidnischen Ritus und zerstörten das Wahrzeichen in den Jahren des Bürgerkriegs. Nach der Restauration unter Charles II. ragte allerdings ein noch größerer und schönerer Maibaum in den Himmel. Als der Maibaum des »Merry Monarch« zusehends verfiel, entstand 1713 ein neuer in der Nähe von Somerset House. Doch er währte nicht lange, was den Reverend James Bramston 1729 dazu veranlasste, in elegische Reime zu verfallen:

Kings and Comedians are mortal found,
Caesar and Pinkethman are under Ground.
What's not destroy'd by Time's Devouring hand?
Where's Troy, and where's the Maypole in the Strand?

Könige und Komödianten werden für sterblich befunden,
Cäsar und Pinkethman sind unter der Erde.
Was wird nicht zerstört durch der Zeit alles verschlingende
Hand?
Wo ist Troja geblieben, und wo ist der Maibaum vom Strand?

Unweit des Strand wurde Samuel Pepys 1667 Zeuge einer weiteren Maifeierlichkeit, und zwar der Prozession der Milchmägde, die mit Frühlingsblumen verzierte Melkeimer trugen. Dem berühmten Tagebuchschreiber war es wichtig festzuhalten, dass sich inmitten der Zuschauer, die die Darbietung in der Drury Lane verfolgten, auch die züchtig gekleidete Nell Gwynn befand, zu jener Zeit die bekannteste Schauspielerin und Kurtisane. Kaminkehrer eiferten den Milchmägden nach und vollführten am 1. Mai ebenfalls einen Festumzug. Schwarz von Ruß, aber bedeckt von den frischen Blättern des »Jack in the Green«-Kostüms, sammelten sie Geld, um den Arbeitsausfall (und damit den Lohnausfall) während der Sommermonate zu kompensieren. Auch in der viktorianischen Ära wurde der 1. Mai feierlich begangen, aber da Kühe inzwischen in den düsteren, verschmutzten Gewölben unterhalb des Adelphi gehalten wurden und Kaminkehrer ihre »Lehrlinge« (zumeist Kinder) den krebserregenden, rußverschmierten Innenrohren der Schornsteine aussetzten, schien das ländliche Idyll meilenweit entfernt.

Trotz der harten Bedingungen, unter denen Arbeiter zu leiden hatten, rangierte der Strand in mancherlei Hinsicht an vorderster Front der technischen Errungenschaften. Da die Manufakturen seit der industriellen Revolution eine riesige Auswahl an Konsumgütern produzierten, profitierten von dieser Entwicklung im 18. und 19. Jahrhundert auch die Geschäfte auf dem Strand, die Scharen von Kunden und Neugierigen anlockten. Etwa seit Mitte des 19. Jahrhunderts wurden die Schaufensterauslagen auffälliger, nachdem große Flachglasscheiben die kleineren, in schweren Rahmen steckenden Scheiben ersetzt hatten. Am West Strand bot ein Vorläufer der modernen Shopping Mall in Gestalt der glasüberdachten Lowther Arcade eine geschützte Ausstellungsfläche für eine faszinierende Sammlung teurer Waren und Spielzeuggeschäfte. An mehreren Stellen entlang des Strand machten holzgeschnitzte Köpfe von »Red Indian Chiefs« auf spezialisierte Tabakwarenläden und Zigarrenhändler aufmerksam. Zeitungshändler und Buchläden boten die preiswerten Ergüsse der dampfbetriebenen Schnellpressen feil – kurzlebige Groschenromane, satirische Journale, erotische Taschenbücher, komische Liederbücher und Stadtführer mit Hinweisen zu allen Bereichen der Unterhaltung. Die in Schaufenstern ausgestellten Drucke, die sowohl allgemeine als auch speziellere Interessengebiete abdeckten, wichen schließlich Fotos, auf denen Mitglieder des Königshauses, Politiker und attraktive Schauspielerinnen zu sehen waren. Viele Verleger eröffneten Büros auf dem Strand, manchmal nur vorübergehend, während andere die Räumlichkeiten über einen längeren Zeitraum nutzten.

Als der Strand verkehrstechnisch besser zu erreichen war, zog der Straßenzug immer mehr potenzielle Kunden an. Die Leute reisten auf billigen Dampfbooten an (etwa ab 1820), nahmen von Pferden gezogene Omnibusse (ab 1829) oder den Zug. Ab 1848 konnte man an der Waterloo Station aussteigen und von dort aus das kurze Stück über die Waterloo Bridge fahren: Die Maut für dieses Privileg kostete einen Halfpenny. So handhabe man es bis 1878, als der Brückenzoll abgeschafft wurde. Seit 1864 konnten die Besucher aus Europa nach der Überfahrt einen Zug vom Hafen bis zum Bahnhof Charing Cross nehmen, sie stiegen also direkt auf dem Strand aus, und zwar durch das Charing Cross Hotel, das zu jener Zeit eine aufwändige Fassade im Stil der französischen Renaissance besaß. 1870 entstand eine U-Bahn-Station am unteren Ende der Villiers Street, unmittelbar neben den Bögen der Eisenbahnendstation. Bekannt unter dem Namen Charing Cross, war der Bahnhof Teil eines groß angelegten Plans der Stadtentwicklung, der die Gestalt des Londoner Zentrums nachhaltig verändern sollte. Der Bau des großflächig befestigten Thames Embankment zwischen Westminster und Blackfriars ersetzte die chaotisch anmutende Ansammlung von Kaianlagen, Lagerhäusern und Anlegeplätzen, die sich entlang des alten Flusslaufs ausgebreitet hatten. Im Zuge dessen entstand nicht nur die District Railway Line, sondern auch ein langersehntes, moderneres Abwassersystem. Derartige Vorrichtungen waren dringend erforderlich für die zahlreichen Hotels, die im Einzugsbereich des Strand entstanden, allen voran das luxuriöse Savoy Hotel (1889), das so viele Badezimmer besaß, dass der Baumeister fragen ließ, ob das Hotel für Amphibien gedacht sei. Auch die Gastronomie expandierte mit der Eröffnung von Restaurants wie Gow's, Simpson's und Romano's. Kaffeehäuser, Austernläden, Weinhäuser und Zigarrenläden boten Speisen und Getränke an.

In der ersten Hälfte des 19. Jahrhunderts machte der Strand seinem Ruf, Ort der Erholung und Zerstreuung zu sein, alle Ehre, da neue Möglichkeiten der Unterhaltung aufkamen. Hatten sich zuvor Amateure zwanglos und gratis »die Ehre gegeben«, traten von nun an professionelle Künstler auf den Bühnen der Gasthäuser auf. Treffpunkte wie Coal Hole, Strand, und die Cyder Cellars[2] in der Maiden Lane boten Speisen sowie Getränke an und versprachen rowdyhafte Unterhaltung für das überwiegend männliche Publikum. In der Nähe in Covent Garden legte das Evans's Hotel die Messlatte deutlich höher, indem es Chorgesang oder Auszüge aus Operetten präsentierte und die Komödianten mit den roten Pappnasen verdrängte. Einige Straßen weiter, im Garrick's Head, saß der selbsternannte »Lord Chief Baron« Renton Nicholson als Richter komödiantisch inszenierten Scheinprozessen (engl. »mock trial«) vor, die das Publikum wegen ihrer Respektlosigkeiten und Frivolitäten liebte. Mitte der 1860er Jahre bot die speziell errichtete Strand Music Hall wesentlich kultiviertere Unterhaltung in einer

Abb. 2: The Strand, aufgenommen in den frühen 1860er Jahren

rauch- und alkoholfreien Umgebung – weshalb das Vorhaben auf Dauer kläglich scheiterte. Als die Strand Music Hall schließen musste, behauptete sich Gatti's Music Hall (unter den Bögen der Charing Cross Station in der Villiers Street) erfolgreicher auf dem Markt als ihr vornehmer Vorläufer, aber ein richtiges florierendes Varietétheater erhielt der Strand erst im Jahr 1890 mit dem Tivoli.

Die Art der Unterhaltung, die an den unterschiedlichsten Orten geboten wurde, veränderte sich mit den Jahren. Astley's Middlesex Amphitheatre, eine Arena für Reiterdarbietungen, eröffnete 1806 in der Wych Street, unweit von St. Clement Danes, musste jedoch

1813 dem Olympic Theatre weichen. Ganz in der Nähe, Strand 169, machte das alte Talbot Inn 1803 dem Barker's Panorama Platz, das wiederum später zum Royal Strand Theatre wurde – über lange Zeit *die* Adresse für musikalische Burlesken. Die den gesamten Gehweg dominierende Exeter Change (in diesem Haus gab es Vorführungen mit der Laterna magica, aber auch ein Puppentheater und eine Menagerie im ersten Stockwerk) wurde 1829 abgerissen. An ebenjener Stelle entstand die Exeter Hall, ein Konzertsaal mit 4000 Sitzen, der für öffentliche Versammlungen und klassische Konzerte genutzt wurde. Lange Zeit waren die Theater Drury Lane (1663) und Covent Garden (1732) die einzigen Bühnen in diesem Viertel. In viktorianischer Zeit erhielten diese Spielstätten jedoch starke Konkurrenz: das Lyceum (1809), das Adelphi (1819), das Gaiety (1868), das Vaudeville (1870), die Opera Comique (1871)[3], das Savoy (1881) und Terry's (1887) auf dem Strand, und in benachbarten Straßen das neue Lyceum (1834), das Globe (1868) und das Avenue (1881).

Die vergnügungssüchtigen Massen und die gut sortierten Geschäfte waren ein gefundenes Fressen für alle möglichen Kriminellen. In seiner 1860 erschienenen Autobiografie beschreibt Renton Nicholson, wie ein »beschränktes und verkommenes Gesindel«, das unter dem Namen *sharps* bekannt war, ehrlichen, respektablen Bürgern auflauerte (die in der Diebessprache als *flats*, d. h. als »Einfaltspinsel« bezeichnet wurden).[4] Hochstapler, Falschmünzer, Erpresser, illegale Buchmacher, Einbrecher, Straßenräuber, Taschendiebe, Pornografen und Ladendiebe trieben sich auf dem Strand herum wie Bettwanzen in billigen Absteigen. Zu den falschen und echten Bettlern gesellten sich professionelle Schnorrer, die sich bisweilen in Gangs organisierten. Eins der größten Gewerbe, die Prostitution, galt nicht als illegal, bildete aber das Zentrum diverser krimineller Aktivitäten: Bestechung, Erpressung, Diebstahl, Beschaffung minderjähriger Mädchen und körperliche Gewalt durch Zuhälter waren in diesem Milieu an der Tagesordnung. Auf dem Strand und in den nahegelegenen Slums der Viertel Clare Market, Covent Garden und Drury Lane existierte eine parasitäre Parallelgesellschaft. Um der Gesetzlosigkeit dieser Gebiete Herr zu werden, wurden im Jahre 1750 die Bow Street Runners ins Leben gerufen, Londons erste organisierte Polizeitruppe. 1829 ersetzte die Metropolitan Police Force die ältere Vorläuferorganisation, die Hauptwache blieb jedoch, wie zuvor, in der Bow Street. Am östlichen Ende des Strand eröffnete Königin Victoria 1882 die Royal Courts of Justice, ein Gebäude im neogotischen Stil. Die königlichen Gerichtshöfe beherrschten fortan ein Gebiet, das bis dahin berüchtigt war für die hohe Dichte an Prostituierten und Bordellen. Während der Bauphase überblickte der Gebäudekomplex Temple Bar – an dem Dach des Torbogens wurden einst die abgeschlagenen Köpfe von Gesetzesbrechern zur Schau gestellt. In unmittelbarer Nähe zu den Gerichtshöfen lagen die Büros von Anwälten und privaten Ermittlern.

Die Polizei hatte die Aufgabe, für Recht und Ordnung zu sorgen, und so war es ihre Pflicht, sich nicht nur auf das unvorhergesehene und unberechenbare Verhalten einzustellen, das Gruppen oder Individuen an den Tag legten, sondern auch mit den sorgsam geplanten und verdeckten Aktivitäten der kriminellen Unterwelt fertigzuwerden. Da es vor dem Licensing Act von 1872 keinerlei Beschränkungen für die Öffnungszeiten der Pubs gab, stellte die Trunkenheit im öffentlichen Raum ein so großes Problem dar, dass die Behörden nur dann einschritten, wenn die Trunkenbolde es zu bunt trieben. Ein erhebliches öffentliches Ärgernis waren die »Jolly Dogs«, junge Männer aus zumeist wohlhabendem Hause, die sich in den unterschiedlichsten Kneipen und Nachtlokalen hemmungslos betranken, woraufhin sie lärmend durch die Straßen Londons zogen, um zu randalieren oder derbe Späße zu treiben, die Sachbeschädigungen zur Folge hatten. Die Zecher der Arbeiterklasse waren vielleicht nicht so einfallsreich, wenn es ums Unruhestiften ging, doch auch diese Männer stellten die Behörden vor erhebliche Probleme. Selbst nachdem das Licensing Act 1872 in Kraft getreten war, gab sich der französische Journalist Max O'Rell schockiert von den Vorgängen in der Stadt:

Die Trunkenheit auf offener Straße ist unbeschreiblich. Samstagsabends werden regelrechte Hexensabbate veranstaltet. Die Frauen trinken fast so viel wie die Männer [...]. Der Engländer ist nur laut, wenn er betrunken ist; dann wird er streitbar und bösartig. Etwa die Hälfte aller Morde, von denen man hört, wird unter Einfluss von Alkohol verübt.[5]

Betrunkene, die sich allein auf den Straßen herumtrieben, überließ man den Taschendieben oder weniger zimperlichen Räubern, denn sie wurden erst in Schutzhaft genommen, wenn sie randalierten und somit eine Gefahr für die Bevölkerung darstellten. Die Polizei kümmerte sich eher darum, die Scharen von betrunkenen Rüpeln und Prostituierten in Schach zu halten, die unbeteiligte Passanten belästigten und beleidigten. Die Stimmen, die ein energischeres Einschreiten der Polizei forderten, nahmen zu: Man verlangte von den Ordnungshütern Maßnahmen, um die pöbelnden Gruppen aus dem Gebiet Strand zu vertreiben und zu verhindern, dass die Subkultur der Elendsviertel zum Ärgernis für die Bevölkerung wurde. Der Anblick einer größeren Ansammlung Betrunkener war nicht nur der allgemeinen Bevölkerung ein Graus – viele örtliche Stadträte, Magistrate und Mitglieder des Parlaments hatten Beziehungen zum Brauereiwesen, während Investoren der Mittelschicht und die Finanzbehörden vom Akoholverkauf profitierten. Verständlicherweise sahen diese Interessengruppen es nicht so gern, wenn die Auswirkungen des »Dämons Alkohol« so offenkundig im Herzen Londons ins Auge fielen.

Obwohl der Strand mit den Worten eines Music-Hall-Songs gesprochen »der Ort für Spaß und Lärm für alle Mädchen und Jungen« blieb,[6] hatten die mächtiger werdenden zentralen und lokalen Behörden zu Beginn des 20. Jahrhunderts die ungezügelte Natur der Straße weitestgehend gezähmt. Die Öffnungszeiten der Pubs wurden beschränkt, und wer sich partout nicht an die geltenden Regularien halten wollte, dem wurde die Lizenz entzogen. Schon als Königin Victoria den Thron bestieg, gab es Ausbaupläne für das, was der erste Manager des Gaiety Theatre als »vollgestopfte Gasse«

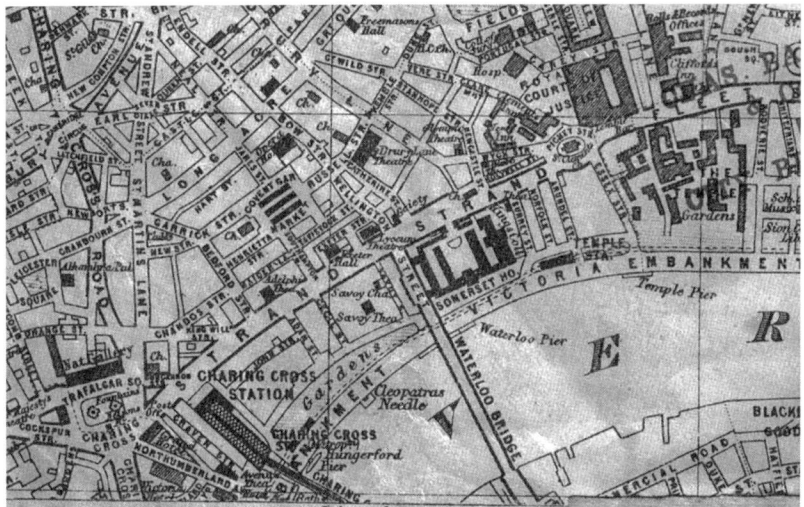

Abb. 3: The Strand, ca. 1890. Die Hausnummern waren fortlaufend, beginnend bei Charing Cross auf der südlichen Seite bis zur Nummer 250 ff. bei Temple Bar; dann wurde auf der anderen Seite bis in die 400er-Nummern weitergezählt, zurück zum westlichen Ende.

bezeichnete.[7] Angesichts der zunehmenden Bedeutung der Stadtplanung – angeregt vom neu geschaffenen Metropolitan Board of Works (1856) und dem London County Council (1889) –, wurden viele Elendsviertel abgerissen und deren latent kriminelles Milieu verdrängt. Die Verbreiterung des Strand und der Bau der Straße Aldwych (1902) führten dazu, dass sowohl die Wych Street als auch die Holywell Street verschwanden. Beide Straßen beherbergten von jeher Prostituierte und förderten den Vertrieb pornografischer Schriften. Die Londoner Polizei, die in ihrer bis dato siebzigjährigen Geschichte oft verunglimpft worden war, verdiente sich nach und nach den Respekt weiter Kreise der Bevölkerung. In der zeitgenössischen Unterhaltungsliteratur, die einst das Antiestablishment und die Taten von Wegelagerern (engl. Highwaymen), Freibeutern und jugendlichen Einbrechern feierte, begann man, die Fälle von scharfsinnigen und analytisch begabten Detektiven aufzuzeichnen.

Lieder, Tanzeinlagen und andere Darbietungen auf den Varietébühnen waren weniger schlüpfrig, da Music Halls in Aktiengesellschaften umgewandelt wurden; Finanziers der Mittelschicht sorgten für die erforderliche Sicherheit. Je weiter sich Theater, Music Halls und frühe Lichtspielhäuser in vorstädtischen Bezirken ausbreiteten, desto seltener mussten diejenigen, die Unterhaltung suchten, bis ins Herz Londons fahren.

Als das Gaiety Theatre 1903 abgerissen wurde, soll eine Horde Ratten aus den Trümmern gesprungen sein, auf der Suche nach einem neuen Unterschlupf in dunkleren Nischen der umliegenden Viertel. Eine anschauliche Metapher für jene Entwicklung, in deren Verlauf die unüberschaubaren, chaotischen und überfüllten Wohnquartiere des Strand durch sorgsam geplante und leicht zu verwaltende Gebäude ersetzt wurden. Mit dem Bau von Effingham House im Jahre 1891, eines sechsstöckigen Büroblocks an der Ecke Arundel Street und Strand, wurde die neue Richtung vorgegeben. Während Geschäftskunden in diesem Viertel noch mit steilen, knarrenden Treppenaufgängen vorliebnehmen mussten, gab es in Effingham House bereits einen schnellen und effizienten Aufzug für alle Etagen. 1896 eröffnete das Hotel Cecil auf der Seite Cecil Street und Salisbury Street, das 800 Zimmer, Bars, ein Restaurant und Lounges zu bieten hatte, die in Sachen Komfort und Eleganz auf dem neuesten Stand waren. An der exponierten Straßenecke entstand das neue Gaiety, ein Prachtbau, der mit seinen tiefen Alkoven und der pompösen Kuppel erhabenere Darbietungen vermuten ließ als bloße Unterhaltung. Sogar eine Art Palast beherrschte nun wieder die Straße, das Strand Palace Hotel, das 1909 eröffnete und sein unmittelbares Nachbargebäude, das Haxell's Hotel, sehr klein aussehen ließ.

Seit jeher war der Strand bekannt für frivole Unterhaltung und hemmungslose Vergnügungssucht, doch für diejenigen, die den Straßenzug noch aus ihrer Jugendzeit kannten, hatte er seine Einzigartigkeit verloren. Grellbunte Anzeigetafeln, langsamer Verkehr, dröhnende Musik, Sex-Shows, Spielhöllen und auf offener Straße arbeitende Prostituierte mochte man für eine moderne Stadt wenig erstrebenswert finden, aber sie wurden zu farbenfrohen Aspekten einer romantischen Vergangenheit verklärt. Wer nicht der Syphilis oder Leberzirrhose erlegen war, wartete nun mit liebevollen Berichten aus einer zwar vergeudeten, aber amüsanten Jugendzeit auf. »One of the Old Brigade« bedauert 1906, dass »Nachtlokale wie gemütliche Kneipen abgerissen und in Abscheulichkeiten aus Glas verwandelt werden. Die neuen Betreiber sind Fremde und Juden, während bullige Typen in Uniform verzinkte Waren und schäbig-vornehme Weiberhelden solide Silberlöffel und einen edleren Menschentyp verdrängt haben«.[8] Als diese dyspeptischen und rassistischen Veteranen, die den Strand noch aus dem 19. Jahrhundert kannten, allmählich wegstarben, idealisierten neue Generationen – unter dem Eindruck der harschen Realität der Weltkriege, der Weltwirtschaftskrise und sozialer Unruhen – das Viertel umso stärker. Die Wirklichkeit des viktorianischen Strand lag verschüttet, nicht wie Troja unter den sich ansammelnden Trümmern der Zeit, sondern unter dem sanft fallenden Feenstaub der Nostalgie. Glamouröse Gaiety-Mädchen in Kutschen und gaserleuchtete Bühneneingänge samt Personal standen seither stellvertretend für diese mystische Vergangenheit, während Schichten falscher Erinnerung und Wunschdenken die Überreste einer Gesellschaft verdeckten, die darum bemüht war, ihre subversiven, kriminellen und zügellosen Elemente zu bewahren.

Die folgenden Untersuchungen zur zwielichtigeren Sozialgeschichte Londons im 19. Jahrhundert stützen sich im Wesentlichen auf zeitgenössische Zeitungsartikel. Obwohl solche Berichte unvermeidlich die Vorurteile und Bedenken der Verleger und Leserschaft wiedergeben, liefern sie auch zahllose intime Details des alltäglichen Lebens im Umfeld des Strand. Das Bild, das auf diese Weise entsteht, setzt sich zusammen aus gewöhnlichen und nicht so gewöhnlichen Menschen, die in einer Umgebung interagierten, die auf eine lange Geschichte zurückblickte, aber einen schnellen und unvorhergesehenen Wandel erlebte. Unter den Leuten, die uns in diesem Zusammenhang begegnen, finden sich ein paar ausgemachte Schurken, wie etwa Charles Le Grand, der psychotische Er-

presser, den manch einer für »Jack the Ripper« hielt; des Weiteren
Paul Baron, ein erpresserischer und bedrohlicher Barbier, sowie Helen Schmidt und William Schneider, die Männer bestahlen, die sich
von einer (natürlich eingeweihten) Prostituierten ablenken ließen.
Andere Personen gerieten unbeabsichtigt in Situationen, durch die
sie sich auf der falschen Seite des Gesetzes wiederfanden – die jugendliche und selbstmordgefährdete Schauspielerin Mabel Love;
der geistig verwirrte Major Frank Foster, der eine Vorstellung am
Gaiety Theatre unterbrach; Police Constable Sam Cooke, dessen
Beziehung zu einer »gefallenen Frau« auf zweifache Weise tragisch
endete; und George Edwin Bishop, ein Theateragent, der sich als
unfähig erwies, Engagements festzumachen oder einzuhalten.
Schließlich gab es diejenigen, die sich weigerten, sich an die vor-
herrschenden moralischen Standards zu halten – Transvestiten wie
Ernest Boulton und Frederick Park; der unbezähmbare Pornograf
William Dugdale; Renton Nicholson, der spätabendliche Unterhal-
tungsprogramme in Rabelais'scher Manier anbot; der Star der Burleske, Florence St John, die Stammgast im Scheidungsgericht wurde; und die Music-Hall-Künstlerin Lottie Collins, insbesondere bekannt für ein Lied mit Tanzeinlage, das die 1890er Jahre als Epoche
der Frivolität verewigt hat. Jede dieser Personen, deren Torheiten
und Marotten nun beschrieben werden sollen, wurde mehr oder
weniger von der Örtlichkeit des Strand beeinflusst – denn dieser
Straßenzug war Zufluchtsort, Arbeitsplatz, Zentrum ruchloser Aktivitäten, ein Vergnügungsort oder auch Quelle der literarischen Inspiration.

Als Reaktion auf die rhetorischen Fragen des Reverend Bramston wurde der einst hochaufragende Maibaum des Strand zu Beginn des 18. Jahrhunderts nach Wantage, Essex, gebracht, inzwischen nur noch ein Stumpf von etwa zwanzig Fuß. Sir Isaac Newton fand nämlich, das Holz eigne sich hervorragend als Stütze eines
großen Teleskops. Weit entfernt von London wurde das antike Troja bei der türkischen Stadt Hissarlik von Heinrich Schliemann frei-
gelegt, in einer Reihe von Ausgrabungen zwischen 1870 und 1880.
Die Protagonisten dieses Buchs sind, wie Cäsar, lange »unter der

Erde«. Aber wie schon bei William Pinkethman, dem improvisie-
renden Komödianten von Drury Lane und Bartholomew Fair, lohnt
es sich, auch das Leben dieser Menschen neu zu beleuchten, sind
sie doch extreme Vertreter einer provokanten Gegenkultur, die im
Verlauf der Geschichte weitestgehend in Vergessenheit geraten ist.

2 Die »Love« verschwindet

Mabel Love verließ das Gaiety Theatre und trat anmutig hinaus in das lärmende Treiben des Strand. Es war Samstag, der 16. März 1889, etwa um die Mittagsstunde, und wie immer wimmelte es auf den Gehwegen von Männern und Frauen jeglicher Couleur. Man traf auf verkniffen dreinblickende Cockneys aus den Elendsvierteln der Drury Lane, auf ausländische Touristen, die eben erst am Bahnhof Charing Cross angekommen waren, auf leicht desorientierte Leute vom Lande, auf Vikare, die an religiösen Versammlungen in Exeter Hall teilnahmen, auf untadelige Ladies, die zum Einkaufen ihre Dienstmädchen mitgenommen hatten, auf einige Prostituierte, die schon früh unterwegs waren, auf eine Schar gutsituierter Clubmitglieder, die auf dem Weg zu einem ausgedehnten Lunch waren, und auf die übliche Ansammlung schäbig aussehender Typen, die sich vornehm gaben und darauf hofften, die nächste Mahlzeit oder den nächsten Drink zu erschnorren. Eine bunte Prozession also, die in dieser oder leicht abgeänderter Form schon seit vielen Jahren das Erscheinungsbild des Strand prägte, wobei Laster und Tugend, wie so oft, miteinander um die Vorherrschaft rangen. In der langen und wechselvollen Geschichte des Strand wäre Mabel Love jedoch immer in der Menge aufgefallen. Es passte zu ihrer Stellung als aufstrebende Schauspielerin, dass sie auch an diesem Tag schick gekleidet war: Sie trug einen schwarz-weiß gestreiften Rock und ein terrakottafarbenes Cape mit Pelzbesatz und schillernden Knöpfen. Die Fülle ihrer goldblonden Lockenpracht krönte ein schiefsitzender Schlapphut mit Feder. Die Künstlerin mit den rosigen Lippen, dem frischen Teint, den großen Augen und den niedlichen Grübchen war bereits auf vielen Fotografien zu bewundern, die überall in der Stadt verkauft wurden. Hätte sie ein bisschen dichter an den Schaufenstern der Spielzeugläden in der Lowther Arcade gestanden, hätten Passanten die Dame für eine mustergültig gearbeitete Puppe halten können. Doch Mabel war kein schöner Automat. Sie war ein eigenwilliges junges Mädchen, das es sich in den Kopf gesetzt hatte, seinen Eltern eine Lektion zu erteilen. Bin-

Miss MABEL LOVE.

W. & D. DOWNEY
PHOTOGRAPHERS

57 & 61, EBURY STREET.
LONDON, S.W.

Abb. 4: Mabel Love in *Faust Up to Date*

nen Stunden verbreiteten Zeitungen die sensationelle Nachricht, das Mädchen sei spurlos verschwunden: Manche Berichte deuteten an, Mabel könne Opfer einer Entführung oder eines Sexualverbrechens geworden sein.

Die Love-Familie lebte schon seit vielen Jahren im Umfeld des Strand. Mabels Großvater, William Edward Love (1806–1867), hatte als Journalist seine Laufbahn begonnen, nutzte dann aber eine angeborene stimmliche Begabung und wurde »Polyphonist«, in anderen Worten Ventriloquist bzw. Bauchredner. Viele Jahre lang tourte er mit seiner sehr erfolgreichen Ein-Mann-Show durch Großbritannien und Kontinentaleuropa, wobei schnelle Kostümwechsel auf der Bühne zu seiner Spezialität gehörten, da er sowohl weibliche als auch männliche Figuren imitierte. 1859 war Love aufgrund einiger Schlaganfälle schließlich nicht mehr in der Lage, seine Karriere fortzusetzen. Der Künstler selbst wie auch seine Familie gerieten in finanzielle Schwierigkeiten. Hilfe kam von unerwarteter Seite, als der neu ernannte Rektor von St. Clement Danes, Reverend Richard Henry Killick, die Presse auf den verarmten Künstler aufmerksam machte. Die Theaterlandschaft stellte sich geschlossen hinter Love und organisierte für den 29. März 1862 eine abendliche Benefizveranstaltung im Sadler's Wells Theatre. Auf diese Weise kam genug Geld zusammen, um William, seiner Frau Eliza und der gemeinsamen Tochter Kate ein neues Zuhause in der Arundel Street 33 zu beschaffen. Diese Straße führte in südlicher Richtung vom Strand bis zum Themseufer. Die Loves wohnten noch nicht allzu lange in ihrem neuen Domizil, als das Ende der Arundel Street gigantische Umbaumaßnahmen erlebte: Hunderte Hilfsarbeiter verwandelten den schäbigen, stinkenden Uferabschnitt in einen breiten, stattlichen Uferdamm (das Thames Embankment). Als William Love 1867 starb, machte Eliza die Nr. 33 zu einer Pension. Reverend Killick setzte sich bis 1869 weiterhin für die Belange der ärmeren Bevölkerungsschichten des Viertels ein, zog dann aber nach Chadwell St. Mary, in die Nähe von Tilbury in Essex – ein Pfarrbezirk, der den Geistlichen nicht mehr vor so große Herausforderungen stellte.

Ungefähr zwanzig Jahre bevor Mabel auf der Bühne des Gaiety zu sehen war, hatte sich im selben Theater ihre Mutter Kate als Darstellerin einen Namen gemacht. Wie später die Tochter fing auch Kate in jungen Jahren an, Rollen im klassischen Drama, in der musikalischen Burleske, der komischen Oper und in mindestens einer Boulevard-Pantomime (engl. Pantomime, z. B. eine Bühnenrevue mit Slapstick- und Tanzeinlagen) am Theatre Royal, Covent Garden, zu übernehmen. Ihre kurze Karriere begann 1867 am St. James's Theatre, als sie in derselben Produktion mitwirkte wie der junge Henry Irving, der später der berühmteste Schauspieler im viktorianischen England werden sollte. Kates Zeit auf der Bühne fiel mit gleich mehreren Reformen zusammen, die dazu führten, dass der Theaterbesuch als solcher zu einer modischen Freizeitaktivität der Mittelklasse wurde, statt wie bisher als vulgärer Zeitvertreib einer lasterhaften Unterschicht zu gelten. Jon Hollingshead, der Manager des Gaiety Theatre, erinnert sich:

> Die alten Theater der Sechziger waren fast alle in schlechtem baulichem Zustand, spärlich erleuchtet, mit unzureichenden Sitzgelegenheiten, viel zu kleinen Eingängen, schmalen, verwinkelten Gängen und ausnahmslos mangelhaften sanitären Anlagen. Es roch durchweg nach austretendem Gas, nach Orangenschalen, Katzenpisse und anderen Ausdünstungen.[1]

Die Bemühungen, insgesamt den Status des Theaters zu verbessern, gehen zurück auf die Schauspielerin und Managerin Marie Wilton, die nicht nur den Komfort in den Theaterhäusern verbesserte, sondern die Darsteller angemessener bezahlte und für bessere Arbeitsbedingungen sorgte. Gemeinsam mit ihrem Mann Squire Bancroft war Marie Wilton maßgeblich daran beteiligt, dass sich eine neue Form des Dramas etablierte, nämlich die tiefsinnigen häuslichen Komödien ihres Freundes T. W. Robertson. Im Jahr 1890 erinnerte sie sich, was es noch in der ersten Hälfte des Jahrhunderts bedeutete, wenn sich jemand aus der Mittelschicht für die Schauspielerei interessierte: »[...] man entfremdete sich von Zuhause, von der Familie und Freunden, und genoss kein Ansehen mehr«.[2] Obwohl Marie Wilton in ihren frühen Jahren gesungen, getanzt und ihre Beine in musikalischen Burlesken entblößt hatte, wurde ihr Mann in den späten 1890ern – wie Irving – in den Adelsstand erhoben. Von da an durfte Marie sich Lady Bancroft nennen.

Kate Love hatte zwar meist nur kleinere Rollen gespielt, hatte aber mit ihren Darbietungen großen Eindruck hinterlassen. Die Sängerin Emily Soldene erinnert sich, dass Kate 1870 am Lyceum Theatre in *Chilperic* mitwirkte:

> Es gab da ein besonders hübsches Mädchen – eine Miss Love. Sie war eine großartige Schwimmerin und sie hatte eine ausgesprochen hübsche Mutter, die sich oft hinter den Kulissen tummelte. Ich weiß nicht, ob die Dame auch eine gute Schwim-

merin war, aber wenn sie eine war, wird sie sich immer über Wasser gehalten haben, nach ihrer eleganten Erscheinung zu urteilen.[3]

Emily erinnerte sich darüber hinaus, dass Darstellerinnen, die in Strumpfhosen auftraten, ihre kurzen Hosen mit Zeitungen ausstopften, um mehr Volumen vorzugaukeln: »Daher war der ›Daily Telegraph‹ für jedes Mädchen nicht nur Quelle von Informationen, sondern ein unerlässliches Hilfsmittel, um die eigene anmutige Erscheinung abends auf der Bühne zu betonen.«[4] Ganz gleich ob auch Kate den zusammengeknüllten *Daily Telegraph* als Polsterung benutzte oder nicht, aufgrund ihrer äußeren Erscheinung stand ihr jedenfalls eine vielversprechende Karriere bevor. Sie musste diesen Weg nur einschlagen. Aber unmittelbar nach ihrer Darbietung in der ersten englischen Version von Jacques Offenbachs *La Belle Hélène* am Gaiety wählte sie eine ganz andere Richtung.

Ihrer Vermählung mit Lewis Grant Watson am 22. November 1871 in St. Clement Danes verdankte Kate einen merklichen sozialen Aufstieg. Watson war mittelständischer Kaufmann und bereits bei Hofe vorstellig geworden, während sein Bruder, der Autor und Diplomat Robert Grant Watson, vorübergehend als Erster Sekretär der britischen Botschaft in Washington amtierte. Es war beträchtlich weniger peinlich, wenn Kate als Schwägerin des Autors von *A History of Persia from the Beginning of the Nineteenth Century to the Year 1858* vorgestellt wurde anstatt als Tochter des Bauchredners und Männer- wie Frauenkleider tragenden Schauspielers aus *Love's Lucubrations*. Die Schwierigkeiten, die ein Aufstieg von einer sozialen Klasse in eine andere mit sich bringt, hatte bereits T. W. Robertson 1867 in einem Drama ausgelotet, das er speziell für Marie Wilton und Squire Bancroft geschrieben hatte. In *Caste* bringt ein aristokratischer Armeeoffizier namens George Eustace Fairfax Algernon D'Alroy seinen Freund Captain Hawtree durcheinander und stößt seiner Mutter, der Marquise de St Maur, vor den Kopf, indem er Esther Eccles heiratet, eine hübsche junge Balletttänzerin. »Ich war immer in der ersten Reihe«, erklärt Esther, »jetzt bin ich von hohem Rang.« Captain Hawtree, selbst ein Emporkömmling, ist im Einklang mit der öffentlichen Meinung ziemlich skeptisch, was die neue Verbindung betrifft:

All diese Ehen von Leuten mit gewöhnlichen Leuten mögen gut in Romanen und Bühnenstücken ankommen, da die wahren Leute nicht existieren und keine wirklichen Verwandten oder Verbindungen haben, da schadet das nichts und ist nett anzuschauen, aber im wirklichen Leben, mit wirklichen Verwandten und wirklichen Müttern usw. ist es absoluter Blödsinn – schlimmer gar, es ist gleichbedeutend mit völliger sozialer und persönlicher Vernichtung und der eigenen Verdammnis.

Das Stück *Caste* bekommt ein passendes Happy End, aber die Realität abseits der Bühne sah anders aus: Die meisten Ehen zwischen Partnern aus unterschiedlichen sozialen Schichten wurden noch im ausgehenden 19. Jahrhundert kritisch beäugt.

Nach einer gewissen Zeitspanne in Folkestone an der Küste Kents zogen die Watsons nach Chelsea und wohnten fortan in der begehrten Fulham Road. Ihr ältestes Kind Kate kam 1873 zur Welt, gefolgt von Mabel ein Jahr später, Blanche (1880) und Victor (1882). Kate hatte trotz ihrer Vergangenheit als Bühnendarstellerin eine gute Partie gemacht und neigte zu der Hoffnung, ihre Kinder könnten in ihre Fußstapfen treten. Das war ein riskanter Plan, denn nach wie vor begegnete die Öffentlichkeit jungen Mädchen, die Schauspielerinnen oder Tänzerinnen wurden, mit erheblichen Vorurteilen. Noch 1889 behauptete Samuel Smith, ein Mitglied der Liberalen im Parlament: »Nur ein kleiner Teil derjenigen, die in jungen Jahren zum Theater kommen, bringen es zu etwas. Für die meisten der jungen Mädchen bedeutet der Beginn einer Karriere am Theater den hoffnungslosen sozialen Abstieg.«[5] Mabel, damals zwölf Jahre alt, stieg nicht ganz so jung in den Beruf ein und besaß bereits mehr Talent als die zahllosen Arbeiterkinder, die vorübergehend für die Weihnachtsspiele als Elfen und Feen auf der Bühne agierten.

Dass sie bereits Tanzunterricht genossen hatte, rief allerdings ein gehöriges Maß an Missbilligung hervor. Mädchen aus den Ballettschulen begegnete man mit großer Skepsis, wie man an diesem Kommentar eines weiteren Parlamentsabgeordneten sieht: »Der Großteil der Ballettmädchen, die die besten Jahre hinter sich hatten, landeten in der Gosse.«[6]

Passend für eine Schauspielerin, deren späteres Schicksal so stark von ihrer äußeren Erscheinung abhing, stellte die junge Mabel in ihrer ersten Rolle eine Blume dar. Sie spielte die Rose in der ersten Bühnenbearbeitung von Lewis Carrolls *Alice in Wonderland*, einem Stück, das Weihnachten 1886 am Prince of Wales Theatre aufgeführt wurde. Ein Jahr später engagierte man sie für die Bühnenrevue *Jack and the Beanstalk* am Theatre Royal, Covent Garden. Eine zeitgenössische Kritik beschrieb die junge Künstlerin als »eine bemerkenswert grazile, nett anzusehende und wandlungsfähige Tänzerin, die strahlende Mabel Love«.[7] (Sie benutzte den Mädchennamen ihrer Mutter, Love, und nicht etwa ihren Familiennamen Watson). Am 30. Oktober 1888 trat sie zum ersten Mal im Gaiety Theatre auf. Wie bei allen Schauspielhäusern, die von den Bancrofts geleitet wurden, setzte das Gaiety Maßstäbe beim Komfort für die Besucher: Zum Haus gehörte ein elegantes Restaurant, die Luft im Eingangsbereich duftete nach den parfümierten Springbrunnen. Das Theater hatte 1868 eröffnet und führte über einen Zeitraum von zwanzig Jahren wie das nahegelegene Strand Theatre überwiegend Burlesken auf. Obwohl die Bancrofts realistisch einschätzten, dass die gesitteten »cup and saucer«-Dramen offenbar die banalen Farcen und übertriebenen Melodramen abgelöst hatten, die in der ersten Hälfte des Jahrhunderts das Bühnengeschehen beherrscht hatten, stand die verkehrte Welt der Musikburleske mit ihren vertauschten Frauen- und Männerrollen, dem raffinierten Wortwitz und den skurrilen Plots beim Publikum nach wie vor hoch im Kurs. Das ausgereifte Design und die Verbesserungen der Bühnentechnik, die Marie und Squire Bancroft angestoßen hatten, bewirkten, dass die oftmals schlüpfrigen Stücke allmählich den Geschmack des Mittelstands trafen.

Faust Up to Date gilt als typisches Beispiel des Genres. Wie die meisten Burlesken war auch diese Produktion eine lockere Parodie eines allseits bekannten Originals, in diesem Fall von Gounods Oper *Faust* (1864). Der Faust-Stoff – ein älterer deutscher Gelehrter verkauft seine Seele an Mephistopheles, in der Hoffnung, die sexuellen Freuden der Jugend auskosten zu können – war dem englischen Theaterpublikum bis dato von Henry Irving nähergebracht worden. Seine Produktion des *Faust* am Lyceum Theatre, nur wenige Schritte vom Gaiety entfernt, war überfrachtet mit aufwendigen Spezialeffekten, bot also genau die Art von selbstverliebtem Spektakel, das die Burleske so gern entzaubert. Die Komik dieser Nachahmung funktionierte noch auf einer zweiten Ebene, da zeitgenössische Ereignisse und kulturelle Details satirisch aufs Korn genommen wurden. In dem Stück werden zwei bekannte Londoner Kulturereignisse – einmal die Italienische Ausstellung am Earl's Court, dann die Irische Ausstellung am Olympia – nach Nürnberg verlegt, während sich ein Großteil der Dialoge über zeitgenössische Nachrichten amüsiert. So machte man sich insbesondere über die Parnell Commission lustig, eine offizielle Untersuchungskommission, die unlängst am neu errichteten Royal Courts of Justice eingesetzt worden war. Die Schrecken, die die Morde von »Jack the Ripper« im Londoner East End ausgelöst hatten, eigneten sich zwar offenbar nicht für scherzhafte Kommentare, doch den irischen Führer der Nationalisten, Charles Stewart Parnell, und dessen angebliche Verstrickung in mehrere Verbrechen, darunter Mord, hielt man für leichte Beute. Ein lustiges Liedchen, »Ballyhooly«, das der bekannteste Komiker am Gaiety Theatre, E. J. Lonnen, in der Rolle des Mephistopheles darbot, nimmt in einer Reihe von Anspielungen Bezug auf die Kommission und deren Beweggründe.

Der Kitzel des Sexuellen bildete ebenfalls ein Element der Burleske. Das unschuldige Gretchen (gespielt von einer sehr weltlichen Florence St John), das Faust zu verführen sucht, wurde umbenannt in Meg und betrat die Bühne als juwelenbehängte Bardame. Hier eine Kostprobe:

A simple little maid,
Of the swells I am afraid,
I tell them when they're forward they must mind what
                    they're about.
I never go to balls,
Or to plays of music halls,
And my venerated mother always knows when I am out.

Eine einfache kleine Maid,
Vor den Stutzern hab ich Angst,
Wenn sie zu ungestüm werden, sag ich ihnen, sie sollen
                    aufpassen.
Ich gehe nie auf Feste,
Oder zu Stücken der Music Halls
Und meine verehrte Frau Mutter weiß immer, wenn ich
                    weg bin.

Fanny Robina gab den jungen Faust und erschien in den traditionellen Strumpfhosen eines männlichen Parodisten, während eine Schar attraktiver Tänzerinnen in ähnlich spärlicher Kostümierung auftrat. Die vierzehnjährige Mabel scheint bei einer Tanzeinlage, Pas de Quatre, mitgewirkt zu haben, die zu Beginn des Zweiten Akts dargeboten wurde.[8] Die vier Vivandières oder Marketenderinnen, in eng anliegenden Miedern mit tiefem Ausschnitt und knielangen Röcken mit Spitzenunterröcken, führten einen anmutigen Tanz zu einer fesselnden Melodie auf, die der Dirigent des Gaiety Theatre, Meyer Lutz, komponiert hatte. Besonders fiel in diesem elegant-erotischen *Pas de Quatre* der Moment auf, in dem die vier Tänzerinnen in einer Linie hintereinander standen und ihre in schwarze Seidenstrümpfe gehüllten Beine in provokanter Manier schwenkten. Einige Kritiker murrten, derartige Vergnügungen solle man besser nicht aus literarischen Vorlagen oder Meisterwerken der Oper entwickeln, aber der Umstand, dass die minderjährige Mabel in der Show auftrat, rief offenbar keine Bedenken hervor.

Am besagten 16. März 1889 legte Mabel die Strecke vom Haus der

Großeltern Love in Arundel Street, in dem ihre Familie seither wohnte, zum Gaiety Theatre zu Fuß zurück. Inzwischen trat sie seit fast fünf Monaten in *Faust Up to Date* auf und war diese Strecke schon etliche Male gegangen. An jenem Tag, wie an jedem Samstag, machte sie indes einen Umweg, um ihren Lohn abzuholen: 3 Pfund, 2 Shilling und 4 Pence. Während des Spaziergangs dachte sie über Ereignisse nach, die sich am Abend zuvor zugetragen hatten: Wegen einer Lappalie war es mit ihrer Mutter zu einem Streit gekommen. Nachdem sie den Lohn abgeholt hatte, beschloss sie, nicht auf direktem Weg nach Hause zu gehen, sondern rechts in Richtung Adelphi Theatre abzubiegen. Wie immer wurde dort auch an diesem Tag ein aufwühlendes Melodram gegeben; »Breezy Bill« Terriss spielte den Helden, und der unter einem unglücklichen Stern stehende Schauspieler Richard Archer Prince war für eine der Nebenrollen besetzt. Mabel erkundigte sich beim Fahrkartenschalter der Great Northern Railway nach dem ABC, einer Zeitschrift, die Zugverbindungen auflistete. Sowie sie die gewünschte Information erhalten hatte, setzte sie ihren Weg fort und ging in Richtung Piccadilly Circus, ehe sie am King's Cross in einen Omnibus stieg. An der Euston Station stieg sie aus, kaufte ein Ticket und wartete vier Stunden geduldig und reglos wie eine Puppe, bis sie den 18:30-Uhr-Zug nach Holyhead nahm.

Während Mabel seelenruhig auf ihren Zug wartete, brach in der Arundel Street 33 bereits Panik aus. Man vermisste die Tänzerin natürlich sofort, weil sie in der Matinee-Vorstellung am Samstagnachmittag auftreten sollte. Man benachrichtigte die Polizei, und der Manager des Gaiety Theatre, George Edwardes, zog den Privatdetektiv Maurice Moser hinzu, einen gefeierten Polizeiinspektor des Criminal Investigations Department (CID), der erst vor Kurzem den regulären Dienst quittiert hatte. Alle machten sich Sorgen, was der jungen Mabel widerfahren sein könnte. War sie Opfer eines feigen Verbrechens geworden, war es zu einem sexuellen Übergriff gekommen oder hatte man sie überfallen, weil man es auf teuren Schmuck abgesehen hatte? Handelte es sich bei einer älteren Frau, mit der Mabel sich Zeugenaussagen zufolge auf dem Strand unterhalten hatte, um eine Kupplerin, die das Mädchen in ein verbotenes Unterfangen gelockt hatte? Die Furcht vor »Jack the Ripper« breitete sich in ganz London aus, obwohl seine Morde sich bislang auf das East End beschränkt hatten. Die Familie Love war schon einmal Opfer eines kleineren Vergehens geworden, das auf dem Strand verübt wurde; 1867 hatte ein jugendlicher Taschendieb Großmutter Eliza eine Geldbörse gestohlen, in der sich drei Pfund befanden – der Junge wurde in einer traditionellen »Haltet den Dieb«-Verfolgungsjagd gefasst. Womöglich war Mabel aber auch gar kein Verbrecher begegnet. Vielleicht war sie plötzlich krank geworden, vielleicht hatte sie einen Unfall gehabt, der ihr Gedächtnis vorübergehend beeinträchtigt hatte. Während die Ermittlungen liefen, konnte vorerst erfolgreich verhindert werden, dass das Verschwinden des Mädchens in der Presse publik wurde. Am folgenden Dienstag jedoch titelte eine Zeitung mit der Schlagzeile: »Junge Schauspielerin verschwunden!«

Mabel war indes weder entführt worden noch ins Koma gefallen. Von Holyhead aus hatte sie die Nachtfähre nach Irland genommen und kam am Sonntagmorgen in Dublin an. Nachdem sie ein Zimmer in einem der besten Hotels der Stadt gebucht hatte, dem Clarence, bemühte sie sich vergeblich um ein Engagement am Theatre Royal. Am Montag verließ sie das Clarence wieder und nahm sich ein Zimmer in einer Pension in der Lower Gardiner Street 44, wo sie geduldig auf einige Theatergesellschaften warten wollte, die auf Tournee waren und in Dublin eintreffen sollten. Mabel hatte keine Kleidung zum Wechseln und verfügte nur über wenig Geld, daher dürfte sie erleichtert gewesen sein, als Superintendent Reddy der Dubliner Polizei ihr einen Besuch abstattete. Das war einer ganzen Kette von Benachrichtigungen zuzuschreiben: Wie sich herausstellte, hatte der Manager des Theatre Royal die flüchtige Schauspielerin anhand einer Beschreibung erkannt. Daraufhin hatte er George Edwardes kontaktiert, der wiederum Maurice Moser benachrichtigte. Moser hatte dann die irische Polizei per Telegramm informiert. Reddy konnte Mabel recht schnell überzeugen, wieder nach Hause zu fahren. Nach stürmischer Überfahrt traf sie am Donnerstagabend in England ein. Die Menge, die sich bei der Euston Station eingefunden hatte, um die Rückkehr des Mädchens mit eigenen Augen zu verfolgen, wurde enttäuscht. Denn Moser, stets einfallsreich, hatte Mabel bereits in Holyhead in Empfang genommen und sie im Zug bis nach Willesden begleitet. Die Fahrt nach Hause konnte Mabel dann unbemerkt mit der Londoner U-Bahn zurücklegen.

Nachdem die Öffentlichkeit mehrere Tage lang spekuliert hatte, was es mit Mabels Verschwinden auf sich gehabt haben könnte, waren ihre Familie und deren Vertreter darum bemüht, jegliche Mutmaßungen zu zerstreuen, der Eskapade liege ein sexuelles Motiv zugrunde. Eine Liaison in diesem zarten Alter wäre Mabels Karriere nicht zuträglich gewesen. Außerdem hätte jeder Mann, der in das Verschwinden eines Mädchens verwickelt war, mit ernsten Konsequenzen zu rechnen gehabt. Das Criminal Law Amendment Act von 1885 hatte die Entführung eines Mädchens unter achtzehn Jahren zum Zweck des Geschlechtsverkehrs als Verbrechen deklariert, während dieselbe Gesetzgebung von Mädchen, die sich auf eine sexuelle Beziehung einließen, ein Mindestalter von nicht mehr dreizehn, sondern sechzehn Jahren forderte. Maurice Moser berichtete, das Mädchen habe »in einer der respektabelsten Pensionen in Dublin gewohnt […], sie sei allein in Dublin angekommen und sei auch später allein gewesen«. Er fügte beruhigend hinzu, dass »ihr kein Leid geschehen sei«.[9] Es wurde bestätigt, dass die junge Mabel unbefleckt geblieben war. Offensichtlich war sie niemandem mit Faust'schen Absichten begegnet, sodass ihr Ruf und somit auch der Ruf des Gaiety Theatre intakt blieben.

Doch die glückliche Rückkehr zur Normalität sollte nicht von Dauer sein. In weniger als vier Monaten kam Mabel erneut in die Schlagzeilen, die nicht allein das Gaiety betrafen, sondern die ganze Theaterlandschaft in eine hitzig geführte Kontroverse stürzten. Sechs Wochen nach der Eskapade erhielt Mabel wieder ihre alte Rolle in *Faust Up to Date*. Obwohl sie in jeder Aufführung nur für zehn Minuten auf der Bühne zu sehen war, wurde sie rasch zu einer bekannten Schauspielerin. Auf eine lang andauernde Liebesaffäre mit der Kamera hatte sie sich bereits eingelassen, und so wurde sie zu einem der am häufigsten fotografierten Bühnenstars der viktorianischen und edwardianischen Epoche. Vor der Erfindung der Ansichtskarte um 1900 waren Mabels hübsche, geheimnisvolle Züge oft in Magazinen und auf gewerblichen Fotografien im Kabinettformat zu bewundern. Die junge Mabel selbst schien von ihrer eigenen Erscheinung fasziniert gewesen zu sein, wenn man einem Reporter des *The Entr'acte* Glauben schenken will, der im Mai 1889 behauptete, er habe gesehen, wie Mabel Love Fotografien von sich selbst in einem Schaufenster betrachtete.[10]

Wenn Mabel einmal nicht ihren eigenen Liebreiz auf sich wirken ließ, hätte sie feststellen können, dass ein Gesetzesentwurf vorlag, der eine nicht zu unterschätzende Wirkung auf die Anstellung von Minderjährigen am Theater haben sollte. Über das sogenannte »Gesetz gegen grausamen Umgang mit Kindern« wurde im Sommer des Jahres 1889 heftig debattiert. So lautete etwa eine Forderung, man müsse verhindern, dass Kinder unter zehn Jahren im Theater auftraten. Eine der Personen, die diesen Gesetzesentwurf unterstützten, war die Frauenrechtlerin Millicent Garrett Fawcett. Sie ließ keine Gelegenheit aus, um darauf hinzuweisen, wie schädlich Auftritte von Minderjährigen auf der Bühne für deren geistig-moralische und physische Entwicklung seien. Fawcetts leidenschaftlich vorgetragene, aber bisweilen schlecht informierte Verbalattacken führten im Juni 1889 zu einer Tragödie, als Nathaniel Currah, nachdem er in Fawcetts Bericht gelesen hatte, seine Tochter sei angeblich schlecht behandelt worden, einen gewissen Letine, den Manager einer Akrobatentruppe, ermordete. Im Parlament wurde indirekt auf Mabel Bezug genommen, als John Gilbert Talbot, Abgeordneter der Oxford University und Mitglied der Royal Commission on Education, erklärte, »er wisse aus gut informierten Kreisen, dass die Kinder, die im Jahr zuvor an der Aufführung von *Alice in Wonderland* teilgenommen hatten, großes Interesse und Freude an ihren Aufführungen bekundeten«.[11] Die sogenannte »Kindercharta« hatte zwar keine direkten Auswirkungen auf Mabel, aber ihre nächste unüberlegte Handlung führte dazu, dass ihr Name in Zusammenhang mit dem Entwurf und dem daraus folgenden Gesetz, das im August 1889 erlassen wurde, immer wieder erwähnt wurde.

Am frühen Morgen des 16. Juli 1889 stahl sich Mabel nämlich aus der Arundel Street 33 und schlenderte hinunter zum Victoria Embankment. Gegen 4:30 Uhr stürzte sie sich von den Whitehall Steps in die Themse. Ein Konstabler, der das klatschende Geräusch gehört hatte, alarmierte mit seiner Trillerpfeife einen Beamten auf einer mobilen Feuerwache auf der Themse. Ein kleines Boot wurde zu Wasser gelassen und die halb bewusstlose Mabel aus den Fluten gezogen. Nachdem sie sich eine Weile im Krankenhaus St. Giles erholt hatte, brachte man sie zum Amtsgericht Bow Street, wo man sie wegen versuchten Selbstmords anklagte. Für jemanden, der unlängst versucht hatte, sich das Leben zu nehmen, wirkte sie auf Unbeteiligte erstaunlich gefasst. Die durchnässte Kleidung hatte man inzwischen entsorgt, und nun erschien Mabel adrett gekleidet, um das Herz des strengen Richters zu erweichen:

Ihr zierlicher, weißer Strohhut war mit einer gischtweißen Schleife verziert. Sie trug ein dunkelblaues Kleid, von der Länge gerade so bemessen, dass ihre hübschen Fesseln und zwei winzige Füße zum Vorschein kamen, die in einem hübschen kleinen Paar Schuhe steckten. Eine blau-weiße Bluse mit ordentlichem blauem Kragen rundete das charmante Äußere dieser interessanten jungen Dame ab.[12]

Mr. Vaughan, der Richter, befragte Mabel:

»Wie alt bist du, mein Kind?«
»Ich werde fünfzehn.«
»Nun, mein Kind, wie kam es dazu, dass du in den Fluss gesprungen bist? Warum versucht ein so junges Mädchen wie du, sich das Leben zu nehmen?«
»Mir war so elend zumute. Ich kann nicht verstehen, warum ich das getan habe. Ich wusste selbst nicht, wie mir geschah.«

Als Nächstes wurde Mabels Mutter verhört:

»Können Sie uns dieses Verhalten erklären?«

»Ja, ich denke, das kann ich. Sie hat in letzter Zeit hart gearbeitet und einige Nächte kaum geschlafen. Sie lernt ihre Rolle für die Bühne. Ich möchte sie fortschicken, aufs Land.«

»Der Vorfall ereignete sich um 4:30 Uhr in der Frühe. Wie gelangte sie so früh aus dem Haus?«

»Das weiß ich auch nicht. Wir sind am Abend zuvor alle vom Theater nach Hause gekommen, und sie ging gleich auf ihr Zimmer. Sie tritt jetzt am Gaiety auf.«

»Mir will scheinen, dass Sie sich auf der Stelle mit dem Manager des Theaters in Verbindung setzen sollten. Sagen Sie ihm, dass es im Augenblick absolut unmöglich ist, dass Ihre Tochter ihr Engagement weiterführt. Sie muss aufhören, für das Theater zu lernen, und solange diesbezüglich nichts in die Wege geleitet wird, kann ich sie nicht gehen lassen.«

Kate Watson versicherte Mr. Vaughan, sie werde Vorkehrungen treffen, um ihre Tochter für eine Weile aufs Land zu schicken. Der Richter war es zufrieden, dass das Mädchen sich in der frischen, belebenden Luft der schottischen Highlands erholen würde, um den schädlichen Einfluss des Gaiety loszuwerden, und entließ Mabel mit einem letzten Rat:

Es tut mir wirklich sehr leid für dich. Was für ein Jammer, dass du dich in eine derartige Erregung hineingesteigert hast. Ich halte es für sinnvoll, wenn du die Bühne auf der Stelle verlässt, und denk nicht weiter über deine Arbeit nach. Geh dorthin, wo du frische, reine Luft atmen kannst, und versuch, dein Elend zu vergessen. Und lass in nächster Zeit die Finger von Büchern und dergleichen.

Wie schon zuvor ihr Abenteuer in Dublin bot die von Mabel gewählte Methode der Selbstzerstörung der Öffentlichkeit die Gelegenheit, die Affäre mit einem sexuellen Motiv zu verknüpfen. Selbstmord durch Ertrinken galt zwar nicht durchweg als Vorrecht der Dirnen, ein solcher Schritt wurde aber allgemein als letzte, verzweifelte Tat einer »gefallenen« oder »ruinierten« Frau angesehen. Obwohl Statistiken diese gängige Wahrnehmung nicht zu stützen scheinen, war der Sprung in die erlösenden Wasser der arg verschmutzten Themse fester Bestandteil der populären Kunst und Literatur. Kam es tatsächlich zu solchen Todesfällen, war vermutlich Verzweiflung häufiger der Beweggrund als Reue, aber aus Sicht derjenigen, die Bußbereitschaft von Frauen erwarteten, die sich sexuellen Fehlverhaltens schuldig gemacht hatten, war das Bild von der ertrunkenen Sünderin bei Weitem zu attraktiv, als dass man davon hätte abrücken können.

Die Lobby, die sich gegen das Theater aussprach, machte sich rasch Mabels Fall zunutze. Millicent Garrett Fawcett attackierte *Faust Up to Date* und warf der Produktion vor, einen herabwürdigenden moralischen Ton anzuschlagen. »Ein Theaterbesucher erzählte mir«, schrieb sie, »es sei ein Potpourri aus Anspielungen auf die jüngsten Schäbigkeiten des Scheidungsfalls und auf Fälle, in denen es um den Bruch des Eheversprechens geht.«[13]

George Edwardes reagierte auf die Kritik und lud die Dame ein, sich eine der Aufführungen anzuschauen. Millicent Fawcett war freilich nicht beeindruckt und schickte Edwardes einen ausführlichen Bericht, der mit den Worten endete: »Eine alles in allem deprimierende Darbietung ohne nennenswerte Komik oder lustige Passagen; was bleibt, ist der Eindruck (wie Mr. Ruskin sich zu der Revue von *The Forty Thieves* äußerte), man habe »einen hässlichen und verstörenden Traum gehabt«.«[14] Die kürzlich geschlossene Ehe zwischen der Music-Hall-Darstellerin Belle Bilton und dem jungen Lord Dunlo veranlasste wiederum die *Birmingham Daily Post* dazu, sich zu Gesellschaftsklassen und zu Mabels Traurigkeit zu äußern:

Auf die Ankündigung dieser neuen Trophäe für die Rampenbeleuchtung folgt die Story eines unbeschriebenen Blatts, die das erforderliche, bekömmliche Gegengift und Korrektiv liefert.

Wir nehmen Bezug auf den versuchten Selbstmord der jungen Schauspielerin MABEL LOVE, die am Gaiety Theatre vor allem in Burlesken in Erscheinung getreten ist und die gestern Morgen in der Frühe fast leblos aus der Themse gefischt wurde. Das unglückliche Mädchen, das nicht weit vom Thames Embankment wohnt, sagte, ihr Leben sei so elendig, dass sie beschlossen habe, es zu beenden, und mit genau diesem Ziel vor Augen stand sie bereits um 3 Uhr in der Frühe auf und stürzte sich bei den Whitehall Steps in den Fluss.[15]

Kommentare dieser Art beunruhigten Mabel und ihre Familie vermutlich nicht. Denn binnen kurzer Zeit war sie wieder auf der Bühne, mit einem gehörigen Maß kostenloser Publicity als Rückenwind. Noch mehr Porträtfotos als zuvor kamen auf den Markt. Vielleicht war die Fahrt nach Dublin doch keine so lange und unerwartete Reise gewesen; Mabels Mutter, Kate Watson, stammte immerhin von dort. Und Mr. Vaughan hatte sie zu fragen versäumt, ob sie eine so kräftige Schwimmerin war wie ihre athletische Mutter. Mabels Verschwinden und ihr Selbstmordversuch mögen aufrichtiger Ausdruck der Angst eines Teenagers gewesen sein, der Karriere von Mabel Love haben diese Vorfälle indes nicht geschadet.

Mabel wuchs zu einer bildschönen Frau heran; sie war auf zahllosen Fotografien im Kabinettformat zu bewundern, aber auch auf Sammelbildern in Zigarettenschachteln und auf Ansichtskarten. Auf einigen Fotos schaut Mabel verführerisch in die Kamera, auf anderen wirkt sie eher scheu; es gab die gefühlvoll-schwermütige Mabel, die strahlende Mabel, Mabel in Schwarzweiß, Mabel in Sepiatönen, Mabel mit Flitterwerk; und wenn die Fans Glück hatten, hielten sie ein Porträt von Mabel in Händen, das die Künstlerin mit geschwungener Handschrift signiert hatte. Bilder von Mabel Love standen auf Kaminsimsen, lagen verborgen unter Kopfkissen und füllten Sammelalben. Während ihrer Auftritte im Theater entstanden zahllose weitere zweidimensionale Aufnahmen, die für die Theaterbesucher fast genauso wichtig waren wie die Live-Show selbst.

MISS MABEL LOVE.

Abb. 5: Mabel Love führt den Rock-Tanz vor, Kabinettfoto aus den 1890ern.

Mabel Love wurde zwar nie eine zweite Marie Wilton, aber sie erwies sich als beliebte Darstellerin, die es verstand, sich dem rasch wechselnden Geschmack anzupassen. 1890 trat sie mit dem Matinee-Idol William Terriss in einer Wiederaufnahme seines berühmten maritimen Melodrams auf, *The Harbour Lights*. Nach einem langen Engagement am Lyric Theatre in der komischen Oper *La Cigale* (1890–91) wurde Mabel Solotänzerin für Operettenballetts am Theatre Royal, Covent Garden. Weihnachten 1891 trat sie zusammen mit Dan Leno, Marie Lloyd und anderen Komikern der Music-Hall-Szene in *Humpty-Dumpty* am Theatre Royal, Drury Lane, auf – ihr erster Auftritt von vielen in Revuen in London und der Provinz. Im Verlauf der frühen 1890er leistete sie als Virtuosin des Rocktanzes (*skirt dance*) ihren bedeutendsten Beitrag für die Bühne: Es handelte sich um eine anmutige Darbietung, bei der die

Künstlerin in atmosphärischer Bühnenbeleuchtung gekonnt Röcke und Unterröcke schwang. Gegen Ende der Dekade hatte das klassische Schauspiel größtenteils die musikalischen Komödien verdrängt, und Mabel Love spielte an der Seite von bekannten Darstellern wie Lewis Waller und Herbert Beerbohm Tree. In der edwardianischen Epoche wurde Mabel, wie viele andere Bühnenstars auch, von den zunehmend geachteten Varieté-Theatern angezogen; zur Aufführung kamen Kurzfassungen von Dramen, unterbrochen von Kunststücken mit Tieren und akrobatischen Einlagen von Kunstradfahrern. Von der zeitgenössischen Kritik gelobt wurden Mabels Auftritte in Stücken von Somerset Maugham und George Bernard Shaw, verbürgt ist ihr Mitwirken in mindestens einem Stummfilm. Mabel Love zog sich 1918 aus dem Rampenlicht zurück, blieb dem Theater jedoch eng verbunden. Im Jahr 1926 eröffnete sie eine Schauspielschule und erlebte im Mai 1938 ein kurzes Comeback, als sie am Embassy Theatre in dem Stück *Profit and Loss* zu sehen war.

Mabel Loves Gesicht mag für alle zugänglich gewesen sein, ihr Herz und all die Geheimnisse darin aber hielt sie unter Verschluss. Natürlich gab es viele Bewunderer. 1894 bat der damals zwanzigjährige Winston Churchill schriftlich um ein Autogramm, und Gerüchten zufolge bat der ältliche Prince of Wales die Künstlerin um intimere Aufmerksamkeiten. Da sie als kaum Fünfzehnjährige gleich zweimal im Mittelpunkt von Klatsch und Tratsch gestanden hatte, vermied sie in den folgenden Jahren jede weitere Einmischung in ihr Privatleben. Mabel hat offenbar nie geheiratet, sie hatte aber eine Tochter namens Mary, die 1914 zur Welt kam. Die Geschichte wiederholte sich ein drittes Mal, als die dreizehnjährige Mary Love ihr Debüt auf der Bühne gab, vor den Augen der stolzen Mutter. Auch die junge Mary trat – ganz die Mutter – zunächst in einer berühmten Geschichte für Kinder auf, nämlich als Tootles in J. M. Barries *Peter Pan*. Ihr Leben verlief dramatisch und nahm später ein tragisches Ende, starb sie doch in ärmlichen Verhältnissen. Dass ihr ein kleines Vermögen aus dem Besitz ihrer verstorbenen Mutter zugestanden hätte, hat sie nie erfahren.

3 Die Dunklen Bögen

Niemand wäre wirklich überrascht gewesen, wenn Mabel Love gekidnappt, von einem Irrsinnigen überfallen oder in ein Leben voller Sünde gelockt worden wäre. Der Strand stand im Ruf, ein böses Pflaster zu sein, und es verging kaum eine Woche ohne Zeitungsberichte, in denen ein schweres Verbrechen im Umfeld des Strand dokumentiert wurde oder wohlmeinende Sozialreformer gegen die Unmoral des Viertels wetterten. Dass es auf den Straßen zu Unruhen kam, war keine Seltenheit, und die Polizei mühte sich damit ab, die Vergnügungssüchtigen zu kontrollieren, die in das Viertel strömten, angezogen von Bars, Theatern, Music Halls und Bordellen. Allerorts stieß man auf Gewalt, Laster und kriminelle Machenschaften; in Liedern, Theaterstücken und Büchern aller Art wurden die gleichermaßen abstoßenden wie anziehenden Eigenschaften der Unterwelt verbrämt und ausgeschmückt.

Der nicht enden wollende Kampf der Viktorianer gegen das Verbrechen war der Preis, den man für das Überangebot billiger Lohnarbeit zahlen musste. In der Mitte des 19. Jahrhunderts bildeten die Straßen, die von Norden her auf den Strand zuliefen, die Grenze zu einem Geflecht aus Slums: die Hinterhöfe und Mietskasernen in Vierteln wie Seven Dials, Covent Garden, Drury Lane und Clare Market beherbergten Tausende schlecht bezahlte Arbeiter und eingefleischte Gesetzesbrecher. Der Strand als solcher hätte nicht besser für Kriminelle geeignet sein können. Alle paar Meter bot eine Seitenstraße oder Gasse einem Bösewicht eine Möglichkeit zur Flucht, das Labyrinth aus Straßen machte eine Verfolgung praktisch unmöglich. Abseits der Hauptachse verliefen etliche düstere Durchgänge, abgeschiedene Winkel waren prädestiniert für illegale Machenschaften, die dort ungestört vonstattengehen konnten. Darüber hinaus bot der Strand Tag und Nacht einen schier unerschöpflichen Nachschub an desorientierten, leichtgläubigen und oft außer Gefecht gesetzten Opfern.

Der Strand hatte mit Jack Sheppard seinen eigenen Stamm-Sünder, einen jugendlichen Einbrecher, der in der Trivialliteratur des achtzehnten und neunzehnten Jahrhunderts verewigt wurde. Jack verbrachte die frühe Kindheit in Armut, hatte dann aber das Glück, eine Anstellung als Laufbursche bei einem Tuchhändler zu bekommen, der sein Geschäft auf dem Strand hatte. William Kneebone brachte ihm Lesen bei und sorgte dafür, dass der Junge bei einem Zimmermann in der nahegelegenen Wych Street in die Lehre gehen konnte. Diese Großherzigkeit dankte Jack seinem alten Arbeitgeber, indem er ihn ausraubte. Hätte der Junge seine Lehre zu Ende gemacht, wäre er ein ausgezeichnetes, aber langweiliges Vorbild für andere, ähnlich benachteiligte junge Männer gewesen. Es sollte anders kommen, denn Jack hatte die im Lehrbrief festgesetzte Spanne von sieben Jahren fast vollständig absolviert, als er auf die schiefe Bahn geriet. Nun wurde er zum Verbrecher und schließlich öffentlich hingerichtet. Seine Delikte waren vergleichsweise unspektakulär – er tat sich als Dieb und Einbrecher hervor, entwendete Löffel, Zinnkrüge oder Ballen Stoff –, aber mit seiner Prahlerei, seinem Übermut und seinem unbeugsamen Geist regte er die Fantasie der Öffentlichkeit an. Seine waghalsigen Schurkereien, seine Beziehungen mit Frauen der Stadt, die Tatsache, dass er viermal aus dem Gefängnis fliehen konnte, und der Umstand, dass er sich als Gentleman kleidete – all das machte ihn innerhalb Londons zur Legende, lange bevor man seinen Leichnam in Tyburn vom Galgen schnitt. Jack gehörte schnell zur städtischen Folklore, er war der Inbegriff des »Tunichtgut«. Er wurde eben kein langweiliger »Holzwurm«, von Sägespänen übersät und nach Leim riechend; im Gegenteil, für unzählige Jungen und Heranwachsende war er eine Figur aus einer Fantasiewelt, in die sich gerade junge Menschen flüchten. Jack ermunterte seine Nachahmer bzw. Bewunderer nicht nur, von Freiheit zu träumen, sondern zeigte ihnen eine Möglichkeit auf, aus dem Alltag auszubrechen.

Als Jack im Jahr 1724 mit 22 Jahren hingerichtet wurde, erklang sein Name bereits in bekannten Gassenhauern. In Umlauf war ein Flugblatt, dem als Vorlage ein Porträt des Hofmalers James Thornhill diente. Vier Jahre später griff John Rich in seiner Produktion von Gays *Beggar's Opera* auf Aspekte aus Sheppards Leben und krimineller Karriere zurück und verhalf dadurch einer revolutionären *ballad opera* auf die Bühne, in der Habgier und Korruption in allen Gesellschaftsschichten satirisch aufs Korn genommen wurden. Die Geschichte Jack Sheppards bot Stoff für fiktionale Ausschmückung und literarische Ausdeutung, insbesondere in der frühen viktorianischen Epoche, was aber nicht ganz unproblematisch war. Da zu jener Zeit immer mehr Menschen lesen konnten und folglich das Verlangen nach unterhaltsamem Lesestoff wuchs, etablierte sich bald eine Branche, die preiswerte und holzschnittartige Literatur anbot. Der Erfolg von Harrison Ainsworths dreibändiger Romanze *Jack Sheppard* (dt. *Brigantenjack*) löste eine wahre Flut von billigen Nachahmungen aus, in denen der Held als freiheitsliebendes Individuum mit einer repressiven Gesellschaft auf Kriegsfuß stand. Die Armen der Stadt, die den Behörden weder Zuneigung noch Respekt entgegenbrachten, identifizierten sich gern mit einer Figur wie Jack und dessen »Jüngern« wie etwa *Charles Wag, or the New Jack Sheppard*. In den späten 1850ern überlegte Henry Mayhew: »Von allen Büchern hat wahrscheinlich keines einen derart schädlichen Einfluss auf den Geist der Heranwachsenden, auf den Geschmack und auf unsere Prinzipien gehabt wie Jack Sheppard.«[1]

Unmittelbar nach der Veröffentlichung von Ainsworths Roman eroberte die fiktionale Figur des Jack Sheppard in gleich mehreren Theatern die Bühne. Eine der bekanntesten frühen Produktionen fand am Adelphi Theatre auf dem Strand statt. J. B. Buckstones *Jack Sheppard* wurde im Oktober 1839 uraufgeführt, mit Mary Anne Keeley in der Titelrolle. Im Stück ist Jack zwar ein aufbrausender Müßiggänger, wird jedoch zum Opfer einer groß angelegten Verschwörung stilisiert: Vom rechten Weg abgebracht habe ihn der intrigante, berüchtigte Kriminelle Jonathan Wild, der auf der Soldliste des damaligen Premierministers Sir Robert Walpole gestanden haben soll. In einer Serie von »Epochen« oder Episoden aus seinem Leben wurden Jacks Verbrechen so dargestellt, als seien sie eine fast unausweichliche Rebellion gegen Kontrolle und Einengung sowohl in materieller als auch sozialer Hinsicht gewesen. Kamen Stücke mit dem Helden Jack Sheppard in ärmeren Regionen zur Aufführung, regte sich nicht selten im rebellisch gesinnten Publikum Unmut über die Gesetzeshüter. Lautstark beschimpften die Zuschauer diejenigen, die ihren Helden und implizit sie selbst hinter Gitter bringen wollten. Die Obrigkeit vermochte kaum zu verhindern, dass Trivialliteratur unters Volk kam, dafür war es aber möglich, Theateraufführungen einzudämmen. Im Mai 1859 verbot der Lord Chamberlain – er war verantwortlich für die Lizenzierung bzw. Zensur von Theaterstücken im Vereinigten Königreich, ein Amt, das bis ins Jahr 1967 existierte – jegliche Produktion, die den Namen »Jack Sheppard« im Titel führte. Eine Verfügung, die die *Lloyd's Weekly Newspaper* zufriedenstellte:

Vor Jahren schon wiesen wir auf den verderblichen und verrohenden Einfluss hin, den Mr. Ainsworths Held auf die geistige Entwicklung Tausender armer Kinder ausübt. Dennoch stolziert der Einbrecher über die Bühne, und immer noch wird ihm von der Empore applaudiert. Theatermanager fahren eine goldene Ernte ein, und die Amtsgerichte sind voll von jugendlichen Straftätern. Kleine Jack Sheppards und Blueskins schlendern stolz durch die Gassen Londons, und während sie wagemutig stehlen, wähnen sie sich als Helden. Es ist dem gegenwärtigen Lord Chamberlain hoch anzurechnen, dass er beschloss, dieser Bühnenräuber möge von nun an nicht mehr herumstolzieren. Schlussendlich verkünden wir mit Freuden, dass Mr. Jack Sheppard der englischen Bühne Lebewohl gesagt hat.[2]

Jack Sheppard hatte einen düstereren Gefährten im kriminellen Pantheon des Strand. Der Dieb Jack Hall, der im frühen 18. Jahrhundert berühmt-berüchtigt war, wurde in den späten 1840ern in einem beliebten Song zu neuem Leben erweckt. Hall war ca. 1676 in Holborn zur Welt gekommen, am Bishop's Head Court, Gray's Inn Lane, und wurde im Alter von sieben Jahren von seinen Eltern an einen Kaminkehrer verkauft. Nachdem er eine Weile als »Kletterjunge« gearbeitet hatte, kam ihm der Gedanke, dass es vermutlich profitabler und weitaus weniger gefährlich wäre, in die Taschen der

Abb. 6: Ein romantisierter Jack Sheppard, gespielt von Mrs. Keeley, Adelphi Theatre, 1839

Leute zu greifen, anstatt sich durch die Rauchschlote zu zwängen. Er war geschickt im Taschendiebstahl, darüber hinaus lernte er bald, mit einer Art Haken, der an einem Stock befestigt war, Gegenstände aus offenen Fenstern zu angeln. Wie alle Taschendiebe trieb sich auch Jack dort herum, wo viele Leute zusammenkamen. Seinen Opfern, die die Kirche, Jahrmärkte, den Markt oder das Theater besuchten, stahl er Taschenuhren, Bargeld und bestickte Taschentü-cher. Er wurde immer wieder unterschiedlich hart bestraft. Zu Beginn seiner kriminellen Laufbahn schickte man ihn ins Bridewell Prison, wo er dazu verdonnert wurde, Hanf für die Seiler bzw. Reeper im Hafen weichzuklopfen. 1698 bekam er die Peitsche zu spüren, da er ein Paar Schuhe entwendet hatte, zwei Jahre später wurde er zum Tode verurteilt, dann aber begnadigt unter der Bedingung, er müsse das Land verlassen.

Hall kehrte trotz der Verbannung zurück und raubte eine Kutsche aus. Für dieses Vergehen brandmarkte man seine Wange und steckte ihn für zwei Jahre hinter Gitter. Zu guter Letzt brach er in ein Haus ein und drohte damit, ein Kind zu töten, was ihm eine weitere harte Verurteilung einbrachte. Kurz vor seiner Hinrichtung in Tyburn am 17. Dezember 1707 leugnete er, »für eine gewisse Zeit einen Pakt mit dem Fürsten der Finsternis geschlossen zu haben, um seine Schandtaten zu begehen«.[3]

Basierend auf älteren Jack-Hall-Balladen entstand der Titel »Sam Hall« in der Frühphase der Music Hall, als man begann, in sogenannten *singing rooms* in Tavernen ein buntes Unterhaltungsprogramm zu gestalten. Der Song, in dem W. G. Ross die letzten Stunden des böswilligen Kaminkehrers beschrieb, stand in engem Zusammenhang mit Londons langlebigstem Ort der Unterhaltung, den Cyder Cellars. Dieser Ort wird oft in einem Atemzug mit dem Coal Hole genannt (ebenfalls ein *tavern singing room* am Fountain Court, Strand), aber die Cyder Cellars in 20/21 Maiden Lane waren weitaus älter als ihr Nachbar – die Ursprünge reichen zurück in die ersten Jahre des 18. Jahrhunderts. Wie zu erwarten, befand sich das Etablissement unter der Erde und bot durchweg ein Unterhaltungsprogramm, das bis spät in die Nacht ging, während das Viertel im Lauf der Zeit einem Wandel unterlag. Die von außen sichtbaren Stockwerke des Gebäudes wurden in der Mitte des 18. Jahrhunderts unterteilt. In einem Bereich des Hauses kam der Maler William Turner zur Welt, ein anderer Bereich wurde zu einem Auktionsraum und einer Kunstgalerie umfunktioniert. Im Jahr 1844 wurde die Ausstellungsfläche zur Maiden Lane Synagoge, was dem Gebäu-

THE CYDER CELLARS.—"SAM HALL."

Abb. 7: W. G. Ross führt »Sam Hall« in den Cyder Cellars auf, 1849.

de, das lange Zeit mit Trunksucht und Prasserei in Verbindung gebracht wurde, eine spirituelle Note verlieh. Zu jener Zeit, als der bekannte Sänger Ross mit der Darbietung des Songs »Sam Hall« begann, wies noch eine brennende Laterne in der Gasse, die vom Strand wegführte, den Weg zu den Cellars. Im Umfeld der Cyder Cellars war das Adelphi Theatre vergleichsweise neu in der Straße.

Kurz bevor Ross um 23 Uhr mit seiner Darbietung begann, verließen viele Gäste die Tische, an denen sie aßen und tranken, und versammelten sich vor einer kleinen Empore, die an ein Schafott erinnerte. Wenn der Sänger hinter einer Trennwand hervortrat, empfingen ihn die Besucher mit donnerndem Applaus, dem jedoch bald Totenstille folgte. Ross kaute auf einer knochenweißen Tonpfeife und war schwarz gewandet wie der berüchtigte Türklopfer am Tor des Newgate Prison, wenn er Sam Hall kurz vor der öffentlichen Hinrichtung darstellte. Vor Furcht und Zorn bebend, sinnierte er über den bevorstehenden Tod. Die Musik war Grabgesängen nachempfunden, und Ross' Darbietung wirkte auf erschreckende Weise realistisch. Seine Stimme stockte, wurde brüchig,

senkte sich zu einem eindringlichen Flüstern[4] und steigerte sich am
Ende jeder Strophe zu einer lautstarken Verwünschung:

Oh, my name it is Sam Hall,
Chimney sweep! Chimney sweep!
Oh, my name it is Sam Hall,
Chimney sweep!
My name it is Sam Hall,
I have robb'd both great and small.
And now I pay for all,
Damn my eyes.

My master taught me flam[5]
Taught me flam,
My master taught me flam,
Though he know'd it all for bam[6]
And now I must go hang –
Damn my eyes.

I goes up Holborn Hill in a cart,
In a cart.
I goes up Holborn Hill in a cart,
At St Giles takes my gill,
And at Tyburn makes my will,
Damn my eyes.

Then the sheriff he will come,
He will come,
Then the sheriff he will come,
And he'll look so gallows glum,
And he'll talk of kingdom come,
Blast his eyes.

Then the hangman will come too,
Will come too,

Then the hangman will come too,
With all his bloody crew,
And he'll tell me what to do,
Blast his eyes.

And now I go upstairs,
Goes upstairs,
And now I goes upstairs,
Here's an end to all my cares,
So tip up all your prayers,
Blast your eyes.

Oh, mein Name ist Sam Hall,
Kaminkehrer! Kaminkehrer!
Oh, mein Name ist Sam Hall,
Kaminkehrer!
Mein Name ist Sam Hall,
Beraubt hab ich Groß und Klein.
Und jetzt bezahl ich für alles,
Verdammt sei ich.

Mein Meister brachte mir Tricks bei
Brachte mir Tricks bei
Mein Meister brachte mir Tricks bei
Obwohl er weiß, dass alles nur Schwindel ist
Und jetzt muss ich hängen –
Verdammt sei ich.

Ich fahr nach Holborn Hill in einem Karren,
In einem Karren.
Ich fahr nach Holborn Hill in einem Karren,
Bei St. Giles nehm ich noch ein halbes Pint,
Und bei Tyburn setz ich meinen letzten Willen auf,
Verdammt sei ich.

Dann kommt auch noch der Sheriff,
Ja, er kommt.
Dann kommt auch noch der Sheriff,
Und blickt so galgen-düster drein,
Und spricht vom Königreich, das da kommt,
Verflucht sei er.

Dann kommt auch der Henker,
Auch er kommt,
Dann kommt auch der Henker,
Mit der ganzen verfluchten Schar,
Und sagt mir, was ich tun soll,
Verflucht sei er.

Jetzt geh ich die Stufen rauf,
Stufen rauf,
Jetzt geh ich die Stufen rauf,
Hier enden all meine Sorgen,
Also sprecht eure Gebete,
Verflucht seid ihr.

Anders als die meisten Hits, die sich eine gewisse Zeit großer Beliebtheit erfreuen oder gelegentlich hervorgekramt werden, um an vergangene Zeiten zu gemahnen, entwickelte sich »Sam Hall« rasch zu Alternativversionen weiter, die indes alle eine ähnlich verstockte Botschaft vermitteln. Genau wie in den 1890ern »Ta-ra-ra-boom-de-ay« und sämtliche Parodien mit zügelloser Sexualität assoziiert wurden, verfestigte »Sam Hall« das Image eines verurteilten Abtrünnigen, der mit der Gesellschaft auf Kriegsfuß stand. Auf diese Weise ging das Lied in irische und amerikanische Folk Songs ein, in jüngster Zeit wurden Versionen sowohl von The Dubliners als auch von Johnny Cash gesungen und aufgenommen. Obwohl der oben abgedruckte Song die Version zu sein scheint, die Ross einst sang, inspirierten die theatralische Darbietung und die wiederkehrenden Verwünschungen mehrere grobe und unflätige Varianten, nicht zuletzt das Lied von Nobby Hall, der »nur einen Hoden hatte«.[7]

Zu seiner Zeit galt Ross' Song auch als wirkungsvolle Propaganda gegen die Todesstrafe. Die *Reynolds's Newspaper* kommentierte:

> Bezugnehmend auf die bemerkenswerte Darbietung, die Mr. Ross mit seinem Song »Sam Hall« in den Cider Cellars, Maiden Lane, abliefert, behaupten wir, dass sein wunderbar wahres und furchtbares Abbild der letzten Gedanken eines verurteilten Verbrechers vor der Hinrichtung, im Hinblick auf die Wirkung auf die Gesellschaft und die Menschheit, weitaus mehr das Zeug dazu hat, dem fürchterlichen System der Todesstrafe für ein Verbrechen, das ein Mensch an einem anderen verübt, den Gnadenstoß zu versetzen als alle Predigten und die Eloquenz, die je diesem Thema gewidmet wurden.[8]

Wann immer jene Zuschauer, die sich von den fiktionalen Taten eines Jack Sheppard oder Sam Hall begeistern ließen, die Orte der abendlichen Unterhaltung im Umfeld des Strand verließen, gerieten sie freilich in Gefahr, von den tatsächlichen Verbrechern bedrängt zu werden. »Einer der alten Brigade« erinnert sich:

> In den Sechzigern [des 19. Jahrhunderts] war es keinesfalls ungefährlich, das Evans nach Einbruch der Dunkelheit aufzusuchen. Die Marktbeschicker, die größtenteils Beutelschneider und Boxer waren, überfielen schon mal einzelne Fußgänger, während sie auf das Eintreffen der Gemüsewagen warteten [...]. Das alte Olympic ganz in der Nähe war nach den Aufführungen auch ein übler Ort, außer man hatte eine Droschke gemietet. Im Umkreis von fünfzig Yards wimmelte es in den Gassen von Dieben, und jeder leichtsinnige Fußgänger, der die schwach erleuchtete Drury Lane oder die Newcastle Street überquerte, konnte ziemlich sicher sein, dass er die Zivilisation nicht ohne eine einschlägige Begegnung mit einem Bewohner des Vinegar Yard und der Betterton Street erreichte.[9]

Ganz in der Nähe des Strand befand sich ein Ort, der düsterer war als das Coal Hole und tiefer unter der Erde lag als der Cyder Cellars. Wer während der ersten Hälfte des Jahrhunderts an das weit verzweigte Netzwerk von langen Tunneln, Vorratsgewölben und unterirdischen Stallungen, besser bekannt unter dem Namen Adelphi Arches, dachte, verspürte im Allgemeinen eine Mischung aus Furcht und Abscheu. 265 Fuß vom Flussufer entfernt, erfüllte der mehrgeschossige Gebäudekomplex die praktische Funktion, die Adelphi Terrace auf dieselbe (bauliche) Höhe wie den Strand zu heben. Von der Themse aus betrachtet, bot sich ein eindrucksvoller Anblick. Im Uferbereich erhoben sich eine Reihe gewaltiger Bögen, überragt von schmiedeeisernen Geländern und den hohen Häusern der Terrace im georgianischen Stil. Doch in der Zeit vor der Befestigung des Embankment wurden die Bögen oft überflutet, sodass sich große Mengen Unrat und Schlick unterhalb der eleganten Wohnhäuser anlagerten. Ratten kamen in Scharen und teilten sich oft die klammen Alkoven und Durchgänge mit Pferden, Kühen und menschlichen Bewohnern.

Die Arches boten sich den Obdachlosen als Zuflucht und den Kriminellen als Unterschlupf an. Viele der ärmsten Prostituierten nutzten das düstere Umfeld, um ihre zerlumpte Kleidung und die ungesunde äußere Erscheinung zu kaschieren. Im September 1852 griff die Polizei die hilflos am Boden liegende fünfzehnjährige Mary Ann Palmer auf, entstellt von syphilitischen Geschwüren. Nachdem sie ein Jahr zuvor ihr Elternhaus in Paddington verlassen hatte, war sie einem anderen Mädchen, Sara Cunningham, am Victoria Theatre (»The Old Vic«), Waterloo, begegnet. Beide Minderjährige begannen, als Prostituierte im Bereich der Arches zu arbeiten; Sara war dort ab 8:30 Uhr morgens anzutreffen und kehrte erst gegen 21 Uhr in ihre Unterkunft in Charles Street, Drury Lane, zurück. Mary Ann hingegen hatte kein Zuhause mehr, und als man sie fand, wurde bekannt, dass sie die Arches schon fünf Monate nicht mehr verlassen hatte. Ihr anschließender Tod im St. Martin's Workhouse wurde zurückgeführt auf »Schwindsucht, herbeigeführt durch Mangelernährung und Vernachlässigung«.[10]

Abb. 8: Die Dunklen Bögen, Adelphi Terrace, 1850

Diejenigen, die sich in den Arches herumtrieben, fielen oft übereinander her. Am 23. August 1842 gegen vier Uhr in der Frühe beschloss Thomas Murray, ein Schankjunge, der in der Drury Lane wohnte, die Nacht in den Arches zu verbringen. Keine kluge Entscheidung, denn als er aufwachte, musste er feststellen, dass man ihm die Stiefel gestohlen hatte, die 2 Shilling gekostet hatten. Seine Misere verschärfte sich bald, denn ohne respektables Schuhwerk wurde er wegen Landstreicherei angeklagt. Überraschenderweise konnte der Fall dann doch noch aufgeklärt werden, nachdem man einen gewissen John Wilson in Covent Garden festgenommen hatte, der ebenjene Stiefel trug. Obwohl Wilson behauptete, er habe sie auf legalem Weg erstanden, wurde er schuldig gesprochen und für die Dauer von zehn Jahren in die Verbannung geschickt. Im November 1865 fand man drei obdachlose Jungen vollkommen unbekleidet in den Arches. Sie erklärten, eine Gang von Erwachsenen habe ihnen die zerlumpte Kleidung weggenommen.[11] Das war an sich nichts Ungewöhnliches, aber Vorfälle dieser Art gingen unter in der Rauflust, die aufkam, wenn Hunderte von Männern, Frauen und Kindern in den Arches zusammenkamen, um einem Leben zu frönen, das in der Öffentlichkeit als asoziales Verhalten gebrandmarkt wurde. Viele der Nachtschwärmer kamen mit den Raddampfern, auf denen die Überfahrt zwischen London Bride und Adelphi Pier nur einen Halfpenny kostete. Im Jahr 1858 warf die *Daily News* der Polizei vor, der Situation nur halbherzig zu begegnen:

> Der gegenwärtige Zustand des Adelphi und dessen dunklen Bögen an Sonntagen stellt die größte Scheußlichkeit dar, die man sich in London vorstellen kann. Man darf mit Fug und Recht behaupten, dass selbst in den lasterhaftesten Vierteln in den östlichen Ausläufern der Hauptstadt Anstand und Schicklichkeit nicht annähernd so sehr verletzt werden wie im Umfeld des Adelphi [...]. Eine leichte Aufstockung der verfügbaren Polizeikräfte und ein wenig Geduld würden schon genügen, um diesem schrecklichen und äußerst ernstzunehmendem Übel zu begegnen.[12]

Obwohl sich nur wenige angesehene Leute die Mühe machten (oder sich überhaupt trauten), die Arches aufzusuchen, wurde vielen die unheilvolle Erscheinung und der schlechte Ruf durch drei Gemälde vor Augen geführt, die 1858 in der Royal Academy ausgestellt wurden. Augustus Leopold Eggs Triptychon, der später den Titel *Past and Present* erhielt, stellt anschaulich dar, welche zerstörerischen Folgen die eheliche Untreue der Frau für das Leben und die Familie der Mittelklasse haben konnte. Auf dem ersten Bild, das mittig hing, ist wie in einer Rückschau die Frau zu sehen, die lang ausgestreckt und flehentlich vor ihrem Mann liegt, der das Bild des Liebhabers unter der Schuhsohle zertritt. Auf dem zweiten Gemälde, das links hing, sind zwei halbwüchsige Schwestern zu sehen, die fünf Jahre später den Tod des kürzlich verstorbenen Vaters und den Verlust der verstoßenen Mutter beweinen. Ganz rechts zeigt das dritte Gemälde die Mutter und ihr uneheliches Kind, die unter einem der Bögen des Adelphi Schutz suchen. Ein altes Plakat preist Tom Taylors *Drama Victims* an, und die »gefallene« Frau blickt in Richtung der lockenden Wasser der Themse. Die Gemälde hatten zunächst keinen Titel, der Künstler hatte sie stattdessen mit einem (fiktiven) Tagebucheintrag versehen:

4. August – Habe soeben gehört, dass B – vor mehr als vierzehn Tagen verstorben ist, demnach haben seine armen Kinder nun beide Eltern verloren. Wie ich hörte, hat man sie letzten Freitag unweit des Strand gesehen, offenbar hatte sie keine Bleibe mehr. Wie tief sie doch gefallen ist.

Mit der Zeit sorgten Maßnahmen für eine gewisse Ordnung in den Adelphi Arches. Die unzureichende Beleuchtung wurde nachhaltig verbessert; das Licht, das die wenigen Gaslampen spendeten und das durch die Öffnungen in den Deckengewölben fiel, reichte bald nicht mehr aus. Auch führte der Bau des Victoria Embankment in den späten 1860ern dazu, dass man viel besser kontrollieren konnte, wer in dem Bereich ein- und ausging.

Der aufstrebende Pädagoge Quintin Hogg hellte die Lage in anderer Hinsicht auf. Er konnte zwei junge Straßenkehrer dazu überreden, spontan einer Lesestunde beizuwohnen. Hogg nutzte Bibeln als Textvorlagen, steckte eine Talgkerze in eine Bierflasche, um Licht zu haben, und begann, seinen Schülern das Lesen beizubringen. Doch die erste und einzige Unterrichtsstunde im Freien war von kurzer Dauer, denn ein argwöhnischer Polizist löste die »Schulklasse« umgehend auf. Hogg ließ sich indes nicht unterkriegen und eröffnete 1864 am nahegelegenen York Place eine Armenschule (engl. *ragged school*, wörtlich »Lumpenschule«) und gründete später die Regent's Street Polytechnic für Erwachsenenbildung. Trotz der Verbesserungen sprach man freilich von den Arches nach wie vor in dramatischen Worten: die Düsternis sei »stygisch«, die unterirdische Anlage »labyrinthisch« und der moralische Zustand ein »Augiasstall«. Gegen Ende des 19. Jahrhunderts erinnerten die immer noch erhaltenen Arches mahnend an eine Zeit des Frevels von epischen Ausmaßen, aber auch an einen Ausgangspunkt für moderne Reformen.

Das Benehmen in der Öffentlichkeit mochte sich verbessert haben, dennoch erregten Vorfälle Anstoß. Im Jahr 1883 berichtete die *Reynolds's Newspaper*:

> Der gestrige Vorfall in der Bow Street, in dem der nächtliche Zustand von Charing Cross mit klaren Worten angesprochen wurde, verdient öffentliche Beachtung. Nirgendwo sonst in Europa, vermutlich mit Ausnahme des Haymarket und dessen Umgebung, stößt man auf eine derart tumultartige Unordnung wie die, welche allzu oft im West End des Strand vorherrscht. Respektable Damen, die in Charing Cross in den Zug steigen möchten, werden mit Ausdrücken beleidigt, die schlimmer als obszön, und mit Gesten beleidigt, die noch ärger sind. Wir geben genug Geld für die Polizei in London aus und können daher auch eine stärkere Präsenz auf den Straßen verlangen, als es gegenwärtig der Fall ist.[13]

Fünf Jahre später, 1887, gibt dieselbe Zeitung bekannt, dass sich nur wenig an der Situation verändert hat:

> Vergangenen Mittwoch warf man mehreren Frauen in der Bow Street unziemliches Benehmen auf dem Strand vor. Um die Vorwürfe zu untermauern, trat Mr. Glenny, wohnhaft Strand 290, in Erscheinung und äußerte sich zu dem furchtbaren Zustand der Durchgangsstraße. Es könne eine respektable Person zwischen zehn und halb eins kaum über den Strand gehen, ohne belästigt und ausgeraubt zu werden. Die Frauen arbeiten zu zweit, eine hält das Opfer an den Armen fest, während die andere den Diebstahl begeht; oder sie arbeiten in Gangs. Landbewohner, die in den unterschiedlichen Hotels absteigen, und ältere Gentlemen sind die bevorzugten Opfer dieser Übeltäter. Manchmal stoßen die Straßengangs aufeinander, um zu raufen oder sich der abscheulichsten Sprache zu bedienen.[14]

Die Verbindung zwischen der öffentlichen Vorstellung von Gut und Böse trat selten klarer zutage als in dem Gebiet rund um Exeter Hall. 1884 schrieb Max O'Rell, ein französischer Journalist:

Wenn Sie etwas richtig Erbauliches erleben möchten, dann empfehle ich Ihnen einen Spaziergang auf dem Strand im Monat Mai. In dieser Durchgangsstraße steht eine eindrucksvolle Halle, die der Young Men's Christian Association gehört. Dieses Gebäude, das Salvation Hall genannt werden sollte, heißt einfach nur Exeter Hall. Vom 1. bis zum 31. Mai halten an ebendiesem Ort die verschiedenen angelikalen, evangelikalen und erzangelikalen Gemeinschaften nacheinander ihre jährlichen Konvente ab, die als Mai-Treffen bezeichnet werden. Es ist Salvation Fair. Zur Exeter Hall strömen *la gent trotte-menn* aus allen Teilen des Vereinigten Königreichs, um ihre Seelen im Frühjahr läutern zu lassen. Für die Dauer eines Monats ist die Luft auf dem Strand erfüllt vom Wohlgeruch der Heiligkeit [...] und eben das hat der Strand auch bitter nötig, um ehrlich zu sein. Ein typisch englisches Spektakel, denn auf der einen Straßenseite – der nördliche Verlauf des Strand – sehen wir erbauliche Gruppen, salbungsvolle Exemplare von äußerst strenger Tugendhaftigkeit; auf der anderen Straßenseite jedoch, nur wenige Schritte entfernt, lungern Gruppen unglückseliger, schamloser Frauen herum, schmutzig, angetrunken – unverfrorene Exemplare niedrigster Ausschweifungen: auf der rechten Seite also geistige Lieder, auf der linken Seite hört man obszöne Gesänge; rechts die Bibel und das Evangelium, links gibt es Bier, Gin [...] und alles, was dazugehört.[15]

Schlechtes Benehmen hatten indes nicht nur Schläger und Dirnen. Vor der Einführung des Licensing Act im Jahre 1872 lief eine chaotisch anmutende Ansammlung von betrunkenen Offizieren, Studenten des Rechts und der Medizin, aristokratischen Tunichtguten, Sportlern und Journalisten des Nachts Amok; zu ihren »Späßen«, »Scherzen« und »Zechgelagen« gehörten Kämpfe, Sachbeschädigung und eine Reihe anderer »Streiche«, deren Humorgehalt bemessen wurde an dem Grad der Unannehmlichkeiten, die diese Aktionen der Allgemeinheit bereiteten. Eines der weniger böswilligen Beispiele für das, was die »Jolly Dogs« unter Spaß verstanden, ereignete sich zu Beginn der 1860er Jahre, als sich eine Gruppe junger Offiziere an einem Maimorgen in das Haxell's Hotel, Strand 369–375, stahl. Als die Geistlichen, die für ihre jährliche Konferenz in diesem Hotel abgestiegen waren, aufwachten, mussten sie feststellen, dass ihre Schuhe, die sie zum Putzen vor den Zimmern gelassen hatten, mit denen größerer bzw. kleinerer Kollegen vertauscht worden waren. Für gewöhnlich gaben sich die gutsituierten Rabauken mit ruchlosen Aktivitäten zufrieden: Sie zerschlugen Fensterscheiben und Straßenlaternen, rissen Türklopfer und Glocken von Haustüren, fegten Gläser und Flaschen von Tresen und provozierten »Handgemenge«, in deren Verlauf Hüte zerknautscht und Taschenuhren entwendet wurden.

Größere Sportereignisse wie etwa das Derby oder die Regatta der Universitäten dienten als Vorwand für Unruhen, die die Polizei schlecht unter Kontrolle bekam. Auf der Bühne der Music Hall stellten sogenannte *Lions Comiques* derartige Gewaltexzesse und Vandalismus als heitere Ausgelassenheit dar. Solche Entertainer, die das Gebaren der Upper Class parodierten, waren beispielsweise George Leybourne und Alfred Vance (»The Great Vance«). Auf dem Einband des Notenheftes von Vances »Slap Bang, Here We Are Again! Or, The School of Jolly Dogs« (1865) sind drei modisch gekleidete Nachtschwärmer abgebildet, die am Abend Krach schlagen wollen:

At eight o'clock they sally forth
Because you know it's dark.
»Follow my leader« cries the chief,
»Tonight we'll have a lark.«

Spring-heeled Jack and all his pals
With their nocturnal larks
I'm sure were not a patch upon
This school of modern sparks.[16]

Abb. 9: Hooligans der Upper Class auf dem Einband eines Notenhefts von 1865

Um acht Uhr stürmen sie los
Weil, du weißt's, es dunkel ist.
»Mir nach«, ruft der Anführer,
»Heute Abend machen wir einen drauf.«

Spring-ins-Feld Jack und all seine Kumpel
Mit ihren nächtlichen Eskapaden
Die waren, ich bin mir sicher, nichts gegen
Diese Schule der modernen Galane.

Der Gesetzeserlass von 1872 führte zwar dazu, dass öffentliche Unruhen weitestgehend verschwanden, aber der harte Kern einiger Bohemiens setzte die Tradition lärmenden Zechens bis zum Ende des 19. Jahrhunderts fort. Eine Gruppe, zu der auch der Komödiant Arthur Roberts und einige Journalisten der *Sporting Times* gehörten, besuchte häufig Romano's Restaurant und Bar in der Nr. 399–400, Strand, und gab ihr Bestes, um einen unmoralischen Ton anzuschlagen und für unflätige Stimmung zu sorgen. Unter ihnen galt der talentierte Cartoonist Phil May als kreativster und beharrlichster Unruhestifter. Er hatte die harte Schule des Lebens durchlaufen und auf der Straße gelebt, als er zum ersten Mal aus seiner Heimatstadt Leeds nach London kam. Aufgrund seines von Natur aus ungezügelten und unkonventionellen Temperaments konnte er sich in unterschiedlichen Jobs nicht bewähren – er hatte sich als Angestellter und angehender Jockey versucht, hatte kleinere Sprechrollen auf der Bühne gehabt –, ehe er landesweit Erfolg hatte mit seinen witzigen und kargen Cartoons, die das alltägliche Leben abbildeten. Er galt als überaus produktiv, war allerdings auch dem Whiskey zugetan. Eine einzige Episode genügt, um sich ein Bild von Mays Streichen zu machen. Gemeinsam mit einigen Freunden kam er an eine Straßenbaustelle, an der die Arbeiter ihre Spitzhacken und Schaufeln liegen gelassen hatten. Die Freunde schleppten die Absperrungen in eine stille Nebenstraße des Strand, entweder Surrey Street oder Norfolk Street, und machten sich einen Spaß daraus, dort ein riesiges Loch zu buddeln: »Als die Ertüchtigung sie ordentlich in Schweiß gebracht hatte und ein Gutteil der Straße ›aufgerissen‹ war, erklärten sie ihr Vorhaben für beendet, ließen alles liegen und stehen, um zurück zu Romano's zu schlendern.«[17]

Den Besuchern des Strand drohte zudem Gefahr durch gewaltsame oder unvorhergesehene Übergriffe von Leuten, die entweder alkoholisiert waren, psychische Probleme hatten oder in einigen Fällen schlichtweg ein schlechtes Urteilsvermögen besaßen. Jede dieser drei Möglichkeiten könnte auch den Tumult erklären, den am Samstag, dem 18. November 1865, eine Zuschauerin des Strand Theatre ausgelöst hatte. Der Großteil des Parketts war, wie gewöhnlich, den Ladies und Gentlemen in eleganter Abendrobe vorbehalten. Eine Zuschauerin indes sorgte inmitten der Gleichförmigkeit für Aufsehen. Eine »große und auffallend hübsche Frau« nahm Platz und zog sogleich alle Blicke auf sich, trug sie doch ein »ausgesprochen tief ausgeschnittenes Kleid.« Die Zuschauer waren empört, insbesondere die Damen, bei denen »sich eine schmerzhafte Regung bemerkbar machte«. Die peinliche Situation spitzte sich während eines Zwischenakts zu, als jemand aus den oberen Rängen einen Kommentar abließ – ob diese Bemerkung sich auf das extravagante Kleid oder auf die körperlichen Vorzüge der Dame bezog, sei dahingestellt. Die Dame jedenfalls hüllte sich in ihr Cape und verließ das Theater, verfolgt von Zischen aus den Rängen, während unten im Parkett und in den Logen »eisiges Schweigen herrschte, das jedoch mehr als tausend Worte sagte«. Zu jener Zeit betrachtete man die unheilige Allianz zwischen dem Festhalten am Althergebrachten der Bourgeoisie (im Parkett) und der libertären Unverfrorenheit auf den oberen Rängen als Triumph der »Zensur des Anstands an einem Ort, an dem, der gängigen Einschätzung gemäß, Kultiviertheit zumindest erwartet werden darf«.[18]

Während der Aufführung von *Faust Up to Date* am Gaiety Theatre kam es zu einer Unterbrechung, die wesentlich bedenklicher war. Am 29. September 1889, kurz vor 22 Uhr, warf ein Zuschauer im Parkett – ungewöhnlich gekleidet mit Gamaschen und Militärhosen – einen Strauß Blumen auf die Bühne, ließ dieser Geste jedoch eine »unzüchtige« Bewegung folgen. Nachdem man den Störenfried aus dem Saal gedrängt hatte, bahnte er sich seinen Weg bis zur Bar des Gaiety, wo er erneut Aufsehen erregte. Entrüstet erklärte er, er sei Offizier der englischen Armee, woraufhin ihn ein anderer Theaterbesucher zur Rede stellte: »Ich bin auch Offizier der englischen Armee und verlange Ihren Namen und Ihre Adresse.« Obwohl man dem Störenfried drohte, man werde ihn dem Oberkommandeur der Britischen Armee melden, dem Duke of Cambridge, weigerte sich der Blumenwerfer immer noch, seinen Namen zu nennen. Unter Tränen flehte er: »Ich bin nicht betrunken, sondern verärgert. Ich habe mich gemein benommen. Ich bin Major, werde aber zum Oberst befördert und bin schon morgen auf dem Weg nach Indien.« Da einige andere Besucher spürten, in was für einer misslichen Lage sich der Mann befand, setzten sie sich für ihn ein, und somit wurde die Konfrontation beigelegt. Später wiederholte der Mann seine Geschichte und behauptete, seine lang ersehnte Beförderung werde gestrichen, wenn man sein schmähliches Benehmen an höherer Stelle meldete. Jegliche Sympathie, die man womöglich für diesen Mann empfand, verflüchtigte sich jedoch auf der Stelle, als er »eine widerwärtige Bemerkung« im Beisein der Bardamen machte, die sich geweigert hatten, ihm Whiskey auszuschenken.[19]

Die Angestellten und Besucher des Gaiety hatten vielleicht Glück gehabt, denn der aufdringliche Offizier, Major Frank Foster des 34th (Cumberland) Regiment of Foot, war im Besitz eines Revolvers und behauptete, einer »der besten Schützen in der Armee« zu sein. Später am Abend warf man ihn aus dem St. James's Restaurant, wo er einem anderen Gast vorgeworfen hatte, ihn bestohlen zu haben. Ein geistesgegenwärtiger Portier konfiszierte die Waffe, die im Halfter steckte, ehe er Foster am Kragen packte und in die Obhut eines Polizeibeamten übergab. Am nächsten Tag legte man dem Major im Amtsgericht Marlborough Street Trunkenheit und Ruhestörung zur Last, da er sich geweigert habe, das Restaurant zu verlassen, und eine Waffe bei sich gehabt habe. Er lief immer noch in Gamaschen herum, trug zusätzlich eine lederne Cricketkappe auf dem Kopf und benahm sich weiterhin so exzentrisch, dass recht bald klar war, dass der Alkohol nicht die alleinige Ursache seiner Probleme sein konnte. Zwei Ärzte bescheinigten ihm, er sei nicht zurechnungsfähig, eine Diagnose, mit der Foster sich teilweise zufriedengab. Seine geistige Zerrüttung, sagte er allerdings, komme daher, dass er an der Börse spekuliere. »Es liegt an der Börse. Sie bringt alle Broker um den Verstand. Alles ist gut, solange ihr mich von der Börse fernhaltet.« Wie sich herausstellte, hatte jedoch niemand Major Foster von der Börse ferngehalten, denn keine zwei Wochen später klagte man ihn an, er sei unter Vorspiegelung falscher Tatsachen in den Besitz eines Diamantrings gekommen. Wie berichtet wurde, war er bereits mehr als sechs Wochen dem Wahnsinn verfallen, als Folge eines Hitzschlags, den er sich in Burma zugezogen hatte. Sein unkontrolliertes Trinken tat das Übrige.[20]

Der vermutlich ungewöhnlichste Eklat auf dem Strand ereignete sich am Abend des 26. Juni 1889, als die Polizei sich eine Straßenschlacht mit Mitgliedern einer evangelikalen religiösen Organisation lieferte. Die Christliche Mission (Christian Mission), 1865 im Londoner East End gegründet, bezeichnete sich seit 1878 als Salvation Army (dt. Heilsarmee). Da die Organisation ihr Augenmerk darauf richtete, soziale Fragen wie Armut, Prostitution und Trunkenheit in Angriff zu nehmen und gleichzeitig nicht viel übrig hatte für die Verordnungen der eigennützig handelnden örtlichen Behörden, geriet die neue Bewegung häufig mit dem Gesetz in Konflikt. Wenn Kuppler und Schankwirte Gangs anheuerten, die daraufhin öffentliche Versammlungen und Missionsgebäude der Salvation Army überfielen, schritt die Polizei zwar ein, verhaftete jedoch nicht selten die Opfer anstatt die Aggressoren. Im Gegenzug wies die Führungsriege der Salvation Army ihre Mitglieder an – unter ihnen viele ehemalige Alkoholiker, Drogenabhängige oder Prostituierte –, die Geldbußen auf der Polizeiwache nicht zu bezahlen, woraufhin für gewöhnlich Gefängnisstrafen verhängt wurden. Da sich über einhundert ehemalige Häftlinge angekündigt hatten, war die Versammlung in der Exeter Hall im Juni immer für Überraschungen gut. Schon Tage zuvor gingen die Organisatoren der Prozession auf Konfrontationskurs, denn man ignorierte die Anweisung der Metropolitan Police, den Streckenverlauf vom Hauptquartier der Salvation Army in der Queen Victoria Street zum Strand entlang des Thames Embankment zu wählen und später in kleineren Gruppen zum Versammlungsort zu gehen. Obwohl die von der Polizei vorgeschlagene Route sogar kürzer war, beschloss die Heilsarmee, erhobenen Hauptes durch Feindesland zu marschieren – vorbei an den Schänken der Fleet Street, vorbei an den Prostituierten auf dem Strand und geradewegs zu den Türen der Exeter Hall.

Die Prozession, die von Ludgate Hill kam und die Kuppel von St. Paul's im Rücken hatte, bot einen eindrucksvollen Anblick. Die Banner einzelner Untergruppierungen flatterten stolz im Wind, und zwei Blaskapellen spielten fröhliche Hymnen. Die meisten der etwa tausend Frauen und Männer trugen blau-rote Uniformen, einhundert Männer indes trugen die weiße Kleidung der Gefängnisinsassen mit breiten schwarzen Pfeilen. Die City of London hatte nichts gegen den Marsch einzuwenden, und die Polizeibeamten begleiteten die Prozession bis zu den Grenzen ihrer Zuständigkeit, und zwar bis zu den Royal Courts of Justice auf dem Strand. Genau dort hatten Beamte der Metropolitan Police Stellung bezogen, um den Marsch anzuhalten. Doch die Prozession drängte weiter, worauf ein Polizeiinspektor seine Leute anwies, einzuschreiten. Es kam zu einem gewaltsamen Zusammenstoß von Polizei und Angehörigen der Heilsarmee – man mochte sich ohnehin nicht und hatte so gut wie keinen Respekt voreinander. Wie die Straßenschläger, die bisweilen bezahlt wurden, um die Versammlungen der Heilsarmee zu stören, versuchte die Polizei nun, Banner zu beschlagnahmen oder teure Musikinstrumente zu zerstören. Die Angehörigen der Heilsarmee leisteten energisch Widerstand und trieben die Polizisten vor sich her. Der Konflikt nahm eine bizarre Wendung, als sich einige »Rüpel«, die den Zusammenprall verfolgt hatten und Anstoß an der Taktik der Polizei nahmen, auf die Seite der Salvation Army schlugen. Der Kampf wogte am heftigsten um das Banner der Abteilung aus Torquay. Die Abgesandten aus Devonshire hatten allen Grund, ihre Fahne zu verteidigen, denn zwischen 1886 und 1888 waren zwanzig ihrer Aktivisten zu Gefängnisstrafen verurteilt worden, da sie sonntags mit Blechblasinstrumenten marschiert waren. Schlussendlich gelang es der Polizei, die Demonstration an der Wellington Street aufzuhalten und zu zerstreuen, nur wenige Meter von der Exeter Hall entfernt. Die übel zugerichteten und blutüberströmten Anhänger der Heilsarmee schleppten sich nach und nach zum Versammlungsort und hinterließen einen mit Überresten eines größeren Aufstands übersäten Strand.

4 Der Lord Chief Baron des Coal Hole

Der Lebemann und der Dandy der Regency-Ära (ca. 1811–1820) packten ihre Pantalons und Spielkarten nicht weg, als Königin Victoria den Thron bestieg. Nach 1837 wurde der Gelage feiernde Gentleman der georgianischen Epoche allenfalls demokratisiert und war von nun an in einer breiteren sozialen Schicht anzutreffen. Zwar schwanden die prachtvolle Kleidung und die Größenordnung der Ausgaben, dafür standen dem viktorianischen Gentleman aber neue und besser organisierte Formen der Freizeitgestaltung offen. Renton Nicholson gehörte zu den führenden Unternehmern, die nichts unversucht ließen, aus der neuen vergnügungssüchtigen Öffentlichkeit Kapital zu schlagen, indem er seine unterschiedlichen Projekte in Prospekten bewarb, die das pralle Leben lobten. Sein Stammsitz befand sich in der Strand Taverne, in der er Unterhaltung bot, die die frühe viktorianische Gesellschaft sowohl auf den Arm nahm als auch schockierte. Zu Lebzeiten wurde Nicholson ebenso gefeiert wie verteufelt, und nach seinem Tod galt er geradezu als Symptom der nationalen Dekadenz und der persönlichen moralischen Verkommenheit. Andere wiederum verbanden mit seiner Person weniger repressive Zeiten, in denen sich Heuchelei und Dogmatismus noch nicht so negativ auf die viel geliebte Freiheit des Einzelnen auswirkten, sich schlecht benehmen zu dürfen.

Nicholson kam am 4. April 1809 in der Hackney Road, East London, zur Welt und verlor früh beide Eltern. Er wuchs bei seinem älteren Bruder, einem Buchhalter in einem Bankhaus in der City, und seinen beiden Schwestern auf, die eine kleine Schule leiteten und somit auch zum Unterhalt der Familie beitrugen. Die Geschwister waren nach Islington gezogen, damals ein noch überwiegend ländlich geprägter Vorort, der aufgrund seiner Nähe zum Zentrum Londons »eine Kolonie der Banker und Angestellten der Kaufleute« wurde.[1] Obwohl die älteren Geschwister ihm ein von Büroarbeit geprägtes Leben vorlebten, erlag der junge Renton recht früh einem subversiven Einfluss – er freundete sich mit Englands größtem Pantomimen und Clown, Joseph Grimaldi, an. Das am Ufer des New River gelegene Sadler's Wells Theatre mit seinen brisanten, gegen die Obrigkeit ausgerichteten, anarchistischen Boulevardstücken zog den Schuljungen in seinen Bann. In späteren Jahren erinnerte sich Renton gern an den lüsternen »Joey« (Grimaldi), der, auf einer Leiter stehend, eine junge Frau durch ein Fenster beobachtet und dabei singt:

Oh, see that pretty creature there!
Oh, how handsome – oh, how fair!

Oh, seht nur dieses herrliche Geschöpf dort!
Oh, wie liebreizend – oh, wie schön!

Grimaldi wiederum benutzte den Jungen, damit dieser die Straßenverkäufer vor dem »Wells« bespitzelte und Grimaldi über den Verkauf etwaiger »gefälschter« Tickets informierte.[2]

Im Alter von zwölf Jahren machte Nicholson erste Erfahrungen mit einer Bevölkerungsschicht, die sich auffallend von der aus einem Vorort wie Islington unterschied. Als Assistent eines Pfandleihers in Shadwell, ganz in der Nähe der Docks in East London, lernte der Junge schnell die raubtierartige Seite der menschlichen Natur kennen. Es war, wie er sich später erinnerte, eine Gesellschaft von »Betrügern, die Gastwirte, Pfandleiher, Besitzer von billigen Unterkünften, Verkäufer von billiger Arbeitskleidung, Seelenverkäufer, Kuppler und gefallene Mädchen umfasst«.[3] Aufgrund seines bereits ausgeprägten Backenbarts und beträchtlichen Leibesumfangs wirkte der jugendliche Assistent des Pfandleihers wesentlich älter, als er tatsächlich war. Mit seinem reifen Äußeren und seiner natürlichen Begabung, es sich gut gehen zu lassen, passte »Nick« ohne Weiteres in eine verrufene Gesellschaft von Preisboxern, komödiantischen Sängern, käuflichen Frauen und spielsüchtigen Männern.

Nach drei Jahren verließ Renton Shadwell und arbeitete für einen Pfandleiher in Kensington, kurz darauf im West End. Auf diese Weise erhielt der junge Mann interessante Einblicke in den Umlauf des Geldes, zumindest in den flüchtigeren Bereichen der Gesellschaft. Wann immer es unerlässlich wurde, persönliches Eigentum zu verpfänden, um an Bargeld zu kommen, besuchten Spieler das Pfandhaus, aber Renton stellte fest, dass von den »befleckten Tauben« und »gefallenen Engeln« (beides Synonyme für Prostituierte) ein sehr viel verlässlicheres Einkommen zu erwarten war:

Es wird sich zeigen, dass meine Nachbarschaft bevölkert war von lockerem Lebenswandel, und jeden Tag kam ich beim alltäglichen Geschäft in Kontakt mit der Schwesternschaft. Bei meinem Arbeitgeber war es üblich, »gegen eine kleine Aufmerksamkeit« wertvollen Schmuck für eine Nacht zu verleihen; er kam diesen Kundinnen, den Schwachen und Schönen, die uns gut bekannt waren, entgegen, indem sie ihre Armbänder, Ketten, Diamantohrringe etc. für eine Nacht haben durften, ohne die Auslösesumme zahlen zu müssen. Diese Art von irregulärem Geschäftsgebaren führte dazu, dass mein Arbeitgeber viel mit dieser eigentümlichen Schicht der Gesellschaft zu tun hatte; und an dieser Stelle möchte ich innehalten, um dem guten Charakter und der Integrität dieser Leute Anerkennung zu zollen. Obwohl wir häufig Waren auf diese Weise verliehen, deren Wert sich oft auf drei- oder viertausend belief, ist uns nie ein Artikel abhanden gekommen: Alles wurde zurückgebracht, und die Leihgebühr machte die Bedenken wett.[4]

Auf der Liste von Nicholsons Bekannten und Kunden, die in den späten 1820er Jahren der Prostitution nachgingen, tauchen Namen auf wie Louisa Devenish, Amy Hope, Polly Edwards, Charlotte Lloyd, die Göttin Diana, Fair Glover, Fat Glover, Fanny Golby, Polly Hague, Betsy Johnson und die Jüdin Bella.

Nach neun Jahren Erfahrung im Pfandgeschäft beschloss Nicholson, sein eigener Herr zu werden und eröffnete 1830 einen Schmuckladen am 99 Quadrant, Regent Street. Ein kurzlebiges Unterfangen, denn bereits im Dezember 1831 war Nicholson insolvent. Im Alter von 21 Jahren verbrachte er einen Monat im King's Bench Prison, der erste von mehreren Gefängnisaufenthalten, die er aufgrund von finanziellen Schwierigkeiten antreten musste. Zu jener

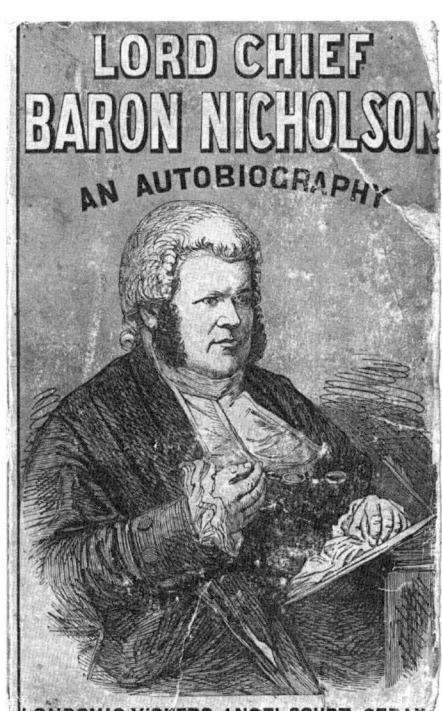

Abb. 10: Renton Nicholson auf
dem Cover seiner Autobiografie
aus dem Jahre 1860

Zeit gab es fünf in privater Hand befindliche Haftanstalten in London, in die Gläubiger ihre Schuldner schicken konnten, selbst wenn
es nur um kleinere Summen ging. The Fleet und das Marshalsea
(Dickens verewigte das berühmt-berüchtigte Schuldgefängnis in
Little Dorrit) wurden 1842 per Parlamentsbeschluss geschlossen,
sodass die Gefängnisse Horsemonger Lane, Whitecross Street und
King's Bench (später Queen's Bench) übrig blieben, bis im Jahre
1869 das Bankruptcy Act erlassen wurde. Die Insassen waren zwar
ihrer Freiheit beraubt, konnten aber, je nachdem, wie flüssig sie waren, eine bessere Zelle bekommen, das Café bzw. die Kneipe des
Gefängnisses besuchen oder Dinge in den Läden und an den Stän-
den innerhalb der Mauern erwerben. Jovial und gesellig wie Nicholson als Insasse war, betrachtete er das Gefängnis beinahe als Erzie-
hungsanstalt. »Mein Wissen vom kultivierten Leben«, schrieb er,

»habe ich mir während des Umgangs mit anderen dort angeeignet und immer weiter verbessert.«[5]

Aus dem Gefängnis entlassen zu werden, war bisweilen schlimmer als die Haft selbst. Als der mittellose Nicholson einmal aus dem »Barrett's Hotel«, d. h. aus dem Whitecross Street Prison, entlassen wurde, sah er sich gezwungen, im Freien zu übernachten, und zwar am St. James's Square, Piccadilly, bis eine ausgemergelte, aber einst hübsche Prostituierte auf ihn aufmerksam wurde. Es wäre schön, wenn man die zarte Retterin mit einem Namen in Verbindung bringen könnte – vielleicht hieß sie Mary, Rose oder Polly, mit irgendeinem Namen, zu dem die Beschreibung der Frau passen könnte, die sich mitfühlend über Nicholson beugte: »Bist du schon eingeschlafen, alter Kumpel? Diese Erschütterungen bist du nicht gewohnt. Komm mit mir, ich zeige dir einen Ort, wo du dich ausruhen kannst, zumindest für diese Nacht.« Wie die Dinge liegen, verstärkt ihre Namenlosigkeit die Vergänglichkeit ihres kurzen Lebens noch. Nachdem Nicholson sich eine Nacht auf einem Sofa in der kärglich eingerichteten Dachkammer der Frau ausgeruht hatte, fühlte er sich wieder so lebendig, dass er sich von einem Bekannten eine Guinee lieh, um seine äußere Erscheinung zu verbessern und eine Anstellung zu finden. Für »Anonyma« kam indes jede Hilfe zu spät. Sie erlag rasch der Tuberkulose und überlebte, wie sie es vorhergesehen hatte, ihre Geranien auf der Fensterbank nicht. Für Nicholson symbolisierten die kranke Frau und die anderen Prostituierten, die sich um sie scharten, um ihr im letzten Stadium der Krankheit zu helfen, nicht nur die Ungleichheit, sondern auch die soziale Ungerechtigkeit der Zeit, in der er lebte:

Sie alle waren freundliche, gutherzige Geschöpfe, gar nicht selbstsüchtig und kalt und gefühllos wie ihr es seid, ihr Männer von Welt, die ihr die Frauen erst in diese Situation gebracht habt, und durch eure Berichte weiß die Welt überhaupt von ihnen.[6]

Weihnachten 1842 entwarf Nicholson ein mitfühlendes Bild einer Prostituierten in seinem Gedicht »A Sigh for the Sorrowful« (»Ein Seufzer für die Bekümmerten«), das in *The Era* abgedruckt wurde:

Her Fallen spirit mingles with scenes of saffron guile,
But, Oh! Her heart remembers when guiltless she could smile:
And blazing fires roaring through parlour windows seem,
But lamps to recollections of childhood's happy dreams;
She walks the streets in penance, in sorrow, and in blight –
No hope revives her wasted form on merry Christmas night.[7]

Ihr gefallener Geist vermischt sich mit Szenen aus safrangelber
               Arglist,
Aber, oh! Ihr Herz weiß noch, dass sie ohne Schuld lächeln
               konnte:
Und prasselnde Feuer, die durch Salonfenster glühen, scheinen
Lichter zu sein, die an glückliche Träume aus Kindheitstagen
               erinnern;
Sie geht als Büßerin die Straße entlang, von Sorgen gedrückt,
               verschandelt –
Keine Hoffnung kann ihren ausgezehrten Leib in der fröhlichen
               Christnacht beleben.

In den 1830er Jahren hüpfte der untersetzte »Nick« weiterhin zwischen zwielichtigen Tätigkeiten und fragwürdigen Machenschaften hin und her, die Geld einbringen sollten. Darüber hinaus leitete er, der oft mit Londoner Spielhäusern in Verbindung gebracht wurde, während der Sommermonate bei den Pferderennbahnen ein Zelt, in dem Wetten angenommen wurden. Zwischendurch arbeitete er als »Schindmähre« eines Anwalts, war Weinhändler und Mitinhaber eines Billardsalons. Als er 1836 die siebzehnjährige Eliza heiratete, die er bezeichnenderweise als »hübsch wie ein Pfau und von so guter Herkunft wie Eclipse« beschrieb (Eclipse war das berühmteste Rennpferd des 18. Jahrhunderts), erregte das weiter kein großes Aufsehen. Der gemeinsame Zigarrenladen in der Warwick Street, Regent Street, fungierte auch als nicht lizenzierte Kneipe und Spielhölle. Obwohl das Geschäft gut lief, holten ihn freilich die alten Schulden ein, sodass er »ausgebootet, verklagt und entmutigt war und wieder einmal ins Barrett's Hotel musste«.[8]

Als Nicholson aus dem Whitecross Street Prison freikam, befand er sich erneut in einer ernsten Notlage. Nur dass er nun eine junge Frau hatte, die er nicht an seiner Seite verhungern lassen durfte. Nach mehreren enttäuschenden Versuchen, Verleger für eine Reihe von schriftstellerischen Betrachtungen zu gewinnen, die das Londoner Leben zum Gegenstand hatten (mit dem Titel *Tales of the Town, or Cockney Adventures*), gelang es ihm, den Zeitungsverleger Joseph Last dazu zu überreden, sich das Manuskript vorlesen zu lassen. Last war zumindest so weit beeindruckt, dass er ihm anbot, eine neue Wochenzeitung ins Leben zu rufen, für die Nicholson zwölf Spalten Text für ein Gehalt von 3 Pfund beisteuern sollte. Mit dem Vorschuss von einem Pfund eilte der nun erfolgreiche Autor nach Hause zu seiner darbenden Frau, bezahlte bei einem örtlichen Metzger seine Schulden und kaufte zwei Pfund Kurzrippensteaks.

Am nächsten Tag bereiteten Nicholson und Last einen Entwurf vor:

NEW WEEKLY PUBLICATION
SIZE OF THE SATIRIST NEWSPAPER
PRICE 2d. ONLY!
On SATURDAY, June 3rd, 1837, will be published.
THE FIRST NUMBER OF
THE TOWN,
COMPRISING OF ORIGINAL SKETCHES OF THE
Metropolitan Gaming Houses—Free and Easies—The Prisons—The Swell Mob—Flats and Sharps—Parish Worthies—Licensed Victuallers—Pawnbrokers and their Assistants—Cigar Shops and Pretty Women—Bow Street Officers—The Doings of Courtesans and Demireps of Quality, &c. &c; with Criticism on Actors and the Theatres and all places of Public Amusement.

Neue Wochenzeitung
Format wie die Satirist Newspaper
Preis nur 2 Pence!
Wird am Samstag, dem 3. Juni 1837, erscheinen.

Die Erste Zeitschrift
der Stadt
Darin enthalten: originelle Porträts der
Spielkasinos der Hauptstadt—der Musiktavernen—der Gefängnisse—der gut gekleideten Stutzer—der Einfaltspinsel und
Gauner—der Honoratioren der Kirchengemeinden—der lizen-
sierten Lebensmittelhändler—der Pfandleiher und deren Assistenten—der Zigarrenläden und hübschen Frauen—der Bow
Street-Beamten—der Machenschaften der Kurtisanen und Personen von zweifelhaftem Ruf etc. etc.; mit Kritiken zu Schauspielern und den Theatern und all den anderen Orten der öffentlichen Vergnügungen.

Die Zeitung, die auf dem Strand 310 erschien, also nahe dem westlichen Ende der Holywell Street, bestand aus vier großformatigen
Seiten mit Holzschnittillustrationen. Zwar gab es einige Versuche,
soziales Übel und Amtsmissbrauch zu kritisieren, aber in *The Town*
ging es inhaltlich meist darum, Pubs, Bordelle, Spielhöllen und
Tavernenkonzerte mit vielsagenden Worten und Anspielungen zu
umschreiben, wobei das Hauptaugenmerk auf Schauspielerinnen,
Prostituierten und hübschen Schankmädchen lag. Nicholson und
seine Mitautoren waren selbstverständlich alle mit der Vergnü-
gungswelt vertraut. Zu den Mitarbeitern der häufig kritisierten Zeitung zählten Henry Pellett, ein ehemaliger Angestellter und Anwalt, John Dalrymple, ein Autor von Burlesken, und ein gewisser
Mr. Somerville (ein früherer Soldat). Die Illustrationen steuerte Archibald Henning bei, der später Cartoons für das humoristische
Magazin *Punch* zeichnete, das ab 1841 erschien. Theaterexperte war
der »English Improvisatore« Charles Sloman, ein bereits gefeierter
Sänger, Songschreiber und, vor allem, Meister des Stegreifreims.
The Town war lediglich eine Zwischenstation für Nicholson, der
bereits ein weiteres Unternehmen ins Auge gefasst hatte. In einer
kurzlebigen Neuauflage der Zeitung, die der Komödiant Henry G.
Brooks herausgab und für die er größtenteils die Artikel schrieb,
wird dieser Übergang rückblickend erläutert:

Sozusagen von der ersten Ausgabe von The TOWN an begegnete der Herausgeber dem Garrick's Head Hotel in der Bow Street – das Simpson leitete, dem auch das Albion gehörte – mit auffälligem Wohlwollen; unabhängig von oft langen Artikeln, die das Etablissement priesen, und kleineren Gefälligkeitsartikeln, die hier und da in der Zeitung erschienen, sicherte er dem Haus seine Unterstützung zu, auch die seiner Freunde. Jegliche Experimente von »Tommy Simpson«, etwa die *Bal Masques* etc., wurden – wie es so schön heißt – in den Himmel gelobt. Mit diesem Verhalten gewann er die Freundschaft von Mr. Simpson [...], der seit einigen Monaten vergeblich versucht hatte, ein Geschäft mit der Zapfanlage des Garrick's Hotel zu machen; Simpson war dem Vorschlag, Nicholson solle fortan der leitende Direktor der Hotel-Abteilung des Hauses werden, von Herzen zugetan. Von diesem Zeitpunkt an begann der allmähliche Niedergang von The TOWN als Zeitung, gleichzeitig stieg der Stern des Garrick's Head.[9]

Nach 156 provokanten Ausgaben erschien *The Town* am Samstag, den 23. Mai 1840, zum letzten Mal. Nicholson ermöglichte das offenbar einen nahtlosen Übergang, wurde er doch sogleich Manager des Garrick's Head and Town Hotel, gegenüber des Theatre Royal, Covent Garden. Später wurde er Teilhaber des Besitzers Thomas Bartlett Simpson. Mit anderen Mitarbeitern von *The Town* schloss sich Charles Sloman Nicholsons neuem Unternehmen an und leitete fortan die abendlichen Konzertvorführungen. Es war Slomans Vorschlag, dass die erste Versammlung der Judge and Jury Society am 6. März 1841 stattfand. Die »Society« imitierte Gerichtsverfahren, bei denen Verführungen Minderjähriger, Ehebrüche und Scheidungsfälle verhandelt wurden, mit einem groben und anzüglichen Humor. Anzeigen in den Theaterpublikationen wiesen jeweils auf den Inhalt der Veranstaltungen hin:

Ein ernster, bedeutsamer und verwickelter Fall des Kriminalkonstablers, in dem es um jene Affäre geht, über die in der besse-

ren Gesellschaft hinter vorgehaltener Hand getuschelt wird: ›Viscount Limpus v. the Hon. Powderham Pelter Plantagenet Priapus Pulverton.‹
Ein Fall von Verführung und Bruch des Eheversprechens: ›Meekmaid v. Rushington‹. Die Einzelheiten dieses Falles werden auf eindrückliche Weise die List und Erfindungsgabe der Kunst der Verführung illustrieren sowie die Gefahren verdeutlichen, denen der Turm der Tugendhaftigkeit ausgesetzt ist, wenn er unter Beschuss des Monster-Mörsers Sünde gerät.[10]

Zeugen, Vertreter des Rechtsbeistands und oft auch bedeutende Personen wurden von Schauspielern und Komödianten verkörpert, während die Frauenrollen mit Männern in Frauenkleidern besetzt wurden; der Hauptdarsteller flatterhafter Prostituierter und nörgelnder alter Frauen war »Der Proteische Zeuge« Henry G. Brooks. Nicholson ernannte sich selbst zum »Lord Chief Baron« und nahm wie selbstverständlich auf dem Richterstuhl Platz. In dieser Rolle wirkte Nicholson wie eine Figur aus dem Werk von François Rabelais: Mit seinen gut 130 Kilogramm Körpergewicht war er der Inbegriff der Gutmütigkeit. Er gab lakonische Kommentare von sich, während er am Brandy nippte und Zigarre paffte.

Die überwiegend männlichen Zuschauer, zu denen für gewöhnlich auch ein paar Prominente gehörten, feuerten ihn bei seinen Stegreifreden und ungehörigen Nebenbemerkungen an. Als »Aushängeschild« der Veranstaltung diente ein Ölgemälde, auf dem die bedeutendsten Gäste der Gesellschaft verewigt worden waren. Archibald Hennings Gruppenporträt, das gleich im ersten Fenster des Garrick's Head hing, zeigt den Perücke tragenden Lord Chief Baron, der sich von seinem Platz aus vorbeugt und den Blick über die Zuschauer schweifen lässt, zu denen der junge Romancier Charles Dickens, der Politiker Sir Robert Peel, aber auch Englands berühmtester Feldherr, der Duke of Wellington, der Preisboxer und komödiantische Sänger Sambo Sutton und der Schauspieler William Betty gehörten. Betty wurde in jungen Jahren als »The English Roscius« bezeichnet (nach Quintus Roscius Gallus, einem angese-

Abb. 11: Handzettel mit Werbung für die Judge and Jury Society in den Cyder Cellars

henen römischen Schauspieler), verschwand jedoch als Mann mittleren Alters in der Bedeutungslosigkeit.

Scheinprozesse waren bei vielen Leuten der Stadt beliebt, die Inszenierungen wurden aber auch als unmoralisch verdammt. Nach Ewing Ritchies Dafürhalten war das Sprachniveau der Judge and Jury Society beinahe ebenso schlecht wie die Untaten, die verhandelt wurden:

[...] bei den Judge and Jury Clubs wird man vertraut mit den Gepflogenheiten der Bordelle: und ich bin fest davon überzeugt, dass man selbst in Sodom und Gomorrha über nichts Schmutzigeres gesprochen haben wird und dass auf dieser Seite des Pandämoniums nichts erniedrigender oder verkommener ist. Wenn Sie mit ansehen möchten, wie Ihr Herr Sohn gründlich verdorben wird, dann schicken Sie ihn zu einer Veranstaltung des Judge and Jury Clubs. Kurz darauf kehrt er zu Ihnen zurück und hat sämtliche noblen Prinzipien über Bord geworfen. Den Kopf voller schmutziger Gedanken, wird er sich der neuen, verderbten Sprache bedienen und ist imstande, von nun an eine Karriere anzustreben, die von Ausschweifungen und Lastern gekennzeichnet sein wird.[11]

Abseits der Unterhaltungsshows bot Nicholson vernünftige Preise für die Übernachtung und eine gute Küche. »Ausgezeichnete Zimmer« waren schon für 1 Shilling 6 Pence zu haben; die Gäste dinierten an mit Damastleinen reich gedeckten Tischen und aßen mit Silberbesteck. Eine Anzeige in Form eines Gerichtsprotokolls betonte die »kriminell« niedrigen Preise, die für Getränke verlangt wurden:

Generalstaatsanwalt – Ein weiteres Ziel des Act of Incorporation sah vor, zu verhindern, dass den Armen billige Abendessen mit ungesundem Fleisch untergejubelt werden.
Lord Denman, Vorsitzender Richter – Was, Herr Staatsanwalt, beabsichtigen Sie mit Ihrem Gesuch genau?
Generalstaatsanwalt – Nicholson, auf den die gerichtliche Verfügung zur Unterlassung zielt, verkauft nicht aus einem öffentlichen Fenster, und wie ich an meiner eidesstattlichen Erklärung sehe, verkauft er zu extrem niedrigen Preisen.
Lord Denman, Vorsitzender Richter – Was bezeichnen Sie als niedrige Preise?
Generalstaatsanwalt – Er bietet eine Fleischplatte für vier Pence an.
Lord Denman, Vorsitzender Richter – In der Tat!
Patterson, Geschworener – Ist das denn die Möglichkeit?
Coleridge, Geschworener – Erstaunlich!
Williams, Geschworener – Wo, sagten Sie, findet man diesen Nicholson noch gleich?
Generalstaatsanwalt – Im Garrick's Head, my Lord, in der Bow

Street. Laut meiner eidesstattlichen Erklärung bietet er eine große Fleischplatte für sechs Pence und Gemüse mit einem Auf-
schlag von einem Penny pro Gericht an.

Lord Denman, Vorsitzender Richter – Und wie sieht es mit Brot
aus?

Generalstaatsanwalt – Einen Penny, my Lord.

Williams, Geschworener – Sagen wir, ich bestellte eine seiner
größten Platten, sagen wir gekochtes Rindfleisch, wie viel verlangt er dann wohl für Erbsenpüree?

Generalstaatsanwalt – Über Püree schweigen wir uns aus.[12]

Es dauerte nicht lange, bis der Name von Nicholsons Kunstfigur
»Lord Chief Baron« bei großen Veranstaltungen in ganz England
auf Plakaten zu lesen war. Nicholsons Zeltpavillon, den er bei der
Pferderennbahn und auf Jahrmärkten in Südengland aufschlug, war
bald ein vertrauter Anblick; verkauft wurden darin Speisen und
Getränke, darüber hinaus hatte der Pavillon eine Plattform für
Tanzveranstaltungen. Angesichts des Erfolgs seines egalitären Un-
ternehmens schien Nicholson davon überzeugt zu sein, dass einem
Vergnügungskomplex, der Unterhaltung draußen wie drinnen sowie Gastronomie zu Preisen bot, die für den Durchschnittsbürger
erschwinglich waren, eine große Zukunft beschieden war. Im Jahr
1843 erwarb er in West London dicht bei der Themse eine 12 Acre
große Grünfläche. Dieses Grundstück, das einst Chelsea Farm hieß,
gehörte Lord Cremorne, ehe man dort im frühen 19. Jahrhundert eine Sportstätte errichtet hatte. Am Stadtrand von London gab es zu
jener Zeit eine ganze Anzahl von allseits bekannten Lustgärten,
aber aus Nicholsons Sicht war das ehemalige Cremorne-Grund-
stück eine größere und besser gestaltete Anlage, eine grellere und
preiswertere Alternative zu den längst etablierten Vauxhall Gardens am gegenüberliegenden Ufer des Flusses. Einst waren die
Vauxhall Gardens beliebt beim Königshaus und der Aristokratie,
doch um die Mitte des 19. Jahrhunderts war die Anlage nur noch ein
Schatten ihrer selbst, weshalb man versuchte, die Eintrittspreise,
die viele für überzogen hielten, mit der früheren Pracht im 18. Jahr-

hundert zu rechtfertigen. Vierzig Jahre später äußerte sich Edmund Yates wie folgt über die Cremorne Gardens:

Die Gärten waren weitläufig und übersichtlich; einige der großen alten Bäume hatte man stehen gelassen, ein angenehmer Anblick für die Augen des Städters, der den ganzen Tag über nur Backsteinmauern und Stuck sieht; auch das sanfte Rascheln der Blätter ist wohltuend für die Ohren, in denen noch der Lärm des Straßenverkehrs nachhallt. Es gab eine Menge Vergnügungen – eine runde Bühne für Tanzveranstaltungen, mit einer großen Band, die in der Mitte in einer überdachten Pagode spielte; eine Menge *jeux innocens*, wie man sie auf französischen Jahrmärkten findet; einmal im Monat startete ein Fesselballon; regelmäßig wurden eindrucksvolle Feuerwerke veranstaltet. Der Eintrittspreis belief sich auf 1 Shilling; ein warmes Gericht bekam man für eine *half crown*, ein kaltes Menu zum gleichen Preis. Und es wurde nicht für nötig erachtet, wie in Vauxhall, sich in Unkosten zu stürzen; im Gegenteil, man war freigiebig mit dem Bier. Es muss zu jener Zeit im Cremorne gewesen sein, denke ich, dass die perfiden »Longdrinks« – Soda und irgendetwas anderes – die inzwischen so beliebt sind, zum ersten Mal auftauchten. Gelegentlich wurden große Bankette veranstaltet, ausgerichtet von gewissen betuchten Dandys; es wurde viel getrunken, ab und zu auch gerauft – am Derby-Abend kam es einmal zu einer Schlägerei, die sich über Stunden zog und in deren Verlauf alles zertrümmert wurde, was nicht niet- und nagelfest war; und ich entsinne mich einer anderen Gelegenheit, bei der ein hünenhafter Ire, inzwischen ein bekanntes Parlamentsmitglied, einen Kellner nach dem anderen mit der bloßen Faust zu Boden schickte. Aber im Großen und Ganzen war der Ort gut und ruhig geführt, und fünf Minuten nach der Abendglocke, die die Schließung des Geländes einläutete – kurz vor Mitternacht – waren die Gärten menschenleer. Die Besucher strömten zu den Omnibussen und Droschken, die heiß begehrt waren, und in mindestens einer Saison fuhr ein Raddampfer, der nach den Veranstaltungen am nahegelegenen Cadogan Pier ablegte und die Passagiere an der Hungerford Bridge absetzte, eine sehr beliebte Überfahrt.[13]

Die Klientel der Cremorne Gardens kam sozusagen in zwei voneinander getrennten Schichten. Während des Tages und am frühen Abend handelte es sich bei den Besuchern hauptsächlich um Familien und Paare, die etwas aßen und tranken und die verschiedenen Unterhaltungsangebote nutzten. Bei Einbruch der Dunkelheit tauchten Hunderte von Prostituierten auf, um sich mit der großen Anzahl lediger Männer zu tummeln. Die Veranstaltungen spielten sich hauptsächlich im Bereich um die Tanzfläche ab, obwohl von den tausend Besuchern, die William Acton 1857 gezählt haben will, nur etwa 200 tatsächlich tanzten. Ein Mann wie Nicholson nutzte eine derartige soziale Zweiteilung clever aus, indem er die erholsame und ansehnliche Facette seiner Gastronomie und Unterhaltungsshows in offiziellen Werbeplakaten anpries. Gleichzeitig machte er die ungesunden Aspekte der Unterhaltung in einer Reihe von unzüchtigen Broschüren bekannt. In mehreren Ausgaben des *The Swell's Night Guide*, die bei einem berüchtigten Verleger pornografischer Schriften erhältlich waren, beschrieb der »Lord Chief Baron« frohgelaunt die »paphischen Schönheiten« und »eleganten Damen«, die seine Etablissements besuchten. Andererseits lag ihm auch daran, nichts auf das Garrick's Head kommen zu lassen, als ein junger Apothekergehilfe Selbstmord beging, nachdem er den Konzertsaal mit einer Prostituierten besucht hatte, die er am Adelphi Theatre aufgegabelt hatte.[14]

Viele von Nicholsons Unternehmen gerieten in finanzielle Schwierigkeiten, und so war auch seinem Mitwirken am Cremorne ein frühes Ende beschieden. Er hatte sich viel Geld geliehen, um die Attraktion zu etablieren, aber trotz der hohen Besucherzahlen sah er sich gezwungen, seine Anteile an Simpson zu verkaufen, seinen Teilhaber im Schankgewerbe. Nicholson war verständlicherweise aufgebracht, ließ sich aber nicht abschrecken, bot weitere Arten der Unterhaltung an und fand nebenbei noch Zeit für seine schriftstellerische Ader. Er war immer schon ein emsiger Journalist gewesen, und zu seinen Schriften gehören eine Autobiografie, Abhandlungen zu Boxkämpfen und Beschreibungen Londons. Literarisch trat Nicholson mit *Dombey and Daughter* in Erscheinung, einem Fortsetzungsroman, mit dem er an den Erfolg von Charles Dickens' *Dombey and Son* anknüpfen wollte. Nicholsons launischem Glück ist es anzulasten, dass die Judge and Jury Society mehrmals umziehen musste. Nachdem er sich 1844 mit Simpson wegen des Verkaufs des Cremorne überworfen hatte, fanden die »Gerichtsverhandlungen« zunächst im Coal Hole, Fountain Court, Strand 103, statt. Nach nur zwei Jahren kehrte die Society zum Garrick's Head zurück, ehe sie 1849 weiterzog, um nun in der Justice Tavern, Bow Street 36, zu residieren. 1851 fanden die abendlichen Veranstaltungen wieder im Coal Hole statt, bis die Society sich 1858 schließlich in den Cyder Cellars etablierte. Obwohl sich die Scheinprozesse großer Beliebtheit erfreuten, suchte Nicholson stets nach Wegen, neue Aspekte bzw. Programmpunkte einzuführen, insbesondere wenn er damit öffentlich für Furore sorgen konnte. Wer Wahlen und Parlamentsdebatten satirisch aufs Korn nahm, konnte sicher sein, dass die politische Klasse sowohl verärgert als auch begeistert war, während mit den *poses plastiques* oder *tableaux vivants*, bei denen nackte (oder scheinbar unbekleidete) weibliche Models klassische Statuen oder berühmte Gemälde imitierten, für viele Kommentatoren die Grenze zur Pornografie überschritten wurde; diese Darbietungen erachtete man nicht als Beiträge zur Kunst.

1849 starb »der hübsche Pfau« Eliza in Boulogne, sodass »Nick« zwei minderjährige Töchter versorgen musste. Doch sein Lebenswandel festigte sich nicht, nach wie vor rauchte er Zigarren wie ein Schlot und konsumierte Brandy. Mit seinen Unternehmen hat Nicholson eine Menge Geld gemacht, dennoch plagten ihn Schulden – häufig wurde er beim Konkursgericht vorstellig. Der »Lord Chief Baron« stand oft im Kreuzfeuer der Kritik, doch Nicholson ließ sich mit seiner Show nicht unterkriegen. Die Judge and Jury Society war wie eine beachtliche Festung, um die sich ein Bündnis aus Unmoralischen, aus harmlosen Sündern und subversiven Kräften scharte, um Anfeindungen vonseiten der Sozialreformer und Gesetzesgeber abzuwehren. Als Nicholson am 18. Mai 1861 an den Folgen von Wassersucht und Herzinsuffizienz starb – passenderweise in der Gordon Tavern in der Piazza, Covent Garden –, fing das große Jahrzehnt der Prasserei und wüsten Gelage innerhalb der Hauptstadt erst an. Dennoch, selbst im Verlauf der sündigen 1860er war das »pralle Leben«, das niemand so verkörpert hat wie Nicholson, dem Untergang geweiht. Kaum ein Jahr nach seinem Tod wurden die Unterhaltungslizenzen sowohl dem Coal Hole als auch den Cyder Cellars entzogen, da bei den zuständigen Behörden Beschwerden eingegangen waren – die Kritik richtete sich gegen die als unanständig empfundenen *poses plastiques*, aber auch gegen die komischen Songs und Scheinprozesse.

Trotz der Schließung der alten »Gerichtssäle« verschwand Nicholsons Judge and Jury Society nicht ganz von der Bildfläche. Kurz bevor die Behörden das endgültige Aus für die Veranstaltungen in den Cyder Cellars bekanntgaben, ging der »Proteische Zeuge« Henry G. Brooks mit der Society auf Tournee. Schließlich versammelte er einige der ursprünglichen Darsteller der Show und präsentierte die Judge and Jury Society jeden Abend auf dem Strand 404, ganz in der Nähe des Adelphi Theatre. Brooks legte Schal und Mütze ab und erschien mit Perücke und Richterrobe als »Lord Chief Baron«; ihm zur Seite standen Mr. Lush, Mr. Thomas, Mr. Bullock und Mr. R. Phillips, der »der bekannteste Imitator der »Skittles« war (gemeint ist Catherine Walters, die bekannteste viktorianische Kurtisane). Die Adelphi Rifle Gallery, die von nun an »Saal der Gerechtigkeit« hieß, erhielt eine Bühne samt Vorbühne (Proszenium), auf denen *poses plastiques* gezeigt wurden, während Brooks eine »erklärende komische Rede hielt«.[15]

Im Jahr 1865 zog die »Hall of Justice« in die 21 Leicester Square um, nur drei Türen von der berühmten Alhambra Music Hall entfernt. Dass die Judge and Jury Unterhaltungsshow Nicholsons derben und ungehörigen Duktus beibehielt, zeigte sich im Januar 1869, als Brooks eine Strafe von 40 Shilling bezahlen musste, weil er als Inhaber eines Gasthauses entgegen der Bestimmungen der Lizenzierung ungebührliches Benehmen zugelassen hatte.

JUDGE AND JURY ASSEMBLY, IN THE STRAND.
DRAWN AND ENGRAVED BY OUR OWN ARTIST.

Abb. 12: Henry G. Brooks hat den Vorsitz im »Temple of Justice« auf dem Strand, 1864.

Ein Polizeiinspektor berichtete, die Unterhaltung bestehe aus »einer Mischung aus derben Zoten und Obszönitäten, durchsetzt von anzüglichen Mehrdeutigkeiten«.[16] Nach wenigen Tagen musste Brooks erneut vor Gericht erscheinen; die Anklage lautete: »Erregung öffentlichen Ärgernisses und Ruhestörung aufgrund einer gewissen unzüchtigen, obszönen und unanständigen Darbietung, mit gesetzeswidrigen Worten, Gesten und Handlungen«. Der Magistrat Mr. Knox wollte London von derartigen immer wiederkehrenden Ärgernissen befreien und war bereit, Brooks einen Deal vorzuschlagen. Man werde ihn, Brooks, für schuldig befinden und zum Gefängnis verurteilen, es sei denn, er erkläre sich bereit, die anstößigen Elemente aus der Darbietung der Society herauszunehmen – »bringen Sie die Leute ruhig zum Lachen, aber vermischen Sie Amüsement nicht mit Obszönitäten«.[17] Brooks' Anwalt ging sofort auf das Angebot ein und dankte dem Richter für dessen Entgegenkommen. Derweil dürfte Renton Nicholson sich auf dem Brompton Cemetery im geräumigen Grabe umgedreht haben.

The Saturday Review nahm Henry G. Brooks' erstes Erscheinen vor Gericht zum Anlass, sich darüber zu beschweren, dass »Unanständigkeiten in der Öffentlichkeit« vom Gesetzgeber zu nachlässig gehandhabt würden – diese inkonsequente Herangehensweise reiche zurück bis in die Zeit von Nicholsons großen Erfolgen:

> Letzten Montag eröffnete Mr. Knox die Beweisaufnahme und belegte einen Mann namens Brooks mit einer Geldstrafe, da dieser *poses plastiques, tableaux vivants* oder wie man das auch immer nennen mag, zugelassen habe und überdies den Vorsitz eines Judge and Jury Club innegehabt habe – d. h. eines Scheinprozesses, dessen fester Bestandteil schmutzige Sprache oder, wie Mr. Knox es bezeichnet, »eine breit angelegte und widerwärtige Rohheit [der Sprache?]« ist. Wir schließen die Augen und fragen uns, in was für einer Zeit wir leben. Ist es denn nun wahr, dass es einmal einen Burschen wie den Chief Baron Nicholson gegeben hat, oder ist es nicht wahr? Stimmt es oder stimmt es nicht, dass sein Porträt den Londonern so vertraut war wie der Löwe auf dem Northumberland House? Konnte er sein schmutziges Gewerbe nicht über Jahre hinweg unkontrolliert betreiben? [...] Wenn es diesem riesigen Satyr Baron Nicholson gestattet war, ungestraft im Dunst der Obszönität zu verrotten – und es war ein sehr aufdringlicher Dunst –, dann hat man Mr. Henry Brooks recht hart rangenommen. Es kann nicht sein, dass dem Gesetz die aufgedunsene Schmeißfliege aus alten Tagen entwischt ist, während es gelungen ist, die kleine Mücke Brooks zu fangen? Denn wir sprechen hier von ein- und demselben Gesetz, auch der Gesetzesverstoß war derselbe, selbst das Haus, in dem sich die Gesetzeswidrigkeit zutrug, war dasselbe.[18]

The Saturday Review lief offene Türen ein. Das beharrliche Aufbegehren bestimmter Interessengruppen und Zeitungen sowie die größere Bereitschaft der Politiker, soziale Probleme in Angriff zu nehmen, erwirkte bald eine Gesetzgebung, die Nachtclubs – und das Nachtleben – strenger kontrollierte. Angesichts dieses Menetekels für das »Moderne Babylon« London hatte Brooks keine andere Wahl, als Mr. Knox' Vorschlag anzunehmen. Die Tage seines »Saals der Gerechtigkeit« waren gezählt; er war gewogen und für zu leicht befunden worden, und die Gerichte und Lizenzbehörden schienen entschlossen, das Wesen der öffentlichen Unterhaltung grundlegend zu ändern. Selbst ein »Lord Chief Baron« Nicholson hätte seine Schwierigkeiten gehabt, sich in einem derart feindlichen Umfeld zurechtzufinden.

Renton Nicholsons libertinäre Philosophie und seine zweifelhaften Geschäftsideen verkörperten die Welt der Post-Regency-Ära Londons, jene Welt also, die das viktorianische Establishment um jeden Preis aufzubrechen versuchte. Nicholson hatte bei vielen seiner Unternehmungen Erfolg gehabt (auch wenn er mitunter gescheitert war), weil die Vergnügungsgesellschaft in sich relativ geschlossen war, sodass Nicholsons Talente und die seiner Helfershelfer leicht von einem zum anderen Vorhaben zu übertragen waren. Ob er nun eine Zeitung leitete, Speisen und Getränke feilbot, Romane schrieb oder den Vorsitz bei einer inszenierten Gerichtsshow innehatte, »Nick« scharte stets die alten treuen Kunden um sich. Im Gegenzug erwies er seinen Kunden die Ehre, über sie zu schreiben: Er stellte ihren Lebensstil als zügellose Ablehnung einer moralinsauren Obrigkeit dar. Viele seiner Zeitgenossen waren der Ansicht, Nicholson habe häufig eine schlechte Wahl getroffen und hätte insgesamt ein edlerer und geachteterer Charakter werden können, aber er war sowohl von finanzieller Berechnung als auch von einer gaunerhaft-spitzbübischen Veranlagung getrieben. Ihm fiel nicht auf, wie widersprüchlich es war, den Prostituierten Mitgefühl entgegenzubringen und gleichzeitig mit dem Sex seinen Lebensunterhalt zu verdienen. Der Theaterjournalist Clement Scott behielt ihn in Erinnerung als einen »plebejischen Falstaff, der selbst zum Schankwirt wurde; [er war] humorvoll, gut aussehend, sehr beleibt, sinnlich, unverschämt; einer, der die Reichen übers Ohr haut, und eine Seele von Mensch, wenn es um die Belange der Armen geht«.[19] Die dem Theater zugewandte Zeitung *The Era*, die Nicholsons schurkisches Vorankommen seit den 1830er Jahren verfolgt hatte, veröffentlichte einen mitfühlenden Nachruf:

Die Nächstenliebe, die er verkörperte, wird, so hoffen wir inständig, mehr Sünden überdecken als auf das Konto jener Person gehen, die von uns gegangen ist und die an den Orten, an denen sie sich am liebsten aufhielt, vermisst werden wird.[20]

5 Ladenhüter und schicke Sachen

Die Frau, die man »Ladenhüter« nannte, hatte schon bessere Tage und Nächte gesehen. Wie viele der Frauen in abgerissener Kleidung, die angestellt waren, um ein Auge auf Prostituierte zu haben, war auch sie selbst mal eine gewesen. In einem Interview, das sie in den späten 1850er Jahren Mitarbeitern des Sozialforschers Henry Mayhew gegeben hatte, erinnerte sie sich an jene Zeit, als sie ein eigenes Haus und Bedienstete besaß und »die männlichen Verehrer sich die Klinke in die Hand gaben«. Nun jedoch verrichtete sie Gelegenheitsjobs in einem Bordell, in der Hoffnung, ein paar Pennys zu verdienen, die sie aber sofort für Alkohol ausgab. Was ihr Schicksal betraf, so gab sie sich philosophisch und meinte, dass fünf Shilling sie »eine Woche lang frohgelaunt machten«. »Da wir gerade davon sprechen, dass man einer Frau fünf Shilling gibt, muss ich daran denken, dass ich mal Fünfpfundnoten verdiente«, fuhr sie fort. »Ich weiß noch genau, dass es eine Zeit gab, als sie nichts anderes annahm als Banknoten; immer Papier, nichts unter einer Banknote. Ah! Prostituierte sehen schon merkwürdige Dinge; wundersame Aufs und Abs, das kann ich Ihnen sagen!«[1]

Der Strand, der geschäftigste und kosmopolitischste Straßenzug der Hauptstadt, hatte die Kulisse für das Auf und Ab im Leben zahlloser Prostituierter geliefert. Unermüdlich versuchten Statistiker der viktorianischen Zeit, die Anzahl der »Unglückseligen« in London zu beziffern, aber trotz weit voneinander abweichender Schätzungen ist festzuhalten, dass sich die Zahl der Frauen, die täglich »anschaffen« gingen, im 19. Jahrhunderts auf viele Tausend belief. Viele der Prostituierten hatten zuvor als Dienstmädchen, Verkäuferinnen oder Arbeiterinnen in schlecht bezahlten Berufen gearbeitet, wie etwa in Hutgeschäften oder bei Schneidern, während eine große Anzahl der sogenannten »Dollymops« sich nur gelegentlich als Prostituierte betätigten, um ihr dürftiges Gehalt aufzubessern. Vor der Zeit des Criminal Law Amendment Act von 1885 wurden viele Mädchen schon im frühen Teenageralter Prostituierte. Der französische Journalist Max O'Rell schrieb diesbezüglich 1883:

Eine Sittenpolizei gibt es in London nicht, in einem Land, das sich so moralisch und so christlich gibt, in dessen Straßen sich einem jedoch ein Anblick bietet, der einem schier das Herz zerreißt. Mädchen von vierzehn oder fünfzehn Jahren färben sich das Haar, überdecken ihre Blässe mit greller Schminke, stehen angetrunken und halb zerlumpt in den Gassen und bieten den Vorübergehenden ihre Dienste gegen einen schäbigen Lohn an.[2]

In den meisten Fällen zwang die finanzielle Notlage die Frauen, dem Gewerbe nachzugehen, aber gerade dieser Umstand wurde nicht selten von melodramatischen Berichten verdunkelt, die erfunden wurden, um auf das Mitgefühl der Freier oder Sozialforscher hoffen zu dürfen. Mayhew erklärte, »liederliche Frauen verhüllen oft ihr früheres Leben, und nur selten, falls überhaupt, begegnet man einer Frau, die nicht entweder eine verführte Gouvernante oder die Tochter eines Geistlichen war; nicht, dass an diesen Behauptungen etwas Wahres dran wäre«.[3] Nur wenigen der Prostituierten, die gut verdienten, gelang es, den Wohlstand zu bewahren, andere wiederum hatten gerade so viel auf die hohe Kante gelegt, dass sie es sich leisten konnten, selbst als Zuhälterin oder Bordellbetreiberin tätig zu werden. Viele fanden aber auch den Weg zurück in die konventionelle Gesellschaft. William Acton, ein bekannter Arzt, der Bücher über Sexualgesundheit verfasste, schockierte 1857 viele seiner Leser, als er laut darüber nachsann, Prostitution sei »ein Durchgangsstadium, das eine ungeahnte Zahl von britischen Frauen auf ihrem Lebensweg passiert«.[4] Wie bei jedem Gewerbe gab es auch bei der Prostitution eine hierarchische Struktur. Renton Nicholson schrieb zu Beginn der viktorianischen Ära für *The Town* und wies den Theaterhuren eine »zweitrangige« Position zu:

Auf sie blicken die erstklassigen Frauen herab, die sich in den Kaleschen ihrer edlen Gönner herumkutschieren lassen. Die Theaterfrauen wiederum fühlen sich herabgewürdigt im Vergleich zu denjenigen, die den ausgemacht glamourösen Dienst auf dem Gehweg tun. Die blendende Zypriotin, die tagsüber den aristokratischen Gehweg der Regent Street auf und ab geht, will nichts zu tun haben mit denen, die dasselbe abends tun, und die gut gekleideten Straßenhuren schauen mit bedauernswerter Verachtung auf die zerlumpten Gestalten des Abschaums herab.[5]

Nicht alle Prostituierten lebten lange genug, um »Ladenhüter« zu werden. Krankheiten, Drogen und Alkohol forderten ihren Tribut. Obwohl sich die meisten Todesfälle nicht in Berichten niederschlugen, sorgte der Fall einer fünfundzwanzigjährigen Frau, die 1856 in einem Arbeitshaus verstarb, in der Öffentlichkeit für Empörung. Es hätte jemanden wie Mayhew womöglich überrascht, dass Louisa Regan tatsächlich einst als Gouvernante bei einer adligen Familie tätig gewesen war. Louisa, die Tochter eines ehemaligen Betreibers der Cyder Cellars, hatte eine gute Erziehung genossen, »nahm indes schlechte Gewohnheiten an und führte später ein Lotterleben«.[6] Zwei Wochen lang hatte sie kein Dach über dem Kopf gehabt, als der Polizeisergeant Gentry sie halb zusammengesunken in der Brydges Street fand, in der Nähe der Cyder Cellars. Es war ein kalter, feuchter Morgen, und als der Sergeant erkannte, wie schlimm es um die Frau stand, sorgte er dafür, dass sie in das nahegelegene King's College Hospital gebracht wurde. Dort musste sie über zwei Stunden warten, doch schließlich verweigerte man ihr die Behandlung mit der erstaunlichen Begründung, dass sie krank sei. Man befürchtete nämlich, sie leide womöglich an Tuberkulose, einer ansteckenden Krankheit, für die die Klinik keine entsprechende Behandlungsmöglichkeit hatte. Die Polizei brachte die Frau dann in einer Droschke zum Strand Union Arbeitshaus in der Cleveland Street. Trotz ihres »äußerst bedauernswerten Zustands« gab man sich dort aber wenig Mühe, der kranken Frau Stimulanzien oder vernünftige Ernährung zu geben. Acht Stunden nachdem man sie auf offener Straße gefunden hatte, starb sie auf der Krankenstation, mit den Worten des *Morning Chronicle* »wie eine vergiftete Ratte auf einem Dunghaufen«.[7] Sowohl das Krankenhaus als auch das Arbeitshaus wurden von der Untersuchungskommission heftig kritisiert, auch in zahlreichen Zeitungsartikeln wurde Kritik laut. Es wurde immer dann leidenschaftlich über das »große soziale Übel« diskutiert, wenn es erneut zu Selbstmorden oder Mordfällen (an Prostituierten) kam, aber das öffentliche Interesse erlahmte schnell, bis sich der nächste bedauernswerte Todesfall ereignete.

Vielen Prostituierten begegnete man im öffentlichen Umfeld von Theatern, Music Halls, Tanzlokalen und Kneipen, andere warteten an speziellen Orten auf ihre Kundschaft. Während des frühen und bis in die Mitte des 19. Jahrhunderts befand sich eine große Anzahl Bordelle in einem Geflecht aus schäbigen Straßen am östlichen Ende des Strand, in der Nähe von Temple Bar. Shire Lane, »ein anrüchiger, verrufener Engpass«,[8] beherbergte gleich mehrere »Häuser von schlechtem Ruf«. 1851 wurden einem Geschäftsmann aus Birmingham namens Digby Anstice in einem dieser Häuser von einer Bande Prostituierter 35 Pfund gestohlen – Ann Mingay alias Lady Mansfield, Julia Divine alias Rosy Julia, Jane Owen alias Black Jenny und Ellen Smith, die leider kein Pseudonym hatte.[9] Unweit der Shire Lane lag Newcastle Court; John Diprose erinnert sich 1868:

In fast jedem Haus sieht man womöglich am helllichten Tag am Wohnzimmerfenster verlassene Frauen, junge wie alte, herausgeputzt in flitterhaftem Glanz, die Gesichter aufgeschwemmt vom Gin und Luderleben, die den ahnungslosen Passanten mit einem verlockenden Lächeln und obszönen Gesten überhäufen. Was sich des Nachts abspielte, spottet jeder Beschreibung, und schlussendlich wurde der abscheuliche Ruf der Einrichtung so himmelschreiend, dass die Behörden sich gezwungen sahen, gegen die Bewohner der Häuser vorzugehen, was auch geschah, sodass die üblen Bewohner auf die Straße geworfen wurden; doch einige dieser Frauen führten ihren schockierenden Lebenswandel in der Wych Street fort. Eine aus der Schar der anfälligen Schwesternschaft, deren Größe und Körperfülle man besser nicht beschreibt, sondern der Vorstellungskraft überlässt, da sich ihr Gewicht auf fast 130 Kilogramm belief, war unter dem Namen »das städtische Prunkschiff« bekannt.[10]

Die Shire Lane und Newcastle Court gehörten zur »Carey Street site«, einem Viertel, das Mitte der 1860er Jahre abgerissen wurde, um Platz zu schaffen für den Bau der Royal Courts of Justice. Die schmalen Gassen mit den überkragenden oberen Stockwerken, die sich fast berührten, boten Platz für bis zu 3500 Straßenhändler, Prostituierte und »eine große Anzahl Leute, die mit geschwärzten Gesichtern singen – ›niggers‹, wie sie sich selbst bezeichnen«.[11] Als das Viertel dem Erdboden gleichgemacht wurde, entfernten sich die Bordelle weiter voneinander und verteilten sich auf unterschiedliche Gebäude im großen Einzugsbereich des Strand. Am Jahresende 1872 wurde Klage erhoben gegen die Besitzer von drei »ungebührlichen Häusern«, die sich als Kaffeehäuser tarnten. The Library Coffee House in der King William Street 24 stand unmittelbar neben dem Charing Cross Theatre, das Britain Coffee House befand sich in der Nähe vom Trafalgar Square, in der Agar Street 2. Am anderen Ende des Strand war das Colliver's Hotel and Coffee House, Holywell Street 26a, seit sechzehn Jahren ein Bordell; Beobachtungen ergaben, dass das Haus innerhalb von zwei Wochen von siebzig Prostituierten frequentiert wurde.[12]

Die beste Gelegenheit, Prostituierten zu begegnen, boten die Tanzlokale oder Nachtclubs, die vom Beginn des 19. Jahrhunderts bis in die 1870er Jahre florierten. Gegenüber vom Haupteingang des Theatre Royal, in der Brydges Street (später ein Teil der Catherine Street), war in einem Fenster von Mother Hoskins' oder Mother H's eine verlockende Auswahl an Speisen ausgestellt. Im Innern erstreckte sich ein großer Tanz- und Speiseraum über die Tiefe zweier Häuser zurück bis zur Charles Street (später Wellington Street). Mrs. Hoskins, die das Etablissement während der 1820er Jahre leitete, hinterließ einen bleibenden Eindruck bei dem jungen Renton Nicholson:

Sie war die hässlichste Frau, die ich je gesehen habe; aber sie liebte wahrlich Schminke, Kleider und Schmuck. Stets war sie nach der neuesten Mode gekleidet, für gewöhnlich trug sie schwarzen Samt oder Satin, dazu jede Menge Schmuck, Seidenstrümpfe und sehr feine Schuhe aus Chevreauleder. Sie hatte recht hübsche Füße und Fesseln.[13]

Wie andere Nachtclubs verlangte auch Mother H's stattliche Preise, die bisweilen als ungerecht empfunden wurden. 1849 beschwerte sich »J. R. Gr—n«, ein Korrespondent der für kurze Zeit wiederauferstandenen Zeitung *The Town*, man habe ihm samt zwei Freunden und zwei Prostituierten, die sie am Haymarket Theatre aufgegabelt hatten, 15 Pfund und 6 Shilling für Essen, Getränke und Zigarren abgeknöpft. Die Rechnung, auf der sechzehn Flaschen Champagner, vier Flaschen Sherry, fünf Brandys mit Soda und drei Flaschen Starkbier aufgelistet waren, wurde angefochten, und nachdem man einen Anwalt eingeschaltet hatte, wurde die Rechnung auf nunmehr 6 Pfund, 5 Shilling und 6 Pence reduziert (für nun bescheidene neun Flaschen Champagner, drei Flaschen Sherry, drei Brandys mit Soda und zwei Flaschen Starkbier). Mr. »Gr—n« war dennoch der Überzeugung, die letztgültige Rechnung sei immer noch weitaus höher ausgefallen als das, was man in den besten Kneipen Londons verlangt hätte.[14]

Der schlechte Ruf von Mother H's bekam Konkurrenz von dem benachbarten Jessop's, einem ehemaligen Amateurtheater in der Catherine Street 11, das in den 1840er Jahren als »schändlichster und infamster Nachtsalon in ganz London«[15] galt. Besonders unruhig wurde es in den frühen Morgenstunden, wenn die Kunden extrem betrunken waren. Am 28. Juli 1854, an einem Freitagabend gegen halb elf, begegnete ein zweiundzwanzigjähriger Angestellter namens Charles Douglas Nash einer gewissen Eliza Graham, einer Prostituierten, auf dem Cremorne-Gelände. Sie gingen in eine Schankwirtschaft, später dann zu Jessop's, wo Nash sich mit einem »Farbigen« auf ein Glücksspiel einließ und Münzen warf für Flaschen Champagner. Nachdem man gemeinsam zwölf Flaschen geleert hatte, verließ der »Farbige« das Etablissement, worauf eine andere Prostituierte versuchte, Eliza den Kunden streitig zu machen. Als die hinzugekommene Dame handgreiflich und beleidigend wurde, warf man sie hinaus. Gegen fünf Uhr morgens verließen

Eliza und Nash Jessop's, trafen jedoch wieder auf die Prostituierte, die erneut zudringlich wurde. Im Handgemenge wurde der junge Angestellte zu Boden geschlagen und erlitt eine Schädelfraktur. Kurz darauf verstarb er im Charing Cross Hospital, doch der gewaltsame Übergriff schlug sich kaum in der Presse nieder.[16] Eine weitere heftige Auseinandersetzung trug sich vier Jahre später zu, als die Polizei an einem Julimorgen gegen halb fünf in der Frühe drei Prostituierte vorfand, die soeben Jessop's verlassen hatten und sich schreiend in den Haaren lagen, während einige »Gentlemen« die Furien anfeuerten. Ann James, Elizabeth Williams und Jane Williams mussten im Amtsgericht Bow Street vor Mr. Jardine treten. Dem Richter indes stießen die Probleme, die der Nachtclub machte, weitaus mehr auf als das Verhalten der Frauen:

Man kann sie nur bedauern. Sie werden in Versuchung geführt, diese widerwärtigen Orte zu betreten, die die ganze Nacht über geöffnet haben, um den Müßiggänger zu ermuntern, sich zu betrinken, und dann werden sie obendrein von diesen brutalen Männern aufeinandergehetzt. Sie müssten eigentlich ins Gefängnis, aber ich werde sie nicht bestrafen. Sie können gehen.

Bis zu den 1860er Jahren hatten sowohl Mother H's als auch Jessop's dichtgemacht, und die Nachtclubs, die Prostituierte fortan aufsuchten, waren die Argyle Rooms in Coventry Street, Piccadilly, und das Casino, High Holborn. Der Sozialreformer Ewing Ritchie deutete an, das Gebiet in der Nähe des Theatre Royal und des Lyceum habe viel von seinem Reiz für Bordsteinschwalben eingebüßt, da die teureren Prostituierten fortan im eleganteren Umfeld des Haymarket, Leicester Square und Regent Street nach Kundschaft Ausschau hielten:

The West ist das modischere Viertel, also entflieht man der Pracht der Catherine Street. Beinah jedes Haus, das man sieht, ist eine Schankwirtschaft oder Schlimmeres. Hier gibt es Musik in der Taverne, nachdem die Theateraufführungen zu Ende sind;

dort hat ein Lokal die ganze Nacht geöffnet zur Unterhaltung von Zuhältern und Prostituierten, Taschendieben und Gaunern, Greenhorns vom Lande oder aus London selbst; hier findet man ein Tanzlokal, das laut der Anzeigen jeder Besucher Londons gesehen haben muss, und dort findet man ein Kaffeehaus, wo halb betrunkene Männer und Frauen, die aus fröhlicheren Orten der Erholung vertrieben wurden, ein frühes Frühstück einnehmen.[17]

Die Dame namens »Ladenhüter« gehörte allmählich zu einer aussterbenden Art, als sie für Mayhews groß angelegte Sozialstudie interviewt wurde. Im Verlauf der frühen viktorianischen Periode war es nicht unüblich gewesen, dass ältere Frauen angestellt wurden, um Prostituierte zu beschatten, deren ins Auge fallende Kleider ihnen vom Betreiber des Freudenhauses zur Verfügung gestellt wurden. Der etwas verstörende Anblick einer jungen, attraktiven »Kleider-Mieterin«, der in gebührendem Abstand eine zerlumpte Vorbotin ihres späteren Verfalls folgte, war nichts Ungewöhnliches. Dazu Ewing Ritchie:

Wenn man über den Strand schlendert, irgendwann am Nachmittag oder am frühen Abend, bietet sich einem da nicht ein Anblick (zu unserer Schande, wie wir gestehen müssen), den keine der großen Durchgangsstraßen in anderen Hauptstädten Europas kennt? Der Anblick, auf den ich hinauswill, bezieht sich auf Mädchen – das Gewerbe, das sie ausüben, ist unschwer an ihrer äußeren Aufmachung abzulesen –, die fast jeden Mann unterwegs ansprechen, freundlich zunächst, zumindest am frühen Abend – aber unter Einfluss von Alkohol gehen sie hemmungsloser vor, je später es wird. Diese Mädchen tragen, wie man feststellen wird, elegante Kleidung, die sie sich für den Zweck geborgt haben; und in gebührendem Abstand folgen ihnen, wie unschwer zu erkennen ist (wie Falken auf Beutefang), alte Vetteln, ausnahmslos Jüdinnen, die dafür zu sorgen haben, dass diese Mädchen nicht mit den feinen Kleidern durchbrennen und dass sie auch wirklich den Versuch unternehmen, junge Männer in ihren Bann zu ziehen. Nun, diese Frauen leben alle in der Nachbarschaft der Catherine Street.[18]

Manchmal wurde die »Kleider-Mieterin« wie eine Sklavin in einem Bordell gehalten, in dem sie für ihre Arbeit nur mit Essen und einem Dach über dem Kopf entlohnt wurde. Doch immer häufiger beschränkte sich die Vereinbarung auf das Ausleihen der Kleider, für die die Prostituierte einen Anteil ihrer Einkünfte abdrücken musste. Es kam immer seltener vor, dass Frauen mit geliehenen Kleidern durchbrannten, sodass kaum mehr Bedarf bestand, »Ladenhüter« und Konsorten zu engagieren.

Die Verfahrensweise der Prostitution mag sich im Verlauf des Jahrhunderts verändert haben, die Freier indes blieben ziemlich gleich. »Ladenhüter« war das parasitäre Anhängsel einer jungen Prostituierten, die auf dem Strand arbeitete:

Wir, also ich und Lizzie, das Mädchen, auf das ich aufpasse, gehen abends gegen neun auf die Straße. Jetzt haben wir's schon zwölf, nicht wahr? Nun, was denken Sie, was wir getan haben? Wir haben drei Männer mit nach Hause genommen, und Lizzie, dieser kleine gerissene Teufel, hat für sich selbst 2 Pfund und 5 Shilling herausgeschlagen, was gar nicht übel ist. Ich werde etwas bekommen, wenn wir zurück sind. Aber wir haben nicht immer so viel Glück. Manchmal sind wir abends unterwegs und angeln uns keine Menschenseele. Lizzie trägt ein bisschen zu viel Schminke auf für anständige junge Kerle, die viel Geld haben. Die fallen nicht in unser Beuteschema. Wir haben es eher auf Kaufleute abgesehen, auf Laufburschen, Handlungsreisende und so weiter, auf Männer, die ein bisschen schräg sind, und obwohl wir darüber nicht reden dürfen, angeln wir uns auch hin und wieder einen »white Choker« [d. h. einen Geistlichen], der von Exeter Hall kommt. Medizinstudenten sind ganz vernarrt in Lizzie, aber für die Jungs am Gericht sind wir nicht so.[19]

Offensichtlich waren nicht alle Freier, wie Ewing Ritchie durchblicken ließ, »junge Männer ohne Verstand«.

1858 wurde ein sonderbarer Fall am Bow Street Police Court verhandelt, in dessen Verlauf Hannah M'Carthy, die eine Kleider-Mieterin überwacht hatte, für schuldig befunden wurde, den »Protean Witness« Henry G. Brooks attackiert zu haben. Als der »Lord Chief Baron« Nicholson für die Judge and Jury Society in den Cyder Cellars »Das Große Soziale Übel« in den Mittelpunkt der »Verhandlung« rückte, wies man Brooks die Rolle der Frau zu, die die Kleider-Mieterin überwachte. Die Darstellung war überzeugend, was den Schluss zuließ, dass man auf einen echten Fall zurückgegriffen hatte. Hannah M'Carthy war davon überzeugt, man habe sie in aller Öffentlichkeit der Lächerlichkeit preisgegeben. Am 2. Mai 1858 verließ sie gegen 21:30 Uhr abends ihren Beobachtungsposten, um den Komödianten zu maßregeln, der sich gerade mit einem Freund an der Ecke Strand / Wellington Street unterhielt. Sie hielt ihm vor, er habe ihren Namen in den Schmutz gezogen, indem er sie »nachahme«, und um ihre Überzeugung zu unterstreichen, wurde sie gewalttätig und beleidigend. Schlussendlich wurde sie festgenommen und vor den Bow Street Police Court gebracht, dessen Richter sie zu einer Geldstrafe von 40 Shilling oder wahlweise einem Monat Gefängnis verurteilte. Als Vertreter der Anklage erbrachte der »Lord Chief Baron« den etwas ironischen Beweis, er sei des Öfteren von Frauen derselben »heruntergekommenen Klasse« belästigt worden.

Ein Abend, den er mit »Baron« Nicholson verbracht hatte, und eine nachfolgende Begegnung mit zwei »befleckten Tauben« brachte William Slater unerwartet vor Gericht. Am 24. Januar 1853 hatte Slater seinem alten Freund Francis Graham, dem Wirt einer der ältesten Kneipen in London, einen Besuch abgestattet, und zwar in der Old Bell Tavern in Fleet Street.

Nach ein paar Drinks begaben sich die beiden ins Coal Hole und kamen gerade rechtzeitig zum Schlussplädoyer eines Falls: »Es war nicht zu unanständig«, erinnerte sich ein offensichtlich enttäuschter Graham. Die Freunde hatten eine lustige Zeit, genossen das

Abb. 13: Gestellte Szene einer »leichtlebigen« jungen Frau, die ein Pub verlässt, ca. 1862

Abendessen und spülten es mit gläserweise Stout herunter. Es war ihnen eine Ehre, als sich der »Lord Chief Baron« Nicholson dazu herabließ, einen Sherry mit ihnen zu trinken. Gegen zwei Uhr morgens gingen sie über den Strand zurück zur Fleet Street. Unweit von Temple Bar begegneten sie zwei Prostituierten, Hannah Healy und Ann Jackson. Letztere beschrieb Slater als einen »Gent[leman] mit Brille«, der sie beim Schultertuch zu fassen bekam und sie auf einen Brandy mit Wasser einlud. Slater und die Damen gingen in die Crown, Crown Court 1, und verabschiedeten sich von Graham, der die kluge Entscheidung gefällt hatte, nicht mehr mitzugehen. Wie viele Pubs im Zentrum Londons hatte auch die Crown lange geöffnet und bewirtete sowohl Journalisten als auch, wie die Schankwirtin sagt, »viele Frauen«.[20]

Hannah und Ann tranken auf ihren kurzsichtigen, angesäuselten Gastgeber. Die dicke Uhrenkette verriet, dass er durchaus etwas darstellte im Leben, während die leichte Wölbung seiner Westentasche darauf hindeutete, dass er einige Münzen dabeihatte, womöglich sogar Gold-Sovereigns. Später nahmen sie eine Droschke zurück zum Strand und schauten bei einem, zwei oder vielleicht auch drei weiteren Pubs vorbei. In einer der Kneipen spendierte Slater, wie Ann sich erinnerte, vier Damen an der Theke einen Drink. Daraufhin verlor er in der Droschke das Bewusstsein und behauptete später, irgendjemand habe ihm etwas in einen der vielen Drinks getan. Als er schließlich gegen fünf Uhr in der Frühe den Weg zurück nach Hause in die Blackfriars Road fand, stellte er fest, dass ihm 8 Pfund und 10 Shilling fehlten. Am nächsten Tag erstattete er Anzeige bei der Polizei, die Hannah Healy im Sun Public House ganz in der Nähe ihrer Wohnung in Clements Lane festnahm, einer weiteren verrufenen Seitengasse. Die Verhandlung, zu der die beiden Frauen am Old Bailey erscheinen mussten, war genau von der Art, die die Gäste im Coal Hole genossen hätten, obwohl Francis Graham verständlicherweise den letzteren Ort bevorzugte: »Sie verfolgen eine trockene Verhandlung nicht so, wie sie es hier tun«, erzählte er dem Richter, »sondern haben etwas, das sie darüber hinwegtröstet, und der ›Chief‹ Baron hatte etwas zu trinken und eine Zigarre.« Da die Geschworenen davon überzeugt waren, Slater sei nicht betäubt worden, sondern habe einfach nur zu viel getrunken, wurden Hannah und Ann für nicht schuldig befunden. Was die Geschworenen nicht wussten: Drei Jahre zuvor war Hannah am Clerkenwell Assizes (Schwurgerichtshof) verurteilt worden, da sie ein Taschentuch und zehn Gold-Sovereigns gestohlen hatte.[21]

Die fette Beute, die man machen konnte, indem man Edelprostituierte mit Luxusartikeln ausstattete, zeigte sich bei einer Gerichtsverhandlung aus dem Jahr 1870, in der ein Händler des Strand versuchte, eine Schuld bei Kate Cooke einzutreiben, einer von Londons bekanntesten Kurtisanen.

Um 1842 in ärmlichen Verhältnissen geboren, war Kate bereits als Mädchen Kunstreiterin und begleitete eine Weile einen Zirkusschausteller namens Cooke. Als sie seines aggressiven Verhaltens überdrüssig war, heiratete sie im Juli 1863 in Glasgow einen Handlungsreisenden, George Manley Smith, und wurde keine fünf Monate später sitzengelassen. Im darauffolgenden Jahr kam sie nach London und stieg in der Sunderland Street, Pimlico, in einem Bordell ab, das eine gewisse Mrs. White leitete. Binnen weniger Stunden stand sie bei Mrs. Rosalie Bernstein in der Schuld, einer Witwe, die die sechs Frauen in dem Haus mit eleganten Kleidern versorgte; die Leihgebühr konnten die Damen in Raten zurückzahlen oder auf großzügige Freier hoffen. Mrs. Bernstein führte auf dem Strand einen »schicken Laden«, in dem nicht nur Prostituierte verkehrten, sondern auch Männer, die dort eine Prostituierte treffen wollten. Natürlich wurde ein Bonus für jegliche Geschenke gewährt, die ein Gentlemen womöglich für die Prostituierten, die er zu beeindrucken suchte, erwerben wollte. Es fanden sich bald zahlreiche Bewunderer, die Kate zu Nachtlokalen wie die Argyle Rooms, den Cremorne Park und das Holborn Casino begleiteten. Mrs. Bernstein kam des Öfteren mit und plauderte zweifellos gern über die neuesten modischen Artikel, die in ihrem Laden am Strand zu erwerben waren.

Kate schloss sich ausgerechnet zu jener Zeit einer erlesenen Gruppe von Edelkurtisanen an, als die Einflussnahme dieser Damen auf die Gesellschaft heiß diskutiert wurde. Da die Damen zunehmend den Status gefeierter Schönheiten genossen und da ihre Beziehungen zu Mitgliedern des Adels öffentlich bekanntgemacht wurden, war bereits von einem dekadenten London die Rede, das eines Tages dasselbe Schicksal ereilen würde wie seine antiken Pendants Babylon und Rom. Jenseits des Kanals musste Paris als

Abb. 14: Mabel Grey und Kate
Cooke

Beispiel für die Folgen einer moralischen Degeneration herhalten.
Nach dem Zusammenbruch des Zweiten Kaiserreichs und der Niederlage Frankreichs 1871 erachtete man die Aufmerksamkeit, die
dort den Bewohnerinnen der Halbwelt entgegengebracht wurde,
als deutliches Anzeichen dafür, dass Großbritannien dasselbe
Schicksal wie Frankreich ereilen werde, wenn man nicht endlich
und entschieden handelte. Für die »Schwesternschaft« war es nicht
immer einfach einzuschätzen, wie heikel ihre Situation war. Kates
Freundin Mabel Grey war eine junge irische Ladenangestellte – ein
Mädchen, das zur *grande-horizontale*, d. h. Kurtisane wurde – deren
Make-up, Frisuren und elegante Kleidern eine kosmopolitische Öffentlichkeit nacheiferte. Aber 1869 sorgte Mabel Grey für einen
Sturm der Entrüstung, als sie in der St. James's Hall, Piccadilly, nach
einem Derby ein Bankett und einen Ball für andere Prostituierte sowie deren männliche Begleiter veranstaltete, die 10 Pfund für das

Privileg zahlten, die Damen begleiten zu dürfen. Im gleichen Jahr stieß eine Bühnenversion der musikalischen Burleske *Sandanapalus*, in der Muriel, Kate Cooke und Nellie Clifton agierten (vermutlich die irische Prostituierte, die 1861 mit dem Prince of Wales involviert gewesen war) ebenfalls auf große Missbilligung.

Im Juli 1866 angelte sich Kate einen wohlhabenden Freier, der sie in ihrem eigenen Haus am Victoria Grove 14, South Kensington, aushielt. Doch die Dame hatte kein Glück, denn ihr Gönner verstarb bereits nach sechs Wochen. Allerdings hatte er bei Mrs. Bernstein die Rechnung für die Einrichtungsgegenstände, die sich auf mehrere hundert Pfund belief, noch nicht beglichen. Die beiden Frauen wurden sich schließlich handelseinig, und Kate erklärte sich bereit, pro Woche 5 Pfund zurückzuzahlen; ein neuer Bekannter, ebenfalls ein Gentleman, steuerte die stolze Summe von 364 Pfund bei. Bis 1867 scheint Kate dafür gesorgt zu haben, dass Mrs. Bernsteins überzogene Rechnungen regelmäßig beglichen wurden, entweder zahlte sie die ausstehenden Summen selbst zurück oder bat ihren aktuellen Liebhaber zur Kasse. Doch bald nachdem ihre Freundin und Lieferantin Charles Ochse geheiratet hatte, rutschte Kate immer tiefer in die roten Zahlen. Schlussendlich zog Mr. Ochse vor Gericht, in der Hoffnung, 665 Pfund, 2 Shilling und 4 Pence wiederzubekommen, die zwischen Juni 1867 und Mai 1868 für Waren fällig geworden waren. Details des Berichts vermitteln einen ziemlich guten Einblick in die Garderobe einer erfolgreichen viktorianischen Kurtisane:

Ein paar Unterhosen mit echter Spitze, 1 Pfund 12 Shilling; zwei Hemden mit echter Spitze, 2 Pfund; sechs französische Unterröcke, 34 Pfund 6 Pence; ein Unterrock aus Satin, 8 Pfund 8 Shilling; gestreifte Seidenstrumpfhosen (bzw. Strümpfe), 21 Shilling; ein Morgenrock, 4 Pfund 10 Shilling; ein weiterer Morgenrock, 16 Pfund 18 Shilling; ein Morgenrock aus echter Spitze, 25 Pfund; ein Mantel aus Samt, 25 Pfund; ein Jackett aus Seide, 25 Pfund; ein weiteres Seidenjackett, 12 Pfund 12 Shilling; ein grüner Schlafrock aus Satin mit Spitzenborte, 15 Pfund 15 Shilling; ein Kostüm aus violettem Samt und aus Satin, 29 Pfund 8 Shilling; ein rosafarben-weißes Kostüm, 10 Pfund 10 Shilling; ein Samtjackett besetzt mit Chinchillapelz, 35 Pfund; ein blaues Seidenkleid, 32 Pfund; ein schwarzer Seidenfächer, 1 Pfund 10 Shilling; ein Umhang für die Oper, 15 Pfund 5 Shilling; zwei Sonnenschirme, 3 Pfund; und einen Sonnenschirm mit Elfenbeingriff, 6 Pfund 10 Shilling.

Der zuletzt genannte Gegenstand veranlasste den vorsitzenden Richter zu der Bemerkung »der sei ja ziemlich teuer, es sei denn, es handele sich um einen sehr speziellen Sonnenschirm«.[22]

Charles Ochse kannte sich damit aus, wie man Schulden am besten umging, war er doch erst kürzlich aus Paris geflohen, um sich einer zweijährigen Haftstrafe zu entziehen, die gegen ihn wegen vorgetäuschtem Bankrott verhängt worden war. Womöglich war er nicht so ganz mit den englischen Gesetzen vertraut, denn Kate machte geltend, die Waren habe man ihr zur Verfügung gestellt, damit sie ihre Karriere als Prostituierte verfolgen könne. Sie legte dem Gericht Briefe von Rosalie Ochse vor, aus denen klar hervorging, dass man wusste, auf welche Weise Kate die Rechnungen begleichen würde:

Meine Liebe, ich muss dich ernstlich ersuchen, mir die 100 Pfund zurückzugeben, die du mir verbindlich für Weihnachten versprochen hattest. Ich kann nicht länger darauf warten. Ich bin mir sicher, dass der Colonel, wenn du ihn nur darum bittest, dir die Summe geben wird, wenn er dir das wirklich versprochen hat.[23]

Angesichts solcher Beweise verfügte Richter Blackburn: »Wenn gewisse Waren zur Verfügung gestellt wurden, um einer Frau zu ermöglichen, ihren Beruf einer Prostituierten weiterzuführen, so wird das Gesetz nicht diejenigen unterstützen, die diese Waren beisteuern.« Folglich verließ Kate den Gerichtssaal mit bereinigtem Schuldenkonto, wenn nicht gar mit einem rehabilitierten Ruf. Im

Verlauf desselben Jahres sollte sie eine neue Einkommensquelle finden, als sie einen jungen Armeeoffizier kennenlernte, der einen Adelstitel und ein großes Vermögen besaß. Während der nächsten zwei Jahrzehnte erschienen Charles und Rosalie Ochse immer wieder vor Gericht und versuchten, leider umsonst, Geld von schwierigen Kunden einzuklagen. Bei einer dieser Gelegenheiten machten sie einen Klageanspruch über die Summe von 1148 Pfund geltend gegenüber William Harry Vane Milbank, dem Enkel des Duke of Cleveland, der sich selbst in den Ruin getrieben hatte, indem er Mabel Grey »schützte«, d. h. aushielt.

Obwohl diejenigen, die Luxusmätressen bzw. Prostituierte mit Luxuswaren versorgten, nach wie vor ein lukratives, wenn auch unsicheres Auskommen hatten, nahmen die Profite einer anderen Art der Dienstleistung dramatisch ab. Das Licensing Act von 1872 hatte drastische Auswirkungen auf das Umfeld, in dem sich Prostituierte und deren Freier aufhielten. Pubs und Bars, die zuvor frei entscheiden konnten, wie lange sie geöffnet hatten, waren nun gezwungen, um Mitternacht bzw. um halb eins nachts zu schließen. Die Betreiber von »Ärgernis erregenden Häusern« wurden mit hohen Strafen belegt:

Wenn eine Person mit Schanklizenz ihre Räumlichkeiten wissentlich mutmaßlichen Prostituierten als Aufenthaltsort oder als Treffpunkt zur Verfügung stellt, ganz gleich, ob der Aufenthalt oder der Treffpunkt dazu dient, der Prostitution nachzugehen oder nicht, so macht sich die Person, sofern sie den mutmaßlichen Prostituierten erlaubt, länger im Schankraum zu verweilen, als es normalerweise beim Verzehr von Speisen und Getränken üblich ist, strafbar und wird mit einer Geldstrafe belegt, beim ersten Vergehen nicht unter zehn Pfund, beim zweiten und bei allen weiteren Vergehen nicht unter zwanzig Pfund.

Kurz nachdem das Gesetz erlassen worden war, führte die Polizei um halb eins morgens eine Razzia in der Lyceum Tavern, Strand 354, durch. Einige Kunden, die zu vorgerückter Stunde dort Champagner, Austern und Steaks verzehrten, wurden festgenommen und mit einer Geldstrafe belegt. Der Schankwirt, der daraufhin behauptete, er sei davon ausgegangen, seine Gäste dürften Speisen und Getränke, die vor Mitternacht bestellt wurden, in Ruhe verzehren, wurde streng ermahnt, erhielt aber nur eine kleine Geldstrafe.[24]

Eine ganze Reihe Clubs entstanden, um die Lücke zu schließen, die durch die verschärften Öffnungszeiten der Schankgaststätten entstanden waren, aber das Gesetz zielte im Grunde darauf ab, die Anzahl der Menschen auf den Straßen in den frühen Morgenstunden zu reduzieren. 1892 erinnerte sich der Journalist und Stückeschreiber Joseph Hatton an »die guten alten Tage, ehe Mr. Gladstone das Early Closing Bill erließ«:

Wenn man jenseits des Einzugsgebietes der Regent oder der Oxford Street wohnte und sich zu seltsamen Zeiten in der Frühe nach Hause schleppte, so war der Heimweg übersät von den Überbleibseln der Music Hall and Finish, von »ausgelassenen Hammeln« und »Champagner Charlies«, ungepflegten Seiden- und Satinträgern, lärmenden Fahrgästen in schaukelnden Droschken, und all den Herrlichkeiten, die das lustige und ausgelassene Nachtleben zu bieten hat.[25]

Nach 1872 jedoch zerstreute sich die Menge derjenigen, die im Zentrum Londons Spaß haben wollten, für gewöhnlich gegen ein Uhr morgens. Einige Prostituierte steuerten *cock and hen clubs* an, andere hielten auf den kaum bevölkerten Straßen Ausschau nach Kunden. Robert Blatchford, der Beiträge zu sozialen Fragen veröffentlichte, gibt ein Gespräch wieder, das zwei junge Prostituierte in den frühen 1890ern führten. Es war bereits nach Mitternacht, und ein hartnäckiger Wind brachte Schneeregen mit sich. Alice, 17 Jahre, und Marian, 20 Jahre, waren gut gekleidet, aber ihre dünnen Schuhe waren dem Schneematsch nicht gewachsen. Blatchford hatte sich zuvor mit einem Polizisten an der Ecke Wellington Street (an der Hannah M'Carthy und Henry G. Brooks dreißig Jahre zuvor gestritten hatten) unterhalten, als die ältere der beiden Frauen ihn in vertraulichem Ton ansprach – sie nannte ihn »mein Lieber« – und ihn fragte, was er so spät abends hier mache. Als er ihr erklärte, er sei im Begriff, nach Hause zu gehen, machte sie ihm im Flüsterton ein explizit unmoralisches Angebot. Daraufhin erwiderte er:

> »Mädels, die Nacht ist bitterkalt, und Sie haben beide schlimmen Husten, außerdem nasse Füße. Sollten Sie sich nicht lieber ins Bett legen?«
> Die jüngere Frau erwiderte: »Wir können nicht ohne Geld nach Hause kommen. Die würden uns nicht reinlassen.«
> Marian fügte hinzu: »Ich habe ein Baby. Es bekommt keine Milch. Ich muss die Miete zusammenkratzen und etwas für das Baby besorgen. Wenn ich einen Shilling hätte, würde mir die Frau etwas Milch und ein paar Kohlen verkaufen.«
> »Sind Sie denn so arm?«
> »Uns geht es wirklich schlecht. Seit fünf Uhr nachmittags sind wir bei diesem Wetter unterwegs und haben keinen Penny bekommen, nur das, was Sie uns gegeben haben. Letzte Nacht waren wir bis drei Uhr morgens unterwegs.«
> »Harte Zeiten. Auf dem Strand waren letzte Nacht nur Polizisten und Mädchen. Ein jammervoller Anblick.«
> »Möchten Sie nicht vielleicht lieber nach Hause gehen? Wenn ich Ihnen beiden etwas Geld gebe, gehen Sie dann nach Hause und bleiben dort bis morgen Früh?«
> »Das würde uns sehr freuen. Sie sind sehr freundlich.«
> »Ich wusste, dass Sie nett sein würden. Marian meinte, Sie hätten ein strenges Gesicht, sie hatte Angst, Sie anzusprechen. Aber ich wusste, dass Sie nett sind.«
> »Sie sind ein *guter* Mensch, nicht wahr?«[26]

6 Ernst sein ist alles ... und Frederick

Die Musikburleske, wie sie im Strand Theatre oder Gaiety Theatre präsentiert wurde, durfte ungezogen sein, solange sie sich nett gab. Sie hatte die inoffizielle Lizenz, an den viktorianischen Befindlichkeiten herumzustichln, unter der Bedingung, dass es zu keiner größeren Unannehmlichkeit oder Beleidigung kam. Eine solche Satire-mit-Samthandschuhen ließ sich für gewöhnlich mit den Mitteln der Inversion und Demütigung realisieren. Wie bei der Boulevardpantomime entsprach die äußere Erscheinung nicht immer dem Kern der Sache. Große Themen aus einer episch (überhöhten) Vergangenheit erhielten eine gewöhnliche und zeitgenössische Kulisse. Die Helden und Schurken, die auftraten, wurden der Lächerlichkeit preisgegeben. Traditionelle Aspekte von Weiblichkeit und Männlichkeit wurden dadurch untergraben, dass Schauspielerinnen in die Rollen von Männern schlüpften und Männer Frauen spielten. Eine derartige Unruhe stiftende Sicht auf die Welt war durchaus amüsant, solange sich das Geschehen auf die Bühne beschränkte. Sobald diese Ansichten aber aufs Publikum übergingen, löste dies ernste Bedenken aus. Befürchtungen, es könne zu sozialen Erschütterungen kommen, erhielten 1870 Auftrieb, als Ernest Boulton und Frederick Park festgenommen wurden, weil sie eine Aufführung im Strand Theatre in Frauenkleidern besucht hatten. Kein Geringerer als der Generalstaatsanwalt sagte voraus, es könne zu einer »Pest« der Homosexualität kommen, die »die öffentliche Moral ernsthaft verseuchen wird, wenn man zulässt, dass sie sich weiter ungehindert ausbreiten darf«.[1]

Stella und Fanny – verkörpert durch Ernst und Frederick – waren in den 1860ern stadtbekannt. Die »Schwestern«, die grelle Kleider trugen und sich übermäßig mit Puder und Rouge schminkten, sah man oft an Orten des Vergnügens, wie etwa in den Argyle Rooms, dem Evans's Hotel, dem Holborn Casino, Highbury Barn oder dem Cremorne Garten. Mit der Kleidung und Manieriertheit von Prostituierten schlenderten sie durch die Straßen in der Innenstadt, zwinkerten den Männern zu und versuchten, mit allen Mittel Aufmerksamkeit auf sich zu ziehen. Gern hielten sie sich bei der Burlington Arcade auf, wo sie neben einer Schar »Frauen mit üppigem hochgestecktem Haar und kurzen Röcken« flanierten, die »sich präsentierten, als seien sie das westliche Gegenstück eines orientalischen Sklavenmarkts«.[2] Ernest entsprach mit seinen zarten Gesichtszügen und dem dunklen, gelockten Haar voll und ganz dem Schönheitsideal der Präraffaeliten. Soweit man das auf noch erhaltenen Fotografien beurteilen kann, fühlte sich Frederick in Frauenröcken nicht ganz wohl; seine etwas steife Haltung und der ernste Gesichtsausdruck vermitteln Unbeholfenheit und Befangenheit (vielleicht war ihm auch nur bewusst, dass er nicht so gut aussah wie sein Bühnenpartner).

Beide entstammten dem bürgerlichen Mittelstand. Im Januar 1867 – er war noch keine Zwanzig – gab Ernest seinen Job als Bankangestellter auf. Frederick studierte Jura und absolvierte ein Referendariat bei einer respektablen Anwaltskanzlei. Bereits 1867 trat Ernest polizeilich in Erscheinung, als er mit einem Bekannten namens Martin Luther Cumming als Frau verkleidet über die Regent Street flanierte, sowie später in Begleitung eines anderen Mannes, der unter dem Namen »Lady Jane Grey« bekannt war. Im selben Jahr wurden Ernest und Cumming am Haymarket festgenommen, nachdem es dort zu einem Streit mit Prostituierten gekommen war, die der Ansicht waren, die beiden »Frauen« hätten versucht, ihnen die Kunden auszuspannen. Schon bald gehörten Ernest und Frederick einer Gruppe Gleichgesinnter an, die sich häufig trafen und geschwätzige, zärtliche Briefe austauschten, die sie mit weiblichen Pseudonymen unterzeichneten. Selbst wenn Ernest und Frederick in Männerkleidung auftauchten, erregten sie mit ihrem Auftreten Anstoß. Da sie sich die Gesichter puderten und einen affektierten Gang vortäuschten, hielt man sie für »Mary-Anns«, d. h. Homosexuelle, und da die beiden ständig mit anderen Männern flirteten, wurden sie ein ums andere Mal aus öffentlichen Gebäuden und Arkaden hinausgeworfen. In der Alhambra Music Hall am Leicester Square gerieten sie gleich mehrmals mit dem ansonsten toleranten Management in Konflikt. 1868 mussten sie die Music Hall verlassen, da ihr Auftauchen in Frauenkleidern einen Tumult ausgelöst hatte, kurze Zeit später wurden sie erneut hinausgeworfen, weil sie sich ungebührlich benahmen – wieder in Frauenkleidern. Bei vielen späteren Besuchen erschienen sie im Herrenanzug, der jedoch so nachlässig saß, dass einige der Theaterbesucher sie für Frauen in Männerkleidung hielten. In einer großen Gruppe vermutlich Homosexueller, die regelmäßig das Theater besuchten, waren Ernest und Frederick diejenigen, die am häufigsten durch ungebührliches Benehmen auffielen. Die Bühnendarsteller dürften die beiden für Zuschauer aus der Hölle gehalten haben, da sie ständig Aufmerksamkeit auf sich zogen, indem sie Bekannten zuwinkten, Küsse über die Zuschauer hinweg hauchten oder sich aus der Loge beugten, um ihre Zigaretten an den Gaslampen entlang der Wände anzuzünden. Wie es scheint, waren sie oft betrunken und konsumierten große Mengen Champagner sowie Brandy mit Soda.

Da Ernest seinen kostspieligen Lebensstil halten wollte, muss er überglücklich gewesen sein, als er die Bekanntschaft des freigebigen Lord Arthur Pelham-Clinton machte, des dritten Sohnes des 5th Duke of Newcastle. Lord Arthur, der acht Jahre älter war als Ernest, hatte fast sein gesamtes Leben in Institutionen verbracht, die ausschließlich von Männern dominiert bzw. besucht wurden. Als Absolvent des Eton College war er in die Royal Navy eingetreten und hatte als Midshipman während des Indischen Aufstands von 1857 (engl. Indian Mutiny) an militärischen Einsätzen teilgenommen. Nachdem er die Navy als Leutnant verlassen hatte, wurde er für den Bezirk Newark ins Parlament von Westminster gewählt. Lord Arthur war entzückt von seinem jungen Freund, überhäufte ihn mit Geschenken und bestellte eigens einen Friseur, der Ernest täglich aufsuchte. Von 1868 an teilten sich Arthur und Ernest Räumlichkeiten in der Southampton Street 36, Strand, wo sie ihr ausgeklügeltes Spiel von »Ehemann« und »Ehefrau« spielten. Sie hatten dort auch Frederick zu Gast, der die etwas weniger lebhafte, aber gescheite »Schwägerin« mimte. Nicht alle spielten bei dieser Marotte mit. Als ein unverschämter Dienstbote Ernest vorhielt, er sei ja ein Mann, soll Ernest erwidert haben: »Ich bin Lady Clinton, Lord

Arthurs Ehefrau«. Diese Behauptung untermauerte er mit einem Ehering und aufwendig gestalteten Visitenkarten, auf denen er sich als »Lady Arthur Clinton« präsentierte. Die Ehe sollte von kurzer Dauer sein, denn nach nur wenigen Monaten war Lord Arthur bankrott – seine Schulden und Verbindlichkeiten beliefen sich auf stolze 70 000 Pfund. Von da an gingen er und Ernest samt Frederick getrennte Wege.

Lord Arthur und Ernest spielten die »Mann-und-Frau«-Rolle nicht nur im Privatbereich ihrer Unterkunft. Sie brachten ihre häusliche Übereinkunft auf die Bühne, und zwar in Form von zwei kurzen Sketchen, *A Morning Call* und *Love and Rain*. Am 2. September 1868 spielten sie in London vor großem Publikum in der Egyptian Hall, als sie an einer Show teilnahmen, die zu Ehren des berühmten Bauchredners Fredrick Maccabe veranstaltet wurde, der nach zwei Jahren das Management des bekannten Piccadilly Theatre aufgab. Für jemanden wie Maccabe opferten sie ihre Zeit und stellten ihr Bühnentalent umsonst zur Verfügung, im darauffolgenden Monat jedoch erhielten sie rund 30 Pfund für drei Auftritte im Spa Saloon, Scarborough.

Theaterauftritte, ob nun auf Amateurebene oder professionell, boten die passende Kulisse für die exhibitionistischen Tendenzen von Ernest und einigen seiner Freunde. Cumming, jener Gleichgesinnte, der mit Ernest über die Regent Street flanierte, galt als passabler Schauspieler, während ein anderer guter Bekannter, ein gewisser Amos Westropp Gibbings, sich in Unkosten stürzte und St. George's Hall, Langham Place, mietete, um seine Bühneninterpretation von Lady Teazle in Sheridan's *The School for Scandal* realisieren zu können. Im Januar 1869 lockte Ernest seinen Freund Frederick auf die Bühne des Theatre Royal, Stock, wo die beiden die Bühnenpseudonyme Ernestine Edwards und Mabel Foster annahmen, um in H. J. Byrons Komödie *One Hundred Thousand Pounds* aufzutreten. Während der Aufführung verzauberte »Ernestine« das Publikum mit Mezzosoprandarbietungen der Salonballaden »My Pretty Jane« und »Fading Away«:

Rose of the Garden,
Blushing and gay,
E'en as we pluck thee,
Fading away!

Rose des Gartens,
Errötend und froh,
Kaum dass wir dich pflücken,
Verblühst du schon!

Frederick stieg aus den Bühnendarbietungen aus, sodass Ernest ohne ihn auf eine längere Tournee ging, ihm zur Seite stand der Schauspieler Charles James Pavitt. Ihr »Drawing Room Entertainment« kam im Frühjahr und Frühsommer 1869 in öffentlichen Hallen und kleineren Theatern in Essex zur Aufführung. Die Tournee begann am National School-Room in Rayleigh, und das Programm bestand für gewöhnlich aus »einer kurzen Oper, einem heiteren Duodrama (engl. ›duologue‹) und einem lustigen Sketch«, wobei Ernest, wie nicht anders zu erwarten, sämtliche Frauenrollen übernahm. Ernest konnte so an seinem schauspielerischen Talent feilen, aber darüber hinaus waren die Shows eine willkommene Einnahmequelle; zwei Abendaufführungen in Bishop's Stortford brachten an der Theaterkasse 35 Pfund ein. Während Ernest mit *A Morning Call*, *The Power of Gold* und verschiedenen gekürzten Opern auf Tournee war, ließ er keine Gelegenheit aus, sich in dem Frauenkostüm, das er auf der Bühne trug, ablichten zu lassen.

Die Darstellung von Frauen durch Männer und umgekehrt war nichts Ungewöhnliches auf der viktorianischen Bühne. Gelegentlich versuchten sich Schauspielerinnen wie Charlotte Cushman und Sarah Bernhardt in ernsten Männerrollen, aber für gewöhnlich diente den Darstellerinnen von Burlesken und Music-Hall-Aufführungen die Verkörperung von Männern als Vorwand, um in freizügige Kostüme zu schlüpfen, in eine Art Mischform aus stilisiertem Männerjackett und gut gepolsterten Oberschenkeln. Die Legitimation oder die *raison d'être* von Schauspielerinnen und

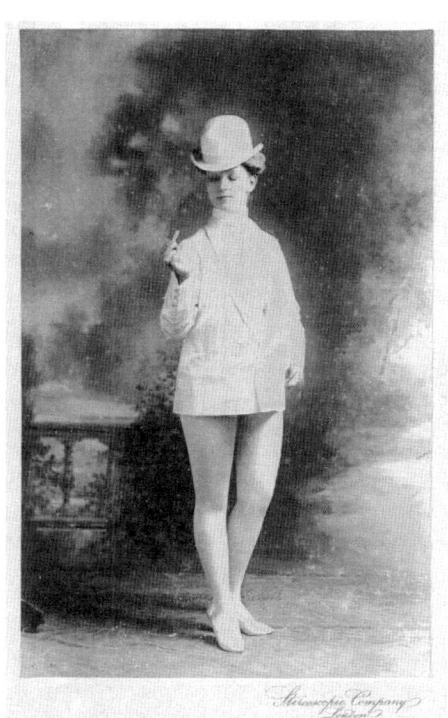

Abb. 15: Unbekannte Darstellerin, die einen Mann spielt, wahrscheinlich Nellie Power

Sängerinnen wie etwa Madame Vestris, Mrs. Keeley, Nellie Farren, Nelly Power und Vesta Tilley lag darin, männliche Eigenschaften sanft zu karikieren, während die eigene weibliche Attraktivität Bewunderung hervorrufen sollte. Schlüpften Männer in Frauenrollen, so diente die Darstellung häufiger dazu, Frauen zu verunglimpfen – häufig beschränkte sich das Repertoire auf die Darstellung alter Vetteln, streitlustiger Xanthippen und rachgieriger Harpyien, Rollen, die »The Protean Witness« Henry G. Brooks so überzeugend beherrschte. Die (Travestie-)Matrone der Boulevardpantomime, deren bauchige und trunksüchtige Figur in der zweiten Hälfte des Jahrhunderts eine Vorlage für Männer in Frauenrollen lieferte, scheint ihren Ursprung in einer seriöseren Darbietung zu haben.

Am 1. April 1861 nämlich präsentierte das Strand Theatre eine Burleske mit dem Titel *Aladdin; or, The Wonderful Scamp*, in der

James Rogers (1821–1863) die »unglückliche Mutter« mimte. Zeitgenossen beschrieben den Auftritt als »eine künstlerisch anspruchsvolle und erheiternde Darbietung, ohne dass die gebotenen Grenzen zur Travestie überschritten werden«.[3] Der Aladdin, der Jimmy Rogers Witwe Twankay (sie wird in späteren Boulevard-Pantomimen zu Twankey) zur Seite steht, war ein wirklich wunderbares »Früchtchen«, denn Marie Wilton verkörperte die Figur in bezaubernden Seidenstrumpfhosen.

Ernest irritierte einige Zuschauer, da er auf der Bühne versuchte, tatsächlich eine Frau zu verkörpern, anstatt sich darauf zu beschränken, seine Frauenrolle als erkennbarer Mann zu spielen. Obwohl ihn das übertriebene Benehmen, das Prostituierte an den Tag legten, fasziniert zu haben schien, strebte er bei seinen Bühnendarbietungen danach, die Frauenrollen überzeugend zu spielen, anstatt eine groteske Karikatur der Weiblichkeit abzuliefern. Die Rolle der Fanny Chillingtone in George Dances Einakt-Komödie *A Morning Call* war 1851 von der ersten Aufführung am Theatre Royal, Drury Lane, an verständlicherweise mit einer Schauspielerin besetzt worden. Die Komik im Stück, in dem ein Mann und ein Frau um die sexuelle Vorherrschaft kämpfen, kommt u. a. in einer Szene zum Ausdruck, in dem beide Charaktere Kleidungsstücke des jeweils anderen anziehen:

Sir E. »Gut; ich bin der Sklave des Rings, bereit, dir in allem zu gehorchen. Ich bitte dich zu versuchen, deine Macht auf die Probe zu stellen.«
Mrs. C. »Deinem Wunsch will ich entsprechen. Bring mir meine Haube und mein Schultertuch (*er holt beides*), und da du gerade dabei bist, bring auch gleich deinen Hut mit (*er kommt mit den Dingen zurück*). Und jetzt setz das auf (*er ist im Begriff, den Hut aufzusetzen*). Nein, nein, ich meine die Haube.«
Sir E. »Doch nicht deine Haube!«
Mrs. C. »Oh doch, und leg dir mein Schultertuch um (*er setzt die Haube auf und legt sich das Tuch um die Schultern*). Gut, und jetzt gib mir deinen Hut.« (*Er gibt ihr den Hut.*)

Sir E. »Was jetzt wohl kommen mag, frage ich mich.«

Mrs. C. «So, Sir, wenn ich Ihren bescheidenen Vortrag richtig verstanden habe, haben die Damen Ihnen Ihr ganzes Leben ihre Liebe gestanden. Ich bin neugierig zu erfahren, wie eine Dame aussieht, wenn sie sich in dieser Weise erniedrigt; (*sie setzt den Hut auf*) stellen Sie sich also vor, ich wäre der faszinierende Mann, für den Sie sich ja offenbar halten. Auf die Knie mit Ihnen, und ... nun, den Rest überlasse ich Ihnen.«

Der Anblick eines Mannes, der eine Frau spielt, die sich als Mann verkleidet, stieß bei mindestens einem Kritiker auf Ablehnung. *The Era* äußerte sich zu Ernests Darbietung in der Egyptian Hall:

Wie man sich vielleicht vorstellen kann, war dies eine seltsame Aufführung und eine dramatische Laune, die jeder Kritik spottet. Mr. Boultons Make-up war perfekt, und obwohl es vielleicht nicht besonders schmeichelhaft ist zu sagen, dass er verblüffend wie eine »feine Dame« aussah, so ist es die Wahrheit. Jedem Versuch dieser Art haftet etwas unvermeidlich Unangenehmes an, wenn die Burleske nicht den Vorwand liefert, aber gleichzeitig war Mr. Boultons Mrs. Chillingtone vom Schauspielerischen her betrachtet keineswegs schlecht.[4]

Obwohl ihre Bühnenauftritte im Laufe des Jahres 1869 abgenommen haben dürften, blieben die Darbietungen von Ernest und Frederick auf der anderen Seite der Rampenbeleuchtung erhalten. Bei ihren häufigen Theater- und Music-Hall-Besuchen zogen die beiden im Publikum immer wieder die Aufmerksamkeit auf sich, sehr zum Nachteil der Bühnendarsteller. Beide führten ein zügelloses Leben, ob in homosexueller oder anderer Hinsicht, und gerieten zunehmend ins Visier der Polizei. Tauchten sie wieder in Frauenkleidern auf, war man der Auffassung, sie seien entweder Homosexuelle auf der Suche nach Gleichgesinnten oder Erpresser, die darauf aus waren, Heteros zu verführen. Sie galten als öffentliches Ärgernis, aber innerhalb einer Gesellschaft, die weit verbreitete Eskapaden tolerierte – »Späße«, »Launen« und »Scherze«, bei denen nicht nur Material, sondern auch Menschen zu Schaden kamen –, wurden provokante Grillen wie die von Boulton und Frederick als nicht so gravierend empfunden, dass man darin wirklich einen Anlass zur Besorgnis gesehen hätte. Am 6. April 1870 mieteten sie eine Kutsche und ließen sich in Frauenkleidern nach Hammersmith, West London, fahren, um dort das Bootsrennen der Universität zu verfolgen. Bedauerlicherweise war es auf der Brücke so voll, dass die Kutsche nicht an prominenter Stelle parken konnte, und andere geeignete Stellen, an denen sie aufgefallen und von der Menge bewundert worden wären, gab es auch nicht. Nach einem Zwischenstopp in einem Pub und bei einem Zuckerbäcker fuhren sie weiter bis zum Haxell's Hotel, Strand (jenes Hotel, in dem die Schuhe der Geistlichen vertauscht wurden), wo sie am folgenden Abend an einem Ball teilnahmen.

Haxell's Royal Exeter Hotel war ein gesetzt wirkendes Gebäude mit schlichter Fassade, das den Eingang zur Exeter Hall in den weitläufigen Flügeln umschloss. Der Ball in privatem Kreis, der gegen halb zehn abends begann, war für Ernest und Frederick ein Routineauftritt. Sie erschienen in Frauenkleidern, in Gesellschaft von vier Männern, die sich zu sieben Frauen und fünfunddreißig Männern in konventioneller Abendgarderobe gesellten. Der Gastgeber, der zweiundzwanzigjährige Amos Gibbings – auch unter dem Namen Charlotte bekannt –, trug ein mauvefarbenes Seidenkleid. Nachdem man etliche Flaschen Champagner geleert hatte, fiel eine Frau in Ohnmacht und wurde von jemandem betreut, der angeblich einen medizinischen Beruf hatte. Einer der Männer in Frauenkleidern gab einem »Gentleman« eine Ohrfeige, als dieser Miss Agnes Erle (eine echte Frau) nach ihrer Adresse fragte. Ernest, der ein weißes, mit pinkfarbenen Rosen verziertes Seidengewand trug, gab seine Lieblingsballade »Fading Away« zum Besten – gleich mehrfach. Vielleicht lag es an der wiederholten Gesangsdarbietung seitens »Stellas«, dass einige der zwanzig vereinbarten Tänze abgesagt werden mussten, ein Umstand, der mehrere angetrunkene Männer dazu veranlasste, lautstark zu protestieren. Schlussendlich endete die Party gegen halb vier in der Frühe, und das Event gefiel »Charlotte« so gut, dass er bereits überlegte, im folgenden Monat erneut einen Ball zu geben.

Im selben Monat gingen Ernest und Frederick an mehreren Abenden ins Theater. Am Freitag, dem 22. April, überquerten sie die Themse zum bekannten Royal Surrey Theatre »jenseits der Brücke«, Blackfriars Road, an dem Charles H. Ross' Stück *Clam* gerade Premiere hatte. Angepriesen als »romantisches Drama des Londoner Lebens, das viele beliebte Orte darstellt«[5], wartete die Produktion mit der Titelheldin auf, die mehrmals von Frauen- in Männerkleider schlüpfte. Agnes Burdett spielte Josephine Weatherwell, eine junge Frau, die sich aufgrund komplexer Umstände gezwungen sieht, sich als Junge zu tarnen. Die Heldin nimmt den Namen Clam an, trägt abgerissene Sachen und wird Anführer einer Bande von Straßenbälgern, taucht aber in einer Szene, die im Cremorne Park spielt, auch in der Uniform eines Midshipman auf. Während des Stücks verwickelten Ernest und Frederick, die ihre eigene farbenprächtige Interpretation männlicher Abendgarderobe trugen, den dreiundzwanzigjährigen Anwalt Hugh Alexander Mundell in ein Gespräch. Wenn die Abbildung in *The Days' Doings* stimmt, war Hugh ein »Jolly Dog« edler Herkunft, prächtig in Zylinder, hohem, steifem Kragen, mit Monokel und zotteligem Backenbart[6] (im Stil von Lord Dundreary, einer Figur aus Tom Taylors Stück *Our American Cousin*). Nachdem er die beiden eine Weile beobachtet hatte, äußerte er dem Schauspieler Boothroyd Fairclough gegenüber sein Interesse: »Kommen Sie in den ersten Rang und schauen Sie sich die beiden Frauen an, die als Männer verkleidet sind. Eine großartige Show, das müssen Sie gesehen haben.«[7] Ernest, Frederick, Boothroyd, Walter und der Inspizient des Theaters, Mr. Ross, plauderten eine Weile, ehe die kleine Gruppe den Bereich hinter der Bühne besichtigte. Ernest und Frederick, die sich wieder einmal gefreut haben dürften, im Mittelpunkt zu stehen, schlichen sich auf die Bühne und mischten sich in die Szene, die im Cremorne Park spielt, unter die Menge der feiernden Zecher. Nach der Vorstellung gingen Ernest, Fredrick und der verzückte Hugh über die Waterloo

Bridge, die während der Vorführung als gemaltes Szenenbild zur Requisite gehört hatte. Ernest und Frederick behaupteten, sie seien Männer, aber Hugh war nicht überzeugt. Nachdem sie vereinbart hatten, am kommenden Dienstag erneut eine Aufführung von *Clam* zu besuchen, meinte Hugh: »Ich dachte, ihr wärt Frauen in Männerkleidern.« Schließlich gab er ihnen hinsichtlich männlicher Verhaltensweisen einen Rat: »Wenn ihr geht, dann solltet ihr mehr mit den Armen schlenkern, das sieht männlicher aus.«

Als Hugh Mundell in der darauffolgenden Woche ins Surrey Theatre zurückkehrte, sah er sich scheinbar in seinem Verdacht bestätigt. Denn diesmal begrüßten ihn zwei Damen in Begleitung eines Herrn und nahmen die Rosen entgegen, die er ihnen mitgebracht hatte. Nachdem sie das Stück aus einer Privatloge verfolgt hatten, fuhren sie in einem Einspänner zu den Globe Supper Rooms in der Coventry Street, in der Nähe von Piccadilly Circus. Sowie die Gentlemen ausgestiegen waren, besuchten Stella und Fanny nacheinander drei Pubs, wobei sie jedes Mal den Kutscher auf ein Glas Ale einluden. Früher am Abend hatte Stella Hugh einen geheimnisvollen Brief zugeschoben, in dem die verstörende Nachricht stand, die Damen seien immer noch Männer.

Hugh war entweder ewiger Optimist oder, wie Osgood Fielding III. in *Some Like it Hot* (*Manche Mögen's Heiß*), ein Anhänger der Philosophie »no one's perfect« (»Niemand ist perfekt«), denn er traf sich weiterhin mit seinen neuen, faszinierenden Freunden. Am Donnerstag, dem 28. April, schaute er bei Fredericks Unterkunft in der Bruton Street 13, Berkeley Square, vorbei. Sie verbrachten einen heiteren Nachmittag, an dem Ernest seine Gesangskünste unter Beweis stellte und Klavier spielte, und beschlossen dann, sich eine Burleske im Strand Theatre anzusehen: *Sir George and a Dragon*. Um sich für den Abend auszustaffieren, begaben sich Ernest und Frederick in die Wakefield Street 13, Regent Square, wo sie einen Großteil ihrer Frauenkleider aufbewahrten. Ernest entschied sich für ein kirschrotes Abendkleid aus Seide, das Schultern und Arme freiließ, und rundete seine Erscheinung mit auffälligem Geschmeide ab. Fredericks Wahl fiel auf ein tief ausgeschnittenes, grünes

Kleid aus Satin, zu dem weiße Glacéhandschuhe passten. Als sie in die Droschke stiegen, die sie ins Theater bringen sollte, entging ihnen, dass sie von Police Detective William Chamberlain ganz in der Nähe beobachtet wurden. Chamberlain hatte die beiden seit einiger Zeit nicht aus den Augen gelassen.

Bei dem Stück *Sir George and a Dragon* von F. C. Burnand handelt es sich um eine typische Strand-Burleske. Sir George wurde von der Music-Hall-Sängerin Lizzie Dashwood verkörpert, aber auch andere männliche Figuren wurden von Frauen gespielt. *The Examiner* hielt diesbezüglich fest:

Die Helden ihrerseits werden von einer Schar äußerst reizender junger Damen gespielt, deren Gesichter und Gliedmaßen von vorbildlicher Schönheit und Symmetrie sind; dass sie auffallend spärlich bekleidet sind, steht ihnen gut; ihre Gesangs- und Tanzeinlagen sind perfekt.[8]

In den Jahren zuvor hatte es zu den Attraktionen der Strand-Burlesken gehört, dass Männer auf der Bühne Frauen darstellen, allen voran Jimmy Rogers, Schauspieler und Theatermanager. 1870 war er schon einige Jahre tot, aber Edward Terry, ein talentierter Newcomer, trat in seine weiblichen Fußstapfen. Seine Interpretation der Hexenmeisterin Kalyba in *Sir George and a Dragon* wurde extrem gut aufgenommen, die *Reynold's Newspaper* äußerte sich dazu wie folgt: »Seine ›Show‹ ist wundervoll, und bis die tiefen Töne seiner männlichen Stimme einsetzen und die Illusion zerstreuen, ist die Vortäuschung des anderen Geschlechts perfekt.«[9]

Wie bereits zuvor lenkte die Anwesenheit von Stella und Fanny, die mit Hugh und dem gemeinsamen Bekannten Cecil »Sissy« Thomas in der Privatloge saßen, einige Zuschauer vom Bühnengeschehen ab. Im Übrigen war es schwer, keine Aufmerksamkeit zu erregen, denn laut John Hollingshead war das Theater »ein stickiges kleines Haus, in dem Publikum und Darsteller über die Bühnenbeleuchtung hinweg einander die Hände hätten schütteln können«.[10] Detective Chamberlain positionierte sich an einer Theke und ob-

Abb. 16: Unbekannter Darsteller, der eine Frau spielt, wahrscheinlich Edward Terry

servierte die Verdächtigen, die sich in Frauenkleidern Brandy genehmigten. Gegen Ende der Vorstellung, um ca. 22 Uhr, traf Superintendent James Thomson im Theater ein und sah, wie Stella mit dem Rücken zur Bühne saß, einen Fächer in der Hand hielt und einigen Herren im Parkett zunickte. Die Polizei hielt sich bereit, als die kleine Gruppe das Theater verließ und eine Droschke rief. Als die »Damen« in der Kutsche Platz nahmen, stieg Sergeant Frederick Kerley ebenfalls ein, was den geistesgegenwärtigen Thomas dazu veranlasste, aus dem Fahrzeug zu springen – er tauchte rasch in der Menge unter und verschwand. Die anderen drei Männer in der Droschke wurden indes verhaftet. Die geplante Tour zu den beliebten Londoner Nachtlokalen fiel aus, stattdessen fuhr die Kutsche auf direktem Weg zur Bow Street Police Station. Frederick polterte in Sergeant Kerleys Beisein, man könne sie alle ebenso gut laufenlassen, da ohnehin keine Anklage erhoben werde. Ernest, der zuerst den Namen Cecil Graham angab, wirkte allerdings ein wenig verzweifelter. Er bot dem Sergeant »jede erdenkliche Summe«, wenn er sie nur freiließe. Es sollte sich bald herausstellen, dass die Bedenken, die die Freunde gehabt haben mögen, alles andere als unbegründet waren.

Das Establishment hatte nun doch die Geduld mit Ernest und Frederick verloren. Die Polizei hatte die »wiederkehrenden Anwandlungen in Bezug auf Moral« im Blick, als sie beschloss, die beiden sollten die volle Strenge des Gesetzes zu spüren bekommen. Mit der bevorstehenden Verurteilung wollte man andere Leute abschrecken, die ähnliche Absichten an den Tag legten. Nachdem Ernest und Frederick eine Nacht in der Zelle verbracht hatten, wurden sie am Bow Street Police Court – sie trugen immer noch die Frauenkleider vom Vorabend – Richter Flowers zu einer Voruntersuchung vorgeführt. Hugh, der eher als naiv denn als unmoralisch galt, wurde gegen Kaution freigelassen, aber die Vorwürfe, die man gegen Ernest und Frederick erhob, wurden für so ernsthaft erachtet, dass man die beiden in Untersuchungshaft behielt. Zu Beginn wurden sie laut des Vagrancy Act (in etwa »Gesetz zur Bekämpfung der Landstreicherei«) beschuldigt, das Strand Theatre mit der Absicht besucht zu haben, eine Straftat zu begehen. Später wurde die Anklage geändert und lautete: »Sie haben sich schuldig gemacht, da sie mit böser Absicht miteinander das abscheuliche Verbrechen der Sodomie begingen«[11], ein Verbrechen, das bis 1861 mit dem Tode bestraft wurde. Ferner warf man ihnen vor, sie hätten sich heimlich mit anderen Personen getroffen, um Analverkehr zu praktizieren, und hätten wieder andere zu diesem Schritt verleitet und ermuntert. Dass sie sich als Frauen verkleideten, habe dazu gedient, »die öffentliche Moral zu untergraben und auf skandalöse Weise gegen das öffentliche Anstandsempfinden zu verstoßen«.[12] Wie es scheint, führte das Einschreiten der Polizei dazu, dass die allgemeine Empörung bis in den ersten Verhandlungstag hinein anhielt. Als Amos Gibbings auf der Polizeiwache eintraf, um den Angeklagten Männerkleidung zu bringen, wurde er abgewiesen. Ernest und Frederick sahen sich gezwungen, den Weg von der Wache bis zum Gerichtssaal in ihren unordentlichen Kleidern zurückzulegen. Dabei kamen sie nur quälend langsam voran, da sie sich einen Weg durch einen johlenden Mob bahnen mussten.

Wieder auf der Wache, hatten die beiden sich einer erniedrigenden und obendrein ungesetzlichen medizinischen Untersuchung zu unterziehen, die ein Polizeiarzt, Dr. James T. Paul, durchführte. Die Angeklagten mussten sich ausziehen, die Strumpfhosen sowie Damenunterwäsche ablegen und sich dann nackt über einen Holzschemel beugen. Dr. Paul stellte fest, dass Ernests Anus geweitet war; die schlaffe Muskulatur deute darauf hin, dass er ein praktizierender Homosexueller sei. Dasselbe Urteil wurde über Frederick gefällt, mit dem Zusatz, die auffallenden Verfärbungen deuten auf syphilitischen Hautausschlag hin. In der als »abnorm« empfundenen Größe von Ernests Penis sah Dr. Paul einen weiteren Anhaltspunkt dafür, dass er es mit Homosexuellen zu tun hatte.

Als Hugh Mundell am 6. Mai am Bow Street Police Court erschien, musste er nicht länger auf die Anklagebank, sondern nur noch in den Zeugenstand. In dem Prozess, der sich über den ganzen Mai zog, wurde der Lebensstil von Ernest und Frederick detailliert vor dem Gericht wie vor der Öffentlichkeit ausgebreitet: ihr Verhältnis zu anderen Männern, ihr geheimes Versteck in der Wakefield Street, angefüllt mit Frauenkleidern, Kosmetika, Fotos und persönlicher Korrespondenz. Andere Personen wurden unweigerlich in den Prozess hineingezogen – Haftbefehle wurden erlassen, sechs Männer festgenommen, darunter Martin Luther Cumming, Cecil Thomas und Lord Arthur Pelham-Clinton. Die Menge, die sich vor dem Gerichtsgebäude versammelt hatte, um einen Blick auf die Angeklagten zu erhaschen, war indes nicht ausschließlich feindselig eingestellt. Zwar hagelte es Beleidigungen und Beschimpfungen, aber oft verschafften sich mutige (oder törichte) Unterstützer der Angeklagten mit aufbrandendem Applaus Gehör. Die Leute versuchten, Zugang zum Gerichtssaal zu bekommen, aber dessen begrenzte Sitzmöglichkeiten waren längst erschöpft, woraufhin ein Manager eines nicht genannten Theaters auf dem Strand den ironischen Vorschlag machte, man solle »das Parkett« um einige Reihen erweitern, und die Plätze vierzehn Tage im Voraus zur Buchung anbieten.[13]

Das öffentliche Interesse an dem Fall wurde durch eine Unmenge an Schundliteratur befeuert, darunter *The Unnatural History and Petticoat Mystery of Boulton and Park*, ein Pamphlet, das in der Houghton Street 5 auf dem Strand erschien. Ein lustiger Song mit dem Titel »The Funny He-She Ladies« stammte aus der Schmiede der großformatigen Balladen, Seven Dials, Charing Cross:

At Wakefield Street, near Regent Square,
There lived this rummy he-she pair,
And such a stock of togs was there,
To suit those he-she ladies.
There was bonnets & shawls, and pork pie hats,
Chignons and paints, and Jenny Lind caps,
False calves and drawers, to come out slap,
To tog them out, it is a fact.
This pair of ducks could caper and prance,
At the Casino they could dance,
Ogle the swells and parle vou France [sic!],
Could the pair of he-she ladies.
They'd sip their wine and take their ice,
And so complete was their disguise,
They would suck Old Nick in and no flys,
Would the beautiful he-she ladies.

In der Wakefield Street, in der Nähe des Regent Square,
Dort lebte dieses komische er-sie Paar,
Und was für Zeug es dort gab,
Um diese er-sie Ladies auszustaffieren.
Es gab Hauben & Schultertücher, und Porkpie-Hüte,
(falsche) Haarknoten und Schminke, und Jenny Lind-Hüte,
Wattierte Waden und famose Unterhosen,
Um sie auszustaffieren, das ist Fakt.

Diese beiden »Schätzchen« konnten herumhüpfen und
stolzieren,
Im Kasino konnten sie tanzen,
Dem Stutzer schöne Augen machen, Französisch parlieren,
Konnte das Paar der er-sie Ladies.
Sie nippten an ihrem Wein und nahmen Eis,
Und so perfekt war ihre Verkleidung,
Sie würden selbst den Teufel und die Fliegen leimen,
Das würden die schönen er-sie Ladies tun.

Ein dichterischer Erguss einer etwas gebildeteren, aber gröberen
Natur (in Form eines Limericks) erschien in einem pornografischen
Magazin, *The Pearl*:

There was an old person of Sark
Who buggered a pig in the dark;
The swine in surprise
Murmored: »God blast your eyes,
Do you take me for Boulton and Park?«[14]

Da war ein Alter aus Sark
Der bestieg ein Schwein im Dunkeln;
Das Schwein murmelt überrascht
»Gott verderbe dir die Augen,
Hältst du mich für Boulton und Park?«

Bald zeigte sich, dass die Polizei und der Generalstaatsanwalt in eine unappetitliche Sache hineingeraten waren. Was als simpler Versuch begonnen hatte, zwei »Mary-Anns« auf die zarten Finger zu
hauen, war nun zum Prüfstein der moralischen Integrität des männlichen Teils der Nation geworden. Wenn öffentlich befürchtet wurde, Leute wie Ernest, Frederick und deren Freunde könnten – sofern man sie gewähren ließ – überall die »Plage« der Homosexualität verbreiten, dann musste es zwangsläufig viele empfängliche
Männer geben, die willens waren, sich davon »infizieren« zu lassen.

Da größere Konflikte von nationaler Tragweite, wie der Krimkrieg und der Indische Aufstand in den 1850ern, schon länger zurückliegen, wurden oft Bedenken geäußert, die jüngere Generation zeige Anzeichen von Weichheit, ja Verweiblichung. War es wirklich klug, vor den aufmerksamen Ohren feindlich gesinnter fremder Nationen und rebellischer britische Kolonien anzudeuten, dass die Homosexualität eine so große Gefahr war?

Im Juli 1870 zog der Generalstaatsanwalt den Anklagepunkt der Sodomie zurück, und nach zwei Monaten Haft wurden Ernest und Frederick gegen Kaution freigelassen. Die Verhandlung wurde verschoben, was drei der Angeklagten genügend Zeit gab, an Orten unterzutauchen, die der nicht sehr kräftige Arm des Gesetzes nicht erreichte. Kurz nachdem Sir Arthur Pelham-Clinton die gerichtliche Vorladung erhalten hatte, wurde bekannt, der Lord sei nach einer Scharlacherkrankung an Erschöpfung gestorben. Es gab jedoch viele, die der Ansicht waren, Sir Arthur habe den ehrenvollen Ausweg genommen und Selbstmord begangen; andere hingegen meinten, sein Tod sei nur vorgetäuscht und der Lord habe die Gelegenheit genutzt, sich an einem der fernen Außenposten des Empire niederzulassen. Ob nun Selbstmord oder Flucht, Sir Arthurs Verschwinden machte ein ausuferndes Drama im Gerichtssaal weniger wahrscheinlich.

Mit dem ganzen Pomp eines Staatsprozesses wurden die Vorwürfe gegen Ernest, Frederick, John Safford Fiske und Louis Charles Hurte am 9. Mai 1871 am alten Court of Queen's Bench verhandelt. Fanny und Stella waren verbannt; an ihre Existenz erinnerten nur noch die extravaganten Knopflochblumen, die Ernest trug, der sich inzwischen einen kleinen Schnurrbart hatte wachsen lassen. Frederick erschien mit Backenbart und ziemlich stämmig. Der Gerichtssaal, der sich in einem Winkel der mittelalterlich anmutenden Westminster Hall befand, muss furchteinflößend auf die Angeklagten gewirkt haben. Doch es zeigte sich schnell, dass sie wenig von einer Staatsanwaltschaft zu befürchten hatten, die schlecht vorbereitet war und sich des Falls nur halbherzig annahm. Da der Vorwurf der Sodomie fallen gelassen worden war, musste der Generalstaatsanwalt die Geschworenen überzeugen, dass die Angeklagten sich wenigstens zugunsten der Sodomie *verschworen* oder den Versuch unternommen hätten, andere zu diesem Vergehen zu überreden. Er war darum bemüht zu betonen, dass das Tragen von Frauenkleidern an sich noch kein Beweis der Homosexualität war:

> Man muss zu ihren Gunsten daran erinnern, dass sie in privaten Theateraufführungen häufig Frauen verkörperten, und es ist nicht nötig, darauf hinzuweisen, dass es sich beim Tragen von Frauenkleidern zu diesem Zweck um kein Vergehen handelt. Nein, selbst wenn es darüber hinaus ginge – wenn sie, besessen von Frauenkleidern zum Zweck der Darbietungen, in weiblichem Aufzug ihre Späße und Maskeraden auf offener Straße getrieben hätten, und es sich damit gehabt hätte, dann würde das gegenwärtig keine Anklage rechtfertigen.[15]

Der Versuch der Polizei, Anzeichen für analen Verkehr geltend zu machen, wurde heftig von dem Lord Chief Justice Sir Alexander Cockburn kritisiert. Er warnte Dr. Paul, er dürfe das Gesetz nicht selbst in die Hand nehmen, nur weil er Polizeiarzt sei. Falls er in dieser unbekümmerten Weise fortfahre, so der Richter weiter, werde Paul sich in einer »sehr unangenehmen Sachlage« wiederfinden: »Sie hatten kein Recht, diese beiden jungen Männer zu zwingen, sich dieser widerwärtigen Untersuchung zu unterziehen, ebenso wenig hätten Sie einen Mann auf offener Straße auffordern dürfen, die Hose aufzuknöpfen.«[16] Dr. Paul geriet aufgrund seiner medizinischen Beurteilung weiter unter Beschuss, und zwar seitens mehrerer Medizingutachter, die die Ergebnisse von Dr. Pauls illegalen Untersuchungen vollkommen zurückwiesen.

Andere Zeugen der Anklage erwiesen sich als ebenso ineffektiv. Hugh Mundell beharrte darauf, Ernest und Frederick hätten sich stets angemessen verhalten, und schließlich sei er es gewesen, der unaufgefordert Annäherungsversuche unternommen habe. Ein Gemeindediener, George Smith, der das anstößige Benehmen der beiden in der Burlington Arcade bezeugen konnte, erwies sich als

Trunkenbold, der Bestechungsgelder von Prostituierten entgegennahm. Und gleich mehrere Polizeibeamte, die die Angeklagten seit mindestens einem Jahr heimlich observiert hatten, konnten nur bezeugen, dass die beiden in der Öffentlichkeit lautstark oder rüpelhaft in Erscheinung getreten waren und in Frauenkleidern herumliefen. Fredericks Anwalt Sergeant Parry gab zu bedenken, das Tragen von Frauenkleidern sei lediglich ein schlechter Scherz, denn man bediene sich der Kostüme, die eigentlich für Theateraufführungen gedacht waren:

Früher wurden diese Rollen immer von Männern gespielt; dennoch, es ist bemerkenswert, dass man während der unmoralischen Regierung Charles II., als dies so gehandhabt wurde, mit dieser Praxis nichts Unmoralisches verband. Diese jungen Männer haben in vielen Städten weibliche Figuren verkörpert und wurden oft nach den Vorstellungen zu Feierlichkeiten eingeladen, und bei dieser Gelegenheit verspürten sie den Wunsch, die Frauenkleider weiterhin zu tragen. Nein, die gängige Praxis, dass Männer in Frauenrollen zu sehen sind, herrschte in diesem Moment auf der Bühne vor, selbst angesichts der Sanktion des Lord Chancellor. Es ist nun einmal geschehen, und warum sollte man diesen jungen Männern eine Schuld zuweisen wollen, nur weil sie auf der Bühne Frauenkleider trugen?[17]

Die Zeugen der Verteidigung traten glaubhafter auf, und am überzeugendsten erwies sich Ernests Mutter, die sich mithilfe des Anwalts George Lewis sorgfältig auf den Prozess vorbereitet hatte. Die Darbietung einer fürsorglichen Mutter, die sich der ungewöhnlichen Vorlieben ihres Sohnes bewusst war, gelang ihr so gut, ihr Sohn Ernest hätte es nicht besser machen können. Da dieser »Engel im Haus« die Geschworenen davon überzeugen konnte, dass es sich bei Ernests Eigenarten nur um den Wunsch eines Jungen nach Bewunderung handelte, legte sich allmählich die Furcht, die öffentliche Moral sei in Gefahr. Der Lord Chief Justice muss gespürt haben, dass ein Freispruch in der Luft lag, denn in seiner Schlusserklärung stellte er die Gerechtigkeit über mögliche Bedenken, das Gericht könne sich auf internationaler Ebene blamieren:

> In der eloquenten Rede meines gebildeten und geschätzten Kollegen, Sergeant Parry, einer Rede, die sich mit Verve ihrer Aufgabe widmete und mit der schlichten Schönheit der wahren Redekunst vorgetragen wurde [...], gab es einen Punkt, mit dem ich nicht einverstanden bin – er bat Sie, Sie mögen sich genau überlegen, wie Sie über die Angeklagten urteilen, damit nicht Schmach über unser Land komme. Ich stimme mit der Bemerkung des Generalstaatsanwalts diesbezüglich überein – dass es nämlich schädlich für den Charakter dieses Landes wäre, wenn Schuld, die aufgedeckt und erwiesen ist, ungestraft davonkäme. Das erste und vornehmste Merkmal einer großen Nation ist ihr moralischer Charakter, und das nächste Merkmal, selbst wenn es nicht als gleichwertig erachtet wird oder mit den beiden erstgenannten nichts gemein hat, ist die Achtung der Wahrheit und der Gerechtigkeit. Falls Sie überzeugt sind von der Schuld dieser Personen, so bringen Sie es zum Ausdruck; haben Sie keine Angst vor den Konsequenzen.[18]

Die Geschworenen brauchten nur 53 Minuten, um zu dem Schluss zu kommen, dass die Angeklagten nicht schuldig seien. Als das Urteil verkündet wurde, fiel Ernest, der seine wiedergefundene Männlichkeit vergessen zu haben schien, wie die Heldin eines Melodramas in Ohnmacht. Vor dem Gerichtsgebäude jubelte die Menge, denn die Menschen waren zweifellos erleichtert, dass der Fleck auf dem nationalen Charakter nach eingehender Untersuchung weggewischt worden war. Es blieb indes ein hartnäckiger (Schand-)Fleck, der immer wieder zwischendurch sichtbar wurde, um die viktorianische Gesellschaft in Verlegenheit zu bringen.

Im Jahr 1884 behaupteten die Zeitungen, homosexuelle Praktiken seien in Dublin Castle, dem Sitz der britischen Regierung in Irland, an der Tagesordnung. Nachdem er mit einer Verleumdungsklage gescheitert war, sah sich Gustave Coventry, seines Zeichens

Sekretär des Irish General Post Office, der Sodomie angeklagt, wurde aber freigesprochen. Sieben Jahre später, 1889, mündete eine Untersuchung der Nebeneinkünfte einiger Telegrammboten des Londoner Postamtes in eine Razzia eines Männerbordells in der Cleveland Street, einer schäbigen Gegend im Norden der Oxford Street. Lord Arthur Somerset, der Stallmeister des Prince of Wales, soll einer der aristokratischen Kunden des Etablissements gewesen sein, worauf hinter vorgehaltener Hand gemunkelt wurde, Prince Albert Victor, der Duke of Clarence und Enkel von Königin Victoria, sei ebenfalls in diese Affäre verwickelt. 1895 zeigte sich anhand des Prozesses gegen Oscar Wilde, dass die homosexuelle Unterwelt nach wie vor sehr aktiv war. Mitte der 1880er Jahre waren sexuelle Beziehungen zwischen Männern riskanter für die Beteiligten geworden als noch zu Zeiten des Prozesses gegen Ernest und Frederick. Kurz vor der Verabschiedung des Criminal Law Amendment Act aus dem Jahr 1885 fügte Henry Labouchère dem Gesetzestext noch eine Klausel hinzu, die jegliche Form unsittlicher Handlungen zwischen Männern, selbst wenn diese Handlungen im Privaten und einvernehmlich stattfanden, als schweres Verbrechen abstempelte.

Wann immer es zu einem neuen Skandal kam, tauchten die Namen Boulton und Park auf, obwohl die beiden ursprünglich freigesprochen worden waren. Vor dem Prozess hatten ihre schillernden Charaktere sie gleichsam unzertrennlich erscheinen lassen, doch nach ihrem gerichtlichen Leidensweg sahen sich Ernest und Frederick gezwungen, getrennte Wege zu gehen. Frederick trat aus dem Schatten seines Freundes Ernest und fing ein neues Leben in den Vereinigten Staaten an, wo er unter dem Namen Fred Fenton als Komödiant und Darsteller in Frauenkleidern in Erscheinung trat. Er starb 1881, vermutlich an den Folgen von Syphilis. Ernest trat mit einem anderen Partner, Louis Munro, weiterhin in Theatern und Konzerthallen auf, in neuen Kleidern und den alten Rollen. Als Louis ausstieg, holte Ernest seinen Bruder Gerald auf die Bühne, der fortan in komischen Salon-Einaktern wie *My New Housekeeper* oder *Complications* die männlichen Hauptrollen übernahm. Sie traten gemeinsam auf bis zu Ernests Tod im Jahr 1903, wobei sie ihren Bühnennamen von Boulton zu Byne und schließlich zu Blair änderten.

In seinem Buch *Fanny and Stella; the Young Men Who Shocked Victorian England* mutmaßt McKenna, Oscar Wilde habe in *Lady Windermeres Fächer* womöglich indirekt auf Boulton Bezug genommen. Zu den Figuren der 1892 erstmals aufgeführten Komödie gehört ein bissiger Dandy namens »Cecil Graham«, und genau jenen Namen gab Ernest im Beisein von Superintendent Thomson an, als er am Strand Theatre festgenommen wurde (Frederick stellte sich des Öfteren als Fanny Winifred Graham vor). Eine faszinierende Theorie, denn bei seinen Ausflügen in die Londoner Schwulenszene könnte Wilde tatsächlich Ernest begegnet sein. Wenn er Ernest und Frederick nicht leibhaftig traf, so hat er von ihren wirklichen oder fiktiven Taten vielleicht in dem 1891 erschienenen pornografischen Roman *The Sins of the Cities of the Plains* gelesen.[19] Es mag sein, dass Wilde auch beschlossen hat, Ernest in seinem berühmtesten Stück, *The Importance of Being Ernest* (dt. *Ernst sein ist alles oder Bunbury*), ein Denkmal zu setzen. Es ist oft angemerkt worden, dass »earnest« viktorianischer Slang für homosexuell war. Wenn ja, ist dieser Begriff dann wegen des Bekanntheitsgrades eines Ernest Boulton gebräuchlich geworden? Oder huldigte Wilde lediglich einem der bekanntesten »Uranisten« (i. e. Homosexuellen) seiner Zeit?

Es gibt weitere interessante Hinweise diesbezüglich. »Cecil Graham« ist nicht nur Wildes fiktionale Figur und Ernest Boultons hastig angenommenes Pseudonym, sondern auch der Name eines musikalisch begabten jungen Homosexuellen, der von London nach Dublin reiste, um während des Prozesses gegen Gustave Coventry (siehe oben) von 1884 auszusagen. Noch eigenartiger ist es, dass neben Cecil Graham ausgerechnet Jack Saul in den Zeugenstand trat, der zuvor in *The Sins of the Cities of the Plains* beschrieben hatte, sowohl Sex mit Ernest (auf einem Klavierhocker) als auch mit Frederick gehabt zu haben. Frederick war zwar schon lange tot, als *The Importance of Being Earnest* auf die Bühne kam, aber der Plot gab vor, die Hauptfigur solle sowohl »Jack« als auch »Ernest« heißen. Der Name Jack wird als »ausnehmend fade« verurteilt, während Ernest als »göttlicher Name« beschrieben wird und »seine ganz eigene Musik« besitze.[20] An einer Stelle im Stück erklärt die fürchterliche Lady Bracknell: »Ich muss Ihnen sagen, dass Sie nicht auf der Liste der infrage kommenden jungen Männer stehen, obwohl ich dieselbe Liste wie die liebe Gräfin Bolton habe«.

7 Sam und Maud

Als George Samuel Cooke im Jahr 1891 Maud Merton auf dem Strand begegnete, hatte er noch nicht lange genug in London gelebt, um seinen weichen Akzent aus East Anglia abzulegen. Als junger Erwachsener hatte er in der Landwirtschaft sowie als Fischer gearbeitet, kehrte dem offenen Ackerland und der stürmischen Nordsee jedoch den Rücken, um sein Glück in der Hauptstadt zu versuchen. Aufgrund seiner robusten körperlichen Verfassung und seines sympathischen Wesens war er der ideale Kandidat für den Polizeidienst, als er im Juni 1888 in die Metropolitan Police Force eintrat. Die zwanzigjährige Maud Merton hatte allerdings eine ganz andere Karriere eingeschlagen, als sie Sam zum ersten Mal in Brewers Lane begegnete, einer engen Gasse nahe der Charing Cross Station. Sie hatte ihren Job als Schankmagd hingeworfen und betätigte sich fortan als Prostituierte. Dass Polizisten und Prostituierte einander kannten, war unvermeidlich, da ihr Metier die Straße war. Sowohl die Constables als auch die Dirnen drehten ihre »Runden«, die sich oftmals überlappt haben dürften. Prostitution wurde geduldet, solange das Gewerbe nicht zum öffentlichen Ärgernis wurde, und nicht selten kooperierte die Polizei mit den »Frauen der Stadt« gegen finanzielle oder sexuelle Belohnungen. Vermutlich waren Sam Cooke und Maud Merton nicht die einzigen Vertreter ihres jeweiligen Berufsstandes, die sich auf eine längerfristige Beziehung einließen. Doch gerade ihre Beziehung war die einzige Affäre, die in einer furchtbaren Tragödie endete.

Sam kam 1866 zur Welt, als einziger Sohn eines Gutsverwalters. Als Junge arbeitete er gemeinsam mit seinem Vater auf der Hill Farm, Depwade, im Grenzbereich zwischen Norfolk und Suffolk, aber nach einigen Jahren beschloss er, sein Glück als Fischer zu versuchen. Er stach von Yarmouth aus in See, in der Hoffnung, eines Tages ein eigenes Boot zu besitzen. Während der drei Jahre als Fischer hatte er mehrere Unfälle, der schlimmste ereignete sich, als er über Bord gespült und bewusstlos aus dem Meer gefischt wurde. Im Alter von zweiundzwanzig Jahren schloss er sich der L-Division

(L = Lambeth) der Metropolitan Police an, die ihre Wache in Lambeth hatte. Nach einem halben Jahr im Dienst wechselte er in die A-Division (zuständig für Westminster) und versah seine Pflichten beim House of Commons. Nach zwei Jahren in Westminster wurde er in die Bow Street versetzt; die dortige E-Division (Holborn) hatte die zweifelhafte Ehre, im Zentrum Londons für Recht und Ordnung zu sorgen. Sam erwies sich als vorbildlicher Constable: beständig und stets nüchtern, mit der besonderen Begabung, den Straßenverkehr zu regeln. Von den hundert Polizeibeamten, die im Bow Street Section House untergebracht waren, galt Sam als einer der Besten. Mauds Herkunft ließ sich weniger klar nachzeichnen. Sie erzählte Sam, ihre Mutter lebe in Finchley oder Holloway, North London, und sie selbst habe als Schankmädchen im Clarence Pub im selben Viertel gearbeitet. Einer Vermieterin tischte sie indes eine andere Version auf: Ihr Vater sei ermordet worden, ihre Mutter sei ebenfalls tot, und sie selbst habe im Peacock in Islington gearbeitet, bis sie von dem Geschäftsführer schwanger geworden sei.[1]

Es ist denkbar, dass Sam Maud gegenüber ehrbare Absichten verfolgt hatte, wenn man berücksichtigt, dass er sich zu ihr hingezogen fühlte. Vielleicht glaubte er, es sei möglich, sie von dem einmal eingeschlagenen Weg abzubringen. Falls er Hoffnungen hegte, Maud zur Umkehr zu bewegen, sah er sich in seinen Bemühungen bald enttäuscht, denn während sich eine Beziehung zwischen den beiden entwickelte, traf sie weiterhin andere Männer. Anfang 1892 hatte er sie oft in ihrer Unterkunft in Quin Square, Waterloo Road, in Lambeth aufgesucht. Günstig auf der Südseite der Waterloo Bridge gelegen, bot das Viertel rund um Quin Square Wohnraum für hunderte, wenn nicht gar tausende von Prostituierten, die von dort aus ins Zentrum Londons pendelten. Im Verlauf der nächsten Monate zog Maud mehrmals innerhalb von Lambeth um, wobei sie nicht nur die Adresse, sondern auch ihren Namen änderte: von Merton zu Croucher, dann zu Smith und schließlich zu Cooke. In der College Street 13 mieteten Sam und Maud für wöchentlich 6 Shilling ein möbliertes Zimmer; die Vermieterin, Emma Felmore, erinnerte sich, dass die beiden Untermieter eine angespannte und von Gewaltausbrüchen geprägte Beziehung führten:

Sie stritten sich oft und lange, redeten auch laut miteinander – ich konnte das alles hören. Ich war ja im Zimmer nebenan. Aber sie haben nicht beide gesprochen. Sie antwortete ihm nicht – er wollte sie immer zur Rede stellen, aber sie wollte nicht antworten – ich hörte furchtbaren Lärm, als stoße er sie im Zimmer herum.[2]

Sam war offenbar inzwischen eifersüchtig und sehr verärgert. Er schlug sie, als ein anderer Constable sagte, er habe gesehen, wie sie »auf dem Strand herumalberte«. Die zerstörerische Affäre spitzte sich im April 1893 zu, als Maud in der Bow Street Police Station vorstellig wurde. Erstattete eine bekannte Prostituierte gegen einen Constable Anzeige, so war das einerseits mutig, andererseits auch töricht. Sie bestand darauf, eine Geschichte zu Protokoll zu geben, die durchblicken ließ, Sam habe auf Kosten ihrer Einkünfte gelebt:

Ich, Maud Merton, alias Cooke, aus der Tenison Street 8, York Road, Lambeth, kenne den Police Constable 130E George Samuel Cooke seit einem Jahr und zehn Monaten. Ich bin ihm das erste Mal in der Brewers Lane, Strand, begegnet. Damals arbeitete ich seit etwa drei oder vier Wochen als Prostituierte auf der Straße. Er besuchte mich oft, als ich am Quin Square 168, Waterloo, wohnte, auch in der Stangate Street 24, Lambeth, wo ich als Mrs. Cooke bekannt war, und vergangenen Oktober wohnte er bei mir in der zuletzt genannten Anschrift; ich musste ihn aushalten. Er hatte Jahresurlaub und gab sich als Kellner aus. Er hat mich oft geschlagen, und eines Abends packte er mich in der Southampton Street an der Gurgel und schüttelte mich. Das muss um Weihnachten gewesen sein. Seither suchte er mich in meiner Unterkunft in der College Street 13 auf und schlug mich immer wieder, aber warum, weiß ich nicht. Kurz darauf verließ ich die Wohnung, weil ich mich seinetwegen schämte, länger

Abb. 17: Brewers Lane, zu erreichen über einen Torbogen des Strand, war ein beliebter Treffpunkt für Männer mit Werbeplakaten und Prostituierte. Illustration aus *The Graphic*, 1894.

dort zu bleiben. Letzten Donnerstag, den 20., kam er in meine Wohnung und nahm mir all meine Briefe aus meiner Schachtel weg, auch meinen Schlüssel. Gestern Nachmittag traf ich ihn auf dem Strand und bat ihn um den Schlüssel; er wollte ihn mir aber nicht geben. Daraufhin bin ich in die Bow Street gegangen, um mich über sein Benehmen zu beschweren, aber ich weigerte mich, seinen Namen und seine Nummer zu nennen. Er weiß, dass ich Prostituierte bin und mir meinen Lebensunterhalt auf dem Strand verdiene.[3]

Die Anschuldigungen hätten normalerweise dazu führen müssen, dass Sam vom Dienst suspendiert wurde, aber er galt als so tüchtiger Beamter, dass man Milde walten ließ. Er wurde lediglich eine Woche vom Dienst freigestellt, ehe man ihn der weniger prestigeträchtigen X-Division zuwies, die von der Notting Dale Police Station aus in West London operierte. So wollte man Sam von Mauds vermeintlich schädlichem Einfluss fernhalten. Während Sam seine Runden in den düsteren, von Armut geprägten Straßen North Kensingtons drehte, unternahm die Polizei den Versuch, Maud aus der Prostitution zu holen. Ein Kommissar beschaffte ihr eine ordentliche Unterkunft und sorgte dafür, dass sie 15 Shilling in der Woche erhielt, bis Aussicht auf eine geeignete Anstellung bestand. Doch kurze Zeit darauf brachte man sie in betrunkenem Zustand und halb verwahrlost zur Bow Street Police Station, da sie beschuldigt wurde, Männer auf dem Strand behelligt zu haben. Vor Gericht ersuchte Maud den Richter mit Erfolg, man möge ihr eine zweite Chance geben. Ein Missionar versprach, ihr eine Unterkunft in »einem Heim« zu suchen, und daraufhin durfte sie den Gerichtssaal verlassen.

Der Versuch, eine dauerhafte Trennung zwischen Sam und Maud herbeizuführen, scheiterte. Während der folgenden Wochen trafen sie sich immer wieder, obwohl ihre Beziehung nach wie vor von Schuldzuweisungen und Ärger bestimmt war. Aus irgendeinem Grund war Maud außer sich, als Sam ihrem ehemaligen Geliebten, Corporal Edward Atkins von den 4th Dragoon Guards, seine (nicht ihre) Adresse gab. An einem anderen Abend war sie erneut wütend, als sie in Sams Tasche einen Brief einer anderen Frau fand. Recht bald nach seinem Dienstantritt in North Kensington hatte Sam nämlich eine Bedienstete kennengelernt, mit der er sich offenbar verlobt hatte.

Am Abend des 6. Juni 1893, gegen acht Uhr, erschien Maud in der Notting Dale Police Station und fragte nach Sam. Sie trug ordentliche, dunkle Kleidung, dazu Glacéhandschuhe und einen Regenschirm. Es ging bereits auf Mitternacht zu, als sie schließlich PC X365 begegnete, unweit des Gefängnisses, das sich am Rande einer weitläufigen, konturenlosen Allmende befand, die unter dem Namen Wormwood Scrubs bekannt war. Sam sank das Herz, als er Maud kommen sah. Wie immer gerieten sie in Streit:

»Was hast du hier zu suchen?«
»Ich bleibe so lange hier, bis du Feierabend hast.«
»Es wird gleich ein anderer Polizist hier sein.«
»Den möchte ich gern kennenlernen. Ich hätte ihm einiges zu sagen.«
»Du verschwindest jetzt lieber.«
»Tue ich nicht.«

Er wandte sich von ihr ab und betrat die weite Fläche der Scrubs. Maud folgte ihm in die Dunkelheit. Als sie zu Sam aufschloss, nahm er den Schlagstock aus der Tasche und schob ihn sich in den Ärmel.

»Wirst du jetzt endlich abhauen?«
»Nein, ich bleibe hier und sitze dir bis Sonntag auf der Pelle und dann kannst du dich verpissen.«[4]

Das waren Mauds letzte Worte. Sam zog den verborgenen Schlagstock aus dem Ärmel und verpasste Maud einen harten Schlag seitlich gegen den Kopf. Als sie am Boden lag, drosch er noch mehrfach auf sie ein. Dann drückte er ihr den schmutzigen Stiefel so lange auf die Kehle, bis ihr gequältes Gurgeln aufhörte. Obwohl er anfangs behauptete, sie nicht ermordet zu haben, bekannte er später: »Ich habe mir nichts dabei gedacht, sie zu töten. Seit ihrem Tod fühle ich mich viel besser als zuvor. Sie hat mir dauernd zugesetzt, und mir war elend zumute.«

Während des Verfahrens löste Sam Entsetzen bei den Prozessbeobachtern aus, da er sich in der Verhandlung unbeteiligt gab. Er hatte schon einmal dem Tod ins Auge geblickt und erwartete sein Schicksal mit gutgelaunter Resignation. Zwar war es unvermeidlich, dass man ihn schuldig sprechen würde, aber es bestand eine geringe Wahrscheinlichkeit, dass er am Leben bleiben würde. Doch trotz der Empfehlung der Geschworenen, Milde walten zu lassen, verhängte der Richter die Todesstrafe. Ein Großteil der Presse und die Öffentlichkeit waren der Ansicht, Sam sei so sehr provoziert worden, dass er letzten Endes die Kontrolle über sich verloren und im Affekt gehandelt habe. Gnadengesuche gingen beim Home Secretary ein, dem zukünftigen Premierminister Herbert Asquith, darunter ein Schreiben aus Yarmouth mit 11 000 Unterschriften. Seine namenlose Verlobte verwies auf Sams tadellosen Charakter eines Gentleman: »Er hat sich mir gegenüber stets wie ein wahrer Mann benommen, er war freundlich und fürsorglich, nie hat er sich in irgendeiner Weise Freiheiten erlaubt.«[5] Als Asquith sämtliche Einsprüche zurückwies, schrieb die Verlobte an ihre letzte Hoffnung, an Königin Victoria:

Möge es Eurer Majestät gefallen. Gestern Abend erreichte mich die schreckliche Nachricht, dass mein geliebter Constable George Samuel Cooke, den ich im Oktober zu ehelichen gedenke, am Dienstagmorgen die volle Strenge des Gesetzes erleiden muss. Sowohl die Coroner als auch die Geschworenen am Old Bailey empfehlen ihn der Gnade Eurer erlauchten Majestät an, und ich wende mich in meiner Verzweiflung an den Thron. Ich weiß, dass Eure Majestät ein Herz für das Leid des einfachen Untertanen hat. Ich flehe Eure allergnädigste Majestät daher an, im letzten Augenblick das Urteil aufzuhalten, zugunsten des Mannes, dem ich mein Eheversprechen gegeben habe. Denkt an das Glück Eures geliebten Enkels, Eure Majestät, dessen Vermählung mit der Prinzessin May mein Herz und das Herz der ganzen Nation mit Freude erfüllt hat, aber in meinem Fall ist die Freude düsteren Sorgen gewichen, Sorgen, die so erdrückend sind, dass ich kaum noch weiß, was ich tue, Sorgen, die mich drängen, mich an Eure allergnädigste Majestät zu wenden um meines verzweifelten Geliebten willen, der im Newgate Prison sitzt. Ich ersuche Eure allergnädigste Majestät, ihm das Leben zu schenken und ein unglückliches Mädchen vor dem Ruin zu bewahren.[6]

Es war freilich ein ungünstiger Zeitpunkt, um für das Leben eines Polizisten zu flehen, der des Mordes überführt war. Seit der Gründung der Metropolitan Police Force im Jahr 1829 war die Polizeitruppe immer wieder wegen ungebührlichen Benehmens kritisiert und verspottet worden. Es hieß, die Constables verbrächten viel zu viel Zeit damit, mit weiblichen Hausangestellten zu schwatzen; sie bäten um Gaben in Form von Essen und Getränken; und gegen eine kleine »Aufmerksamkeit« seien sie bereit, bei bestimmten kriminellen Machenschaften ein Auge zuzudrücken. Die weit verbreitete Ansicht, Polizisten würden sogar angetrunkenen Gentlemen die goldenen Taschenuhren stehlen, inspirierte einen Komponisten zu dem Music Hall-Song »If You Want to Know the Time, Ask a Policeman« (dt. »Wenn Sie wissen wollen, wie spät es ist, wenden Sie sich an einen Polizisten«). Viel schwerwiegender war indes, dass die Polizei kläglich versagt hatte, den Whitechapel Mörder zu fassen; seither kursierten Gerüchte, die ganze Polizei sei korrupt. Obwohl es sich bei Sams Opfer um eine gewöhnliche Prostituierte handelte, sprachen die Bedenken im Hinblick auf den Ruf der Polizei gegen Sams Begnadigung.

Um zehn Uhr am Abend des 24. Juli 1893 legte sich Sam in der Zelle der Todeskandidaten im Newgate Prison schlafen. Er schlief unruhig und aß nur wenig von seinem Frühstück aus Brot und Eiern. Nachdem er sich bei den Wärtern für deren Rücksichtnahme bedankt hatte, führte man ihn rasch zum nahegelegenen Schafott. Anhand der Größe und des Gewichts errechnete der Henker eine Fallhöhe von sechs Fuß und drei Zoll, sodass der Tod des Verurteilten – anders als der Mauds – unverzüglich eintreten sollte. Derweil hatten sich vor dem Newgate Prison mehrere tausend Menschen aus allen Schichten eingefunden, bis der Zeitpunkt der Hinrichtung kam. Um neun Uhr morgens verkündete das Geläut der traditionellen Glocke, dass das Urteil vollstreckt sei. Eine betrunkene Frau, die behauptete, eine Verwandte von Maud zu sein, wurde von der Polizei weitergescheucht, und eine Gruppe Prostituierter feierte die Hinrichtung mit einem Cancan auf offener Straße.

8 Über die Stränge schlagen

Lottie Collins lost her drawers.
Will you kindly lend her yours?
Just to keep the draft away.
Ta-ra-ra-boom-de-ay!

Lottie Collins hat ihre Unterhose verloren.
Würdest du ihr bitte deine leihen?
Nur damit es nicht so zieht.
Ta-ra-ra-boom-de-ay!

Generationen von kleinen Mädchen sangen diesen Song auf dem Schulhof, ohne zu wissen, wer Lottie Collins war oder warum der Verlust ihrer Unterwäsche irgendeine besondere Bedeutung hatte. Die Kinder dürften nicht gewusst haben, dass ihr freches Lieblingslied eine Parodie eines der stadtbekanntesten und einflussreichsten Songs war, die aus der britischen Music Hall hervorgingen. Etwa zwanzig Jahre nach der ersten Darbietung in der Tivoli Music Hall, Strand, erinnerten sich Chronisten jener Epoche, dass es sich bei Lottie Collins' Song »Ta-ra-ra-boom-de-ay« und dem dazugehörigen Tanz um eine Hymne der Rebellion gegen die viktorianischen Moralvorstellungen gehandelt habe, um einen Vorboten der Moderne und um die brennende Zündschnur, die jene hochexplosive Dekade einleitete, die unter dem Namen »The Naughty Nineties« in die Geschichte einging.

Gegen Ende des 19. Jahrhunderts führte die Debatte für und wider »Ta-ra-ra-boom-de-ay« dazu, dass man sich öffentlich seine Vorbehalte gegenüber einer der beliebtesten Unterhaltungsarten von der Seele redete. Die Haltung der Viktorianer gegenüber dem Tanz und dem Tanzen an sich war immer ambivalent gewesen. Daheim oder bei privat veranstalteten Bällen war das Tanzen nicht nur eine vergnügliche gesellschaftliche Konvention, sondern bot jungen, unverheirateten Leuten zugleich die Gelegenheit, einander in einem streng kontrollierten Umfeld zu begegnen. Bei förmlichen Anlässen dämpfte die strikte Befolgung der Etikette die körperliche und emotionale Erregung, die sich beim Tanzen mit Partnern des anderen Geschlechts einstellte. Die Damen konnten die Herren nicht zum Tanz auffordern, die Tanzpartner wechselten ständig, und Handschuhe verhinderten den Hautkontakt. Obwohl dieser strikte Verhaltenscode bei kleineren Veranstaltungen im privaten Rahmen nicht immer genau befolgt wurde, spielten sich sämtliche Aktivitäten in einem eng überwachten gesellschaftlichen Rahmen ab. Tanzen mochte dazu führen, dass das Blut rascher durch die Adern pulste und die Libido angeregt wurde, doch es gab ja Regeln und Konventionen, die mögliches Ausufern in Schach hielten.

All diese Kontrollmechanismen griffen indes nicht bei öffentlichen Tanzveranstaltungen. Kam es auf offener Straße oder in den Parks zu spontanen Tänzen, sah man darin die beunruhigenden Auswüchse einer unabhängigen Kultur der Arbeiterschicht. In den »twopenny-hops« (einfachen Tanzlokalen, die einen Eintritt von 2 Pence verlangten), die während der 1850er Jahre vorwiegend von Straßenhändlern frequentiert wurden, beobachtete Henry Mayhew einen Mangel an »Anstand«, wobei er hinzufügte, bei den meisten populären Tänzen handele es sich um »Jigs, ›flash jigs‹ – ein Tanz, der insbesondere nach dem Erfolg von *Jack Sheppard* populär wurde – Polkas und Kontratänze, wobei Letztere häufig von Frauen verlangt werden«.[1]

Gesetzliche Feiertage während der Sommermonate verleiteten offenbar zu hemmungslosem Verhalten. Max O'Rell schrieb in den frühen 1880ern:

Um acht oder neun Uhr morgens sind die Public Houses schon bereit, die Tiere sind von der Leine gelassen, die Unruhe kann beginnen. Himmelblaue, apfelgrüne oder blutrote Gestalten tauchen auf, rufen durcheinander und tanzen zu den gequälten Klängen der Konzertina: Man steckt sich die billigen Zigarren an, der Mob ist in Bewegung. Die Festivität wird mit Alkohol eröffnet, nimmt mit Alkohol ihren Lauf und endet auch mit Alkohol [...]. Die Leute strömen zu den offenen Plätzen, um zu trinken, zu tanzen und zu schäkern.[2]

Abb. 18: Mädchen tanzen in Drury Lane, 1872.

Die Nachtclubs, sonstigen Lokale und Vergnügungsgärten, in denen man sich zum Tanzen verabreden konnte, wurden auch von Prostituierten frequentiert, und zwar in einem solchen Maße, dass William Acton 1857 festhielt, dass »die Vereinigung von Terpsichore (die ›tanzfreudige‹ Muse) und Melpomene (die ›singende‹ Muse), lange verboten im Puritanismus, seit geraumer Zeit höchstrichterlich sanktioniert worden ist«.[3] Nach einem Besuch im Cremorne-Park mutmaßt derselbe Autor, die Leidenschaft für das Tanzen habe das physische Erscheinungsbild der Prostituierten verändert:

> Mir ist aufgefallen, dass eingefallene Augen, abgezehrte Gesichter und dünne, schmale Lippen die Szenerie beherrschen, Auffälligkeiten, die daher rühren, dass Zellgewebe absorbiert wird, sodass nur noch Muskelfasern auf dem Schädel übrigbleiben. Früher hatten die Frauen der Stadt, wenn ich mich recht erinnere, bekanntermaßen eine Tendenz zur Beleibtheit, und jetzt leben sie nicht schlechter als bisher, was mich zu der Vermutung veranlasst, dass diese Symptome nicht so sehr (wie gemeinhin und fälschlicherweise angenommen) der Ausübung der Prostitution zuzuschreiben sind, sondern vielmehr der Tanzmanie, die in den letzten Jahren im Lebenswandel der Frauen die einzig bemerkenswerte Veränderung darstellt.[4]

Auf kostenpflichtigen Bällen ging es oft betrunken und wild zu, standen die Feiern doch jedem offen, der sich ein Ticket leisten konnte; viele Veranstalter gewährten attraktiven jungen Damen freien Eintritt. Der Song »The Masher King«, der 1884 von dem Music Hall-Sänger Charles Godfrey ins Leben gerufen wurde, hatte seine eigene euphemistische Würdigung derartiger Veranstaltungen:

> If I went to a soiree, a rout or a ball
> I was sure to be found hanging on the wall,
> And while others were smoking and drinking like fun
> I was wrapping myself round a tart or a bun.[5]

> Ginge ich auf eine Soiree, zu einem Straßentanz oder einem Ball
> Fände man mich sicher am Rande des Geschehens
> Und während andere rauchten und Spaß hätten beim Trinken
> Hätt' ich es auf eine »Torte« oder ein »Brötchen« abgesehen.

Der Wandel in der Theatermode brachte mit sich, dass die Tänze auf der Bühne nicht mehr von einem gemischten Publikum verfolgt wurden. Tanzdarbietungen wurden vielmehr zu einem voyeuristischen Zeitvertreib eines überwiegend männlichen Publikums. Der Niedergang des Romantischen Balletts in den führenden Theaterhäusern in der Mitte des 19. Jahrhunderts hatte zur Folge, dass die Darsteller zu den prächtigen, aber als ordinär geltenden Music Halls abwanderten, die größtenteils die alten musikalischen Veranstaltungsorte in den Schänken und Tavernen ersetzt hatten. Die Inhaber, die eher auf Profit aus waren und denen es nicht so sehr um den künstlerischen Anspruch ging, präsentierten üppige Ballettvorführungen, bei denen die Aufmerksamkeit immerzu auf die körperlichen Vorzüge der Tänzerinnen gelenkt wurde. Dass die Aufführungen also auf die Bedürfnisse von Männern ausgerichtet waren und zudem zwangsläufig eine ganze Reihe von Prostituierten im Zuschauerraum saß, bedeutete, dass sich der Besuch einer Music Hall im Herzen Londons nicht gerade als Familienerlebnis anbot. J. Crawford Flitch stellte 1912 diesbezüglich fest:

> Begab man sich vor fünfundzwanzig oder dreißig Jahren ins Empire, ins Alhambra, ins Oxford oder den Pavilion, so behielt man das besser für sich. Der Besuch einer Music Hall war kein passendes Gesprächshema bei Tisch oder während einer Teegesellschaft. Keine angesehene britische Hausdame hätte sich überhaupt vorstellen können, je einen Fuß in eine Music Hall zu setzen, und nie wäre es ihnen in den Sinn gekommen, ihre Töchter dorthin mitzunehmen.

Obwohl Balletttänzerinnen vermutlich nicht so liederlich waren, wie es ihre grelle Schminke vermuten ließ, versuchten manche, ihr kärgliches Einkommen aufzubessern, indem sie sich auf Affären mit männlichen Zuschauern einließen. Derartiges Fraternisieren wurde oft stillschweigend geduldet, bisweilen ermunterten die Manager der Music Halls die Mädchen sogar dazu, allen voran der Betreiber des Alhambra am Leicester Square, in dem eine Kantine mit Bar unter der Bühne Erfrischungen anbot für Theaterbesucher wie Darstellerinnen, die dort in ihren Bühnenkostümen, also in engen Strumpfhosen oder kurzen Röcken, erschienen. Obwohl die Freizügigkeit in der Alhambra-Kantine auf breite Missbilligung stieß, war es letzten Endes ein bestimmter Tanz auf der Bühne, der 1870 in einer Ballettvorführung auftauchte und zur vorübergehenden Schließung des Etablissements führte.

Einige Jahre schon hatten sich Theater-Manager ein Herz gefasst und präsentierten eine englische Version eines freizügigen französischen Tanzes, der berüchtigt war für seine hohen Beinwürfe und anzüglichen Bewegungen. Der Cancan wurde ab den 1830er Jahren in schummrigen Tanzlokalen populär und tauchte später in Operetten von Jacques Offenbach auf, aber von Anfang an sah man in diesem Tanz ein politisches Statement und eine erotische Botschaft. Offenbachs Biograf M. Kracauer schrieb:

Revolutionär gesinnte Romantiker benutzten den Tanz, um dadurch ihren Hohn und ihre Verachtung für die scheinheiligen gesellschaftlichen Konventionen des neuen Regimes zum Ausdruck zu bringen, auch für Louis Philippe und dessen dynastische Ambitionen, während die jungen Sprösslinge der rechtmäßigen Aristokratie mit seiner Hilfe ihre Geringschätzung gegenüber den Hofbällen und den Bankiers, die dort verkehrten, zum Ausdruck brachten.[6]

Schlussendlich unternahm E. T. Smith den gewagten Schritt und brachte die Pariser Cancan-Tänzerin Finette und ihre Truppe in der Boulevardpantomime der Saison 1867/8 am Lyceum unter: *Harlequin Cock Robin and Jenny Wren, or Fortunatus! The Three Bears; Three Gifts, The Three Wishes and the Little Man Who Wooed the Little Maid* (dt. »Harlekin Gockel Rotkehlchen und Jenny Rebhuhn oder: Fortunatus! Die drei Bären, drei Geschenke, drei Wünsche und der kleine Mann, der die kleine Jungfer freite«). Ein provokanter Schritt, der einzig darauf abzielte, maximale Aufmerksamkeit zu erzielen. Der Schausteller Smith hatte sieben Jahre lang die Veranstaltungen im Cremorne-Garten geleitet und war Kontroversen gewohnt, doch selbst er dürfte überrascht gewesen sein, wie ablehnend, ja feindselig die Kritik ausfiel. Finettes Kostüm – die Röcke waren zu ansehnlicheren kurzen Hosen umgearbeitet worden – vermochte die Kritik auch nicht abzumildern. *Reynold's Newspaper* war geradezu angewidert von der Vorstellung und zeigte sich enttäuscht angesichts der Begeisterungsstürme im Publikum: »Personen mit niederem Geschmack applaudieren allabendlich diesem obszönen Tanz, den die Polizei in Paris schon vor langer Zeit in lasziven Bällen verboten hat.«[7] Finette war eine echte französische Tänzerin, die den Cancan viele Male auf dem Bal Mabille in Paris aufgeführt hatte. Dennoch führte als Nächstes das Colonna Quartet, eine Truppe, die aus britischen Darstellern bestand, den berüchtigten Tanz auf großer Bühne auf.

Das Quartett, das von Madame Colonna (beziehungsweise Miss Amelia Newham) geleitet wurde, trat mit großem Erfolg in Music Halls in ganz England auf, ehe es im September 1870 an einer Ballettaufführung im Alhambra teilnahm. Polizisten, namentlich Inspector Perry und Sergeant Pope, waren auf die grell-reißerischen Ankündigungen in den Zeitungen auf die Vorführung aufmerksam geworden, sahen sich das Ballett daraufhin an und sprachen sich gegen eine Verlängerung der Lizenz für diese Music Hall aus, als neu darüber verhandelt wurde. Als Beweis legten die beiden Polizisten den richterlichen Beamten in Middlesex einen detaillierten Bericht von dem Tanz vor:

Wir erlauben uns zu berichten, dass wir am 8. des Monats die Alhambra Palace Music Hall besucht haben, als das Ballett »Les Nations« aufgeführt wurde, in dem Mademoiselle Colonna und ihre Truppe (vier insgesamt) auftraten und die Pariser Quadrille vorführten, gemeinhin bekannt unter dem Namen ›Can-can‹. Zwei der Tänzerinnen erschienen verkleidet als Männer, in Mieder und dazu passenden Herrenhosen bzw. fleischfarbenen Kniehosen; die übrigen traten als Frauen in Erscheinung und waren wie gewöhnliche Balletttänzerinnen gekleidet, allerdings

Abb. 19: Sarah Wright
(»Wiry Sal«) mit Transvestit-
Tanzpartner

sah man mehr Haut an den Oberschenkeln, da die Damen sehr knappe Höschen trugen. Der Tanz ist alles in allem unschicklich, insbesondere seitens einer als Frau gekleideten Tänzerin, die ihren Fuß mehrfach vor dem Publikum höher als ihren Kopf schwang und dafür auch noch großen Applaus erntete. Kurz bevor die Ballettaufführung begann, strömten Besucher lautstark ins Theater, aber der Lärm nahm rasch wieder ab.[8]

Nachdem das Alhambra seine Music-Hall-Lizenz verloren hatte, blieb das Etablissement für einige Monate geschlossen. Neu eröffnet wurde es diesmal als Theater, das unter der Aufsicht des Lord Chamberlain stand. Die Tänzerin, die einen so nachhaltigen Eindruck bei Inspector Perry und Sergeant Pope hinterlassen hatte, bewegte weiterhin die Gemüter, da das Colonna Quartet sofort engagiert wurde, um in einer Burleske am Royal Globe Theatre, Newcastle Street, Strand, aufzutreten. Sarah Wright war die Tochter eines Kellners an der Oxford Music Hall, und ihre Fähigkeit, die Beine höher als andere Tänzerinnen zu schwingen und mit ihrem langen Haar den Bühnenboden zu berühren, wenn sie sich zurückbeugte, brachte ihr den Spitznamen »Wiry Sal« (»Drahtige Sal«) ein. Der Lord Chamberlain zeigte sich zusehends besorgt, als sich die Cancans unter dem Schutz seiner Lizenz weiter verbreiteten. 1872 sah er sich nach Beschwerden dazu veranlasst, eine Vorführung von *The Forty Thieves* am Gaiety zu besuchen, um sich ein Urteil darüber zu bilden, ob die Darbietung von Julian Ryley und Marie Barnum, die als Quäker-Paar auf der Bühne einen Cancan vorführten, noch akzeptabel war. Nachdem man ein paar kleinere Veränderungen vorgenommen hatte, gelangte die Behörde zu der Ansicht, dass die burleske Darstellung der Freizeitvorlieben der Society of Friends (d. h. der Quäker) weiterhin gezeigt werden dürfe. Zwei Jahre später jedoch erwies sich ein Cancan, der 1874 von The Orpheon Troupe in Offenbachs *Vert-Vert* aufgeführt wurde, als absolut inakzeptabel. Als das St. James's Theatre *Vanity Fair* wegen Verleumdung verklagte (»eine der schlechtesten Orchester-Darbietungen, eine schlechte Gesangsdarbietung, und obendrein einer der unanständigsten Tänze in London«), wurde der Lord Chamberlain als Zeuge hinzugezogen. Das Urteil (der Tanz sei »entschieden und erklärtermaßen unanständig«[9]) fiel zuungunsten des Klägers aus und wirkte sich nachhaltig auf die Zukunft des problematischen Tanzes aus. Denn der Lord Chamberlain erklärte sämtliche »Tänze, die den Charakter eines Cancans besitzen«, fortan für verboten.

Das Verbot bedeutete, dass der Cancan nur noch in den Music Halls weiterlebte, wobei die Tänzerinnen stets Gefahr liefen, sich den Zorn der lokalen Lizenzbehörden zuzuziehen. Als Darstellerin in heiteren wie ernsten Stücken gehörte Lottie Collins zu einer Kategorie von Schauspielern, deren Bühnendarbietung häufig zu Beschwerden über Unschicklichkeit führte. Die meisten sogenannten »serio-comic«-Darsteller kleideten sich provokant, sangen unanständige Lieder und streuten in ihre Auftritte ungezügelte Tanzeinlagen ein, die auf den Schrittfolgen der gewöhnlichen Jigs und des *clog-dance* beruhten. Obwohl Lottie die allgemeinen Charakteristika einer »serio-comic« beibehielt, war sie nicht zufrieden mit solch hausbackenem und ordinärem Stoff. Im Laufe ihrer Karriere feilte sie an ihren Songs und verlieh den gemeinhin ernsthaften Figuren wie »Quakeress Ruth« und »The Little Widow« eine ungeahnte Pikanterie. Sie lehnte die kurzen, gerüschten Röcke ab, die man mit der »serio-comic« verband, und stellte sich eine modisch-elegante Garderobe zusammen. Und als sie den (technisch) anspruchsvollen, aber als oberflächlich geltenden »Rock-Tanz« perfekt beherrschte, adaptierte sie diesen Tanzstil, um sich den subversiven Cancan zu eigen zu machen.

Lottie war am 16. August 1865 als Charlotte Louisa Collins in Stepney, East London, zur Welt gekommen. Ihr Vater William Alfred Collins, war zwar ein gewöhnlicher Drechsler und Gelegenheitsdarsteller in Music Halls, entstammte aber einer gutbürgerlichen jüdischen Familie, die ursprünglich den Namen Kalish trug. Zu Lotties Vorfahren und Verwandten zählten Hyman Henry Collins (1832–1905), ein bekannter Architekt, der am Entwurf für die Strand Music Hall beteiligt war; Hyman Collins (1780–1835), ein Bilderhändler aus Notting Hill; und der aus Polen emigrierte Zvi Hirsch Kalish, der bei seiner Ankunft in England den Familiennamen zu Collish, später zu Collins, abänderte. Zvi wiederum war der Schwiegersohn des Rabbi Dr. Hayyim Samuel Falk (1708–82), auch bekannt als Baal Shem von London, ein praktizierender Kabbalist und Alchemist. Als Wunderwirker ist Rabbi Falk (Lotties Ur-Ur-Großvater) aufgrund einiger übernatürlicher Meisterleistungen in Erinnerung geblieben; so soll er mit magischen Kräften eine kleine Kerze für mehrere Wochen am Brennen gehalten und mit einem Zauberspruch in letzter Sekunde dafür gesorgt haben, dass die Große Synagoge in Aldgate vor einem Brand bewahrt wurde.

Lottie wurde früh von ihrem Vater unterrichtet und begann ihre Karriere als junge Sängerin und Tänzerin in Music Halls in Woolwich und Gravesend im Südosten Englands. Während der späten 1870er Jahre traten sie und ihre jüngere Schwester gemeinsam als

Abb. 20: Lottie Collins, gezeichnet in der London Pavilion Music Hall von Leonard Raven-Hill, 1891

»Rose and Lizzie« auf, woraufhin sie Ende der 1870er und Anfang der 1880er Jahre erfolgreich in Boulevardpantomimen am Albion Theatre, Poplar, mitspielten. Nachdem Lottie zu alt geworden war, um noch im Duo mit ihrer Schwester aufzutreten, wurde sie 1881 mit fünfzehn Jahren eine »serio-comic«-Darstellerin und etablierte sich bald als eine der beliebtesten weiblichen Schauspielerinnen in den Halls. Bereits Weihnachten 1886 war sie künstlerisch so ausgereift, dass sie für eine Burleske am Gaiety Theatre engagiert wurde. In *Monte Christo Junr.* spielte sie Mariette, »eine lebhafte junge Person«[10], und stand mit dem Urgestein des Gaiety Theatre auf der Bühne – mit Nellie Farren, E. J. Lonnen und Fred Leslie. Lottie galt in der Music-Hall-Szene bereits als die führende »Rock-Tänzerin«; als sie zum Ensemble des Gaiety stieß, war sie in der geistigen Heimat des *skirt dance* angekommen.

Den »Rock-Tanz« hatte während der 1870er und 1880er Jahre Katie Vaughan am Gaiety populär gemacht. Ursprünglich verband dieser Tanzstil Ballettschritte mit grazilen Bewegungen der Arme und des Oberkörpers. Während beim klassischen Ballett strikte Disziplin gefragt war, bot der »Rock-Tanz« mehr Möglichkeiten, die Persönlichkeit zum Ausdruck zu bringen; einige Tänzerinnen führten ihre eigenen Varianten ein. Der Tanz unterschied sich allein schon durch die Wahl der langen Röcke und Unterröcke, die so geschwungen wurden, dass fließende, natürliche Linien entstanden, vom klassischen Ballett und den gewöhnlichen Darbietungen einer »serio-comic« Künstlerin.

Der Tanz war ungemein beliebt, nicht nur bei den Music-Hall-Darstellern, die immerzu versuchten, ihr Repertoire zu erweitern, sondern auch bei den Damen der Gesellschaft, die auf der Suche nach neuen Eindrücken waren – zu dieser Entwicklung trugen nicht zuletzt die Kostüme bei, die die Aufmerksamkeit des Zuschauers von den technischen Fertigkeiten der Tänzerin ablenkten und gleichzeitig der Künstlerin Raum boten, ihre Persönlichkeit zum Ausdruck zu bringen. Obwohl der »Rock-Tanz« auch immer wieder von vielen weniger Begabten aufgeführt wurde, blieb er im Repertoire der Burlesken bis zum Aufstieg des Musicals Mitte der 1890er Jahre.

Von zentraler Bedeutung für Lotties berühmtestes Lied war der Umstand, dass sie den Cancan mit Elementen des »skirt dance« verband. Der Song mit dem unverständlichen Titel »Ta-ra-ra-boom-de-ay« wurde zum ersten Mal am Samstag, den 7. November, 1891 am Tivoli Theatre of Varieties, Strand 68–70 ½, aufgeführt. Seit der Eröffnung des neuen, luxuriös ausgestatteten Etablissements sechzehn Monate zuvor gehörte Lottie zur Stammbesetzung. Sie teilte sich das Bühnenprogramm mit Stars wie der Cockney-Sängerin Jenny Hill, dem Schauspieler und Sänger Charles Godfrey, dem führenden Komödianten Dan Leno und dem Sänger des Songs »Knocked 'Em in the Old Kent Road«, Albert Chevalier. Das Tivoli bot einen exotischen Rahmen für ein solches Talent aus den eigenen Reihen. Die mit vielen Ornamenten versehene Fassade vereinigte unterschiedliche architektonische Stilelemente: eine Reihe Fenster aus der Zeit der Plantagenets, unterteilt von Pilastern im Stil des Französischen Kaiserreichs, darüber ein Dachgeschoss im Romanischen Stil. Der Zuschauerraum war gleichermaßen opulent gestaltet und lag hinter einigen Restaurants, die indisch, flämisch oder wie ein Atrium mit Palmen ausgestattet waren. Ein vergoldetes, bemaltes Relief, das indische Gottheiten zeigte, zog sich unterhalb der Decke an den Wänden entlang, oberhalb der schmiedeeisernen Deckensäulen waren weiße Elefantenköpfe zu sehen. Trotz der üppigen Dekoration herrschten Wärme und Behaglichkeit vor; der Zuschauerraum verfügte über 1500 Plätze, sodass die Bühnenshow sich in unmittelbarer Nähe des Zuschauers abspielte. Eine Darstellung wie die von Lottie hatte das Potenzial, maximale Wirkung zu entfalten.

Woher das Lied »Ta-ra-ra-boom-de-ay« ursprünglich stammt, lässt sich nicht mehr eindeutig klären und wird kontrovers diskutiert. Lottie selbst hatte folgende Erklärung:

In Europa war es über Jahre ein populäres Volkslied. Ich selbst habe es nicht vom Kontinent, es wurde mir aus Amerika zugeschickt. Mir gefiel die Melodie des Refrains, und ich dachte, ich könnte das Stück meinem eigenen Stil anpassen lassen.[11]

Andere erklärten, das Lied sei ursprünglich ein Bauernmarsch in Osteuropa gewesen und habe die Melodie für den Bauchtanz geliefert, »eine Mischung aus dem indischen Nautch-Stil und dem Cancan«, der in den frühen 1870ern in Paris aufgeführt wurde.[12] Lottie hatte die Rechte an dem Song von dem Amerikaner Henry J. Sayers erworben, der wiederum eine Version der farbigen Sängerin Mama Lou gehört hatte, die in einem Bordell in St. Louis auftrat. Sayers war von dem Song beeindruckt gewesen und hatte ihn Anfang der 1890er Jahre mit einigem Erfolg in seine Minstrel Show *Tuxedo* eingebunden. Als der Song ein Hit für Lottie wurde, meldeten sich mindestens drei Komponisten und behaupteten, sie hätten die Melodie dazu erfunden. Bei den Strophen indes – in diesem Punkt war man sich einig – handelte es sich um Sayers' jugendfreie Version eines obszönen Originals, das später von dem englischen Texter Richard Morton adaptiert wurde. In Sayers' Strophen klang immer noch das Bordellflair an, aber die Figur, die Lottie darstellte, wurde mit einigen winzigen Änderungen in eine respektable junge Frau umgewandelt, die ein erschreckend ungezügeltes Selbst an den Tag legte.

Zu Beginn des Songs kam Lottie schweigend auf die Bühne und fingerte nervös an ihrem Spitzentaschentuch herum. Ihr Kostüm war modisch-elegant, aber züchtig: ein Abendkleid aus Brokat, das bis zu den Knöcheln reichte, ein breitkrempiger »Gainsborough«-Hut und dazu lange, schwarze Handschuhe. Ihre Stimme war vielleicht nicht volltönend, aber klar und präzise. Jedes Wort wurde eigens betont, sodass die getragene Darbietungsweise gleich in der ersten Strophe Spannung erzeugte:

A smart and stylish girl you see,
The Belle of High society;
Fond of fun as fond could be –
When it's on the strict Q. T.
Never forward, never bold,
Not too young, and not too old,
Not too timid, not too bold,
But the very thing, I'm told,
That in your arms you'd like to hold.

Ein kluges und modisches Mädchen siehst du,
Die Belle der High Society;

Sie will Spaß, wie man nur Spaß haben kann –
Solange alles heimlich vonstattengeht.
Nie ungestüm, nie kühn,
Nicht zu jung, und nicht zu alt,
Nicht zu schüchtern, nicht zu forsch,
Aber genau das, was du, wie ich hörte,
In deinen Armen halten willst.

Dann, nach einem Hauch einer Pause, leiten Zimbeln und Trommeln lautstark in den ausgelassenen Refrain über. Das aufwühlende »Ta-ra-ra-boom-de-ay« wird einer Beschwörung gleich achtmal wiederholt, während Lottie sich in eine Abfolge von atemberaubenden Sprüngen, Sätzen und Beinschwüngen stürzt. »Manchmal läuft sie auch einfach nur kopflos über die Bühne und beendet die Runde womöglich mit einem schnellen Wirbel oder Beinschlag«, schrieb ein amerikanischer Beobachter, »manchmal springt oder hüpft sie auch, dann wiederum vollführt sie einen Klappmessersprung, und zwar so plötzlich, als würde ein Schnappschloss das *boom* betonen«.[13] Ein weiterer Rezensent schrieb:

Alles in allem haben wir es hier mit einer Darbietung zu tun, die man auf keiner Bühne weder gehört noch gesehen hat. Der Auftritt besitzt keine Anmut, kein Gefühl, nichts Hübsches bleibt haften; die Vorzüge sind schlichtweg grotesker Überschwang und Kraft [...]. Sobald die Sängerin ihre Zurückhaltung fahren lässt, stürzt sie sich, vom Refrain begleitet, in einen Tanz, den man nur als wilden, hemmungslosen, grotesken Tanz bezeichnen kann, der an die extravaganten Tanzdarbietungen aus dem Orient und Okzident erinnert; etwas zwischen dem leidenschaftlichen *Fandango*, der aus dem Osten nach Spanien kam, und dem grotesken *Cancan*, der aus Frankreich stammt. Es ist ein Tanz mit vollem Körpereinsatz, wie es bei orientalischen Tänzen üblich ist, und komplizierten Schritten, wie wir es von der westlichen Tanztradition kennen. Ein Paroxysmus aus Bewegung und Emotionen, ähnlich der Bacchischen Ekstase aus dem antiken Griechenland, wo Kopf, Arme, Füße und der ganze Körper im Einsatz sind – ein fließender Sturmlauf über die ganze Bühne, ein irrer Sprung in die Luft, bis die Tänzerin plötzlich innehält, damit die Sängerin am Ende des Takts wieder in Bewegung kommt.[14]

»Ta-ra-ra-boom-de-ay« borgte sich die Spitzenunterröcke des heiter-unterhaltsamen Rock-Tanzes und schwang sie provozierend vor den Augen des Publikums (allerdings hat Lottie nie die bloßen Oberschenkel gezeigt, wie es bei den Cancan-Tänzerinnen üblich war). Ein »kluges und modisches Mädchen« verlor demnach nicht die Haltung und Selbstkontrolle, sie hätte sonst, wie Edward Carpenter schrieb, ein »ungeschriebenes Gesetz« gebrochen, »das natürliche und spontane Gesten verbietet, da diese als unziemlich und verdächtig gelten – und in der Tat an jedem öffentlichen Ort die Aufmerksamkeit eines Polizisten erregt hätten«.[15] Es war ein Lied, das von beunruhigenden Kontrasten geprägt war. Extravagant in seinen Bewegungen, wurde es von der relativ kleinen Bühne des Theaters begrenzt. Die Musik wechselte unerwartet von leisen, getragenen Tönen ins Laute; der eher besonnene Wortlaut der moderaten ersten Strophe wich im Refrain einem Kreischen, das die reine Zügellosigkeit bzw. Genusssucht zum Ausdruck brachte. In weiten Teilen der Unterhaltungsbranche war das Tanzen zu träger Einförmigkeit herabgesunken, umso unberechenbarer und schockierender wirkte Lotties Darbietung. Sie war eine schlanke, zierliche Frau, der man einen derartig wilden Energieausbruch kaum zugetraut hätte.

Der Song hinterließ einen so nachhaltigen Eindruck, dass andere Music Halls und Theater lautstark verlangten, Lottie möge auch auf ihren Bühnen singen und tanzen. Am Grand Theatre in Islington hatte man sie bereits für die Weihnachtsboulevardpantomime *Dick Whittington* für die weibliche Hauptrolle engagiert. Ein Glücksgriff für die Betreiber, sorgten sie doch dafür, dass der Song in jeder einzelnen Vorführung seinen Platz bekam. Doch die ständige Wiederholung des Liedes, gepaart mit dem Tanz, hinterließ selbst bei der unermüdlichen Lottie ihre Spuren. Ihr Bühnenpartner am Grand Theatre, Harry Randall, erinnerte sich, dass »sie immer weitere Zugaben gab, bis sie absolut erschöpft war«.[16] Mehrfach fiel sie hinter der Bühne in Ohnmacht. Weitere Strapazen bereiteten zusätzliche Nachmittagsvorstellungen, außerdem wurde die Spieldauer des Stücks bis in den März verlängert, weil man der Nachfrage nach Tickets entsprechen wollte. In der zweiten Hälfte von *Dick Whittington* musste Lottie eilig das Theater verlassen, um ihr Engagement am Tivoli erfüllen zu können – später musste sie zum Grand Theatre zurückhasten, um nicht das Finale der Show zu verpassen.

Kurz vor dem Ende der Boulevardpantomime engagierte man sie für 60 Pfund pro Woche am Gaiety Theatre, um einer Burleske unter die Arme zu greifen, die beim Publikum wenig Anklang gefunden hatte. Da die beliebte Hauptdarstellerin des Gaiety, Nellie Farren, aus Krankheitsgründen ausgefallen war, wurden weniger Karten für die Vorstellungen von *Cinder Ellen Up-Too-Late* verkauft, eine schwierige Situation für das Theater, die sich noch dadurch verschärfte, dass nach dem plötzlichen Tod des Duke of Clarence (Albert Victor) landesweit Trauer herrschte. Nachdem man »Ta-ra-ra-boom-de-ay« in der Handlung untergebracht hatte, löste sich die lastende Schwermut auf, und schon bald war außerhalb des Theaters zu lesen: »Nur noch Stehplätze.« Die Burleske, die im März beinahe abgesetzt worden wäre, lief dann erfolgreich bis zum 6. Juli 1892. Wie schon bei ihren Auftritten am Grand Theatre erreichte Lottie nun aufgrund des Engagements am Gaiety Theatre ein Publikum, das nie eine Music Hall besucht hätte, mochte sie auch noch so viele architektonische Stile aufweisen.

Viele fanden Lotties Darbietung faszinierend, andere abschreckend. Trotz der relativ harmlosen Strophen hieß es fast von Beginn an, der Song untergrabe gesellschaftliche und künstlerische Werte. Zunächst einmal standen der x-fach wiederholte Nonsense-Refrain und die dazugehörige Tanzeinlage für eine radikale Abkehr vom typischen Music Hall Song. Das Publikum war es gewohnt, nach jeder Strophe in den fröhlichen Refrain mit einzustimmen, der den Inhalt oder die Bedeutung des Songs zusammenfasste. Beliebte Refrains wurden öfter wiederholt. »Mindestens dreimal – fünfmal, wenn alle ausgelassen waren«, erinnerte sich W. R. Titterton, »das Orchester spielte meistens bis zur vierten Zugabe, beim fünften Mal grölte das Publikum ohne musikalische Begleitung«.[17] »Ta-ra-ra-boom-de-ay« jedoch scheint eine solche enthusiastische Beteiligung vereitelt zu haben. Frank Rutter beschreibt, wie Lottie sang, »als wäre sie in Trance, vor einem Publikum, das so still und andächtig lauschte wie in der Kirche«.[18]

Die Bedeutung von »Ta-ra-ra-boom-de-ay« war weitreichender und tiefgreifender, als Lottie es je für möglich gehalten hätte, als sie das Lied zum ersten Mal präsentierte. Gewiss hatte sie versucht, etwas Neues für die Bühne zu schaffen, etwas, das sich von der üblichen Music-Hall-Nummer abhob. Aber dass es ihr im Nachhinein gelungen war, eine Kombination aus Lied und Tanz zu schaffen, die die schwelende Unzufriedenheit einer ganzen Generation einfing, überstieg mit Sicherheit Lotties ursprüngliche Intention. Zwei Jahre nach ihrem Tod, im Jahr 1912, zog J. E. Crawford Flitch eine Parallele zwischen Lotties schwungvollem Tanz und weiten gesellschaftlichen Kreisen in den letzten Jahren des 19. Jahrhunderts:

Es ist immer wieder interessant festzustellen, inwiefern das Leben mit der Kunst interagiert. Kunst entsteht immer in ihrer Zeit, die größte wie die unbedeutendste. Es mag sein, dass der Tanz zu wenig Inhaltliches zum Ausdruck bringt, um irgendetwas von den Ideen des jeweiligen Zeitalters borgen zu müssen. Aber er hat stets nicht nur auf den Rhythmus des persönlichen, emotionalen Lebens reagiert, sondern auch auf den größeren Rhythmus der Zeit selbst [...]
Als sich das Jahrhundert dem Ende neigte, brachen die älteren formalen und getragenen Rhythmen auf; das Tempo erhöhte sich; die Ruhe und Beschaulichkeit, die das 19. Jahrhundert aus dem 18. Jahrhundert mitgebracht hatte, löste sich in der allgemeinen Aufregung angesichts des Fin de Siècle auf. Die Temperatur des Blutes stieg bis zur Fieberkurve der *naughty nineties*.[19]

Holbrook Jackson erinnerte sich in seinem Überblick aus dem Jahr 1913, *The Eighteen Nineties*, dass der Song wie eine Hymne der Moderne wirkte:

> Unsere neuentdeckte Freiheit schien genau die Form des Ausdrucks zu finden, die sie brauchte, und zwar in dem hemmungslosen Nonsense-Refrain von »Ta-ra-ra-boom-de-ay«, der sich, in Brand gesteckt von Lottie Collins' roten Röcken, wie eine tanzende Flamme durchs Land zog und die Gedanken der Jungen und Alten, der Heiteren und Gesetzten eroberte, bis daraus eine wahre Song-Pest wurde, die wiederum Satiren auf sich selbst in den Music Halls ihres Ursprungs auslöste. Kein anderer Song hat die Menschen in ähnlicher Weise bewegt; von 1892 bis 1896 breitete er sich wie eine Epidemie im ganzen Land aus; und während dieser Jahre hatte es den Anschein, als wäre er das absurde *Ça ira* einer Generation, die darauf aus war, über die Stränge zu schlagen.[20]

Für ein Lied, das den *Punch* zu der Bemerkung veranlasste, »groß ist die Wirkkraft des Bedeutungslosen«[21], erwies sich »Ta-ra-ra-boom-de-ay« als erstaunlich geeignet, um unterschiedliche Interpretationen zuzulassen. Aus der Rückschau verkörperte der Song den gewaltigen Wirbelwind des Wandels. Man kann sicher nicht behaupten, mit dem Lied sei die weibliche Emanzipation angestoßen worden, dennoch legte die Hysterie der Tanzeinlage eine Freud'sche Dimension unterdrückter Sexualität offen. Als »Belle der guten Gesellschaft«, die so abrupt mit der guten Form und Tradition bricht, ähnelt Lotties Bühnenfigur den Anti-Helden der Literatur der Moderne. Und anders als der traditionelle Rock-Tanz, der die verschlungenen Linien des Jugendstils (oder Art nouveau) heraufbeschwor, nahmen die heftigen, kantigen Bewegungen von Lotties Darbietung die wilden Bewegungen der modernen Kunst vorweg. Selbst der Dadaismus deutete sich in dem sinnfreien Ta-ra-ra an.

Die Popularität des Songs und dessen Auswirkung auf die nationale Psyche machte sich vielfach auf ungewöhnliche Weise bemerkbar. John Martin (der Autor von »Ballyhooly« aus *Faust Up to Date*) änderte den Liedtext, und die Melodie diente fortan einem Kampflied des Central Conservative Committee. Bei Erfolgen vor Gericht stimmte man das charakteristische »Ta-ra-ra-boom-de-ay« an oder setzte es als Geste des Trotzes ein. Arthur King, der zum zweiten Mal wegen Besitzes von Falschmünzen verurteilt worden war und mit einer längeren Haftstrafe gerechnet hatte, war so begeistert von dem Urteil, das nur auf 18 Monate Zuchthaus lautete, dass er am Old Bailey im Beisein des erstaunten Richters und der Geschworenen seinen Hut schwenkte, ein Tänzchen vollführte und dabei »Ta-ra-ra-boom-de-ay« anstimmte.[22] In Birmingham wurde Alice Loxley wegen Missachtung des Gerichts zu zwei Monaten Gefängnis verurteilt und rief: »Mir ist es gleich, was ihr mit mir vorhabt; brummt mir ruhig zwei Monate auf, wenn ihr mögt.« Berichten zufolge »lieferte sie dann eine lebhafte Darbietung des ›Ta-ra-ra-boom-de-ay‹-Tanzes ab und wiederholte den Refrain mit großer Hingabe«.[23]

Zeitgenössische Kritiker argwöhnten, der Song besitze ein subversives Element, und starteten daher sofort eine Verleumdungskampagne. Der vielleicht schwerwiegendste Vorwurf, den man in der auf Ordnung bedachten, mechanistischen Welt der späten viktorianischen Ära erheben konnte, war, dass das Lied unzivilisiert sei. In der radikalen Wochenzeitschrift *Truth*, die Henry Labouchère herausgab, brachte man so rassistisch wie herablassend Lotties Song und Tanzdarbietung mit den Versammlungen der Anhänger der Erweckungsbewegung in Amerika in Verbindung:

Ta-ra-ra-boom-de-ay. Wie wenige erfassen überhaupt die wahre Bedeutung des idiotischen Refrains des gegenwärtig beliebtesten Songs. Es bleibt die Frage, ob die große Lottie Collins selbst weiß, wie dieses offenkundige Kauderwelsch traurige Berühmtheit erlangte. Der Neger des Westens liebt die religiöse Begeisterung ebenso sehr wie der Derwisch des Ostens und bringt diese Begeisterung in ausgelassenen Tänzen mit wilden Drehungen und Verrenkungen zum Ausdruck. Jeder, der Zeuge dieser östlichen Ausprägung hysterischer Hingabe geworden ist, die ganz allmählich mit Gesängen und heulenden Lauten anhebt, um in Raserei und beinahe unkontrollierbaren Irrsinn auszuarten, weiß um diesen interessanten Effekt. Dasselbe trifft auf den westlichen Neger zu. Bei einem seiner Versammlungen beginnt er mit einem leisen Klagelaut, wobei er kaum merklich schwankt und für sich ein ›Ta-ra-ra-boom-de-ay‹ stöhnt. Lauter und immer lauter wird der Gesang; er gipfelt in einem Kreischen, während die Musik den Rhythmus vorgibt. Nach und nach klatscht der Neger bei jedem *boom* in die Hände, lauter und immer lauter, bis der rhythmische Song in ein irrsinniges Kreischen ausartet, das die Zuschauer ebenso fasziniert wie um den Verstand bringt. Am Ende tanzen alle dort Versammelten, rufen wild durcheinander und kreischen »ta-ra-ra-boom-de-ay«, bis der Refrain ohrenbetäubend wird.[24]

Trotz der Andeutung, »Ta-ra-ra-boom-de-ay« stehe für eine Rückkehr zur Barbarei, bekundeten einige Frauen des Mittelstandes und der Oberschicht Interesse daran, den Tanz im privaten Bereich der eigenen Ballsäle aufzuführen. Ein Tanzlehrer erklärt diesbezüglich:

Step-Tanz wird in der Tat der letzte Schrei sein, und ich habe keinen Zweifel, dass diese Modeerscheinung nicht mit dieser Saison zu Ende sein wird. Um Ihnen das Ausmaß dieser Begeisterung zu demonstrieren, kann ich Ihnen sagen, dass mich einige meiner Schülerinnen anflehen, ich möge ihnen den Tanz »Ta-ra-ra-boom-de-ay« beibringen, unter meinen Schülerinnen befinden sich auch zwei sehr bekannte Vertreterinnen der High Society. Ich erklärte ihnen, dass eigentlich nur jemand wie Lottie Collins imstande ist, einen derartigen Tanz aufzuführen.[25]

Zwar wären nur wenige Frauen geschickt oder mutig genug gewesen, wie Lottie Collins zu tanzen, doch begannen viele von ihnen, auf anderen Gebieten die ersten befreienden Schritte zu tun. Bei den Freizeitbetätigungen nahm das Interesse an Schwimmen und

Rollschuhfahren zu, rückten uneingeschränkte körperliche Bewegung in den Bereich des Möglichen – das hatte wiederum zur Folge, dass man begann, sich dementsprechend »vernünftig zu kleiden«. Das Radfahren wurde im Laufe der 1890er Jahre zu einem beliebten Zeitvertreib, wobei Schauspielerinnen und Künstlerinnen der Music Halls gern mit ihren Rädern posierten, entweder in Hosenröcken oder Pumphosen. Die Freiheit, die Frauen auf den Gebieten des persönlichen Komforts und des unabhängigen Reisens erlangten, führte dazu, dass das Fahrrad in zahllosen Cartoons in illustrierten Zeitungen angepriesen wurde, ebenso in lustigen Songs wie Marie Lloyds »Salute My Bicycle« und Lotties »A Bicycle Marriage«. Man kann »Ta-ra-ra-boom-de-ay« sicher nicht als richtigen Tanz bezeichnen. Aber dass sich eine konventionell gekleidete Frau auf der Bühne äußerster körperlicher Aktivität hingeben konnte, spiegelte nicht nur den Zeitgeist wider, sondern nahm bereits die von afroamerikanischen Elementen beeinflussten Ragtime-Tänze wie den Cake Walk, den Bunny Hop und den Foxtrott vorweg.

An einem besonderen Abend sprang der »unkontrollierbare Irrsinn« des »Ta-ra-ra-boom-de-ay« offenbar auf die Straßen Londons über. Trotz der Machtfülle des britischen Weltreichs hatten burische Streitkräfte Großbritannien 1899 und 1900 während des Zweiten Burenkriegs eine Reihe von Niederlagen beigebracht, die die allgemeine Stimmung trübten. Daher löste die erste gute Nachricht, nämlich dass die Stadt Mafeking (heute Mahikeng) nach achtmonatiger Belagerung befreit worden war, einen bis dahin beispiellosen Jubel auf offener Straße aus. Am 18. Mai 1900 versammelten sich Menschen aller sozialen Schichten im Zentrum Londons, um die Wiedererlangung ihres Nationalstolzes zu feiern. Etlichen Pubs ging der Alkohol aus, und Straßenverkäufer wie Kuriositätenläden brachten ihre Waren unter die Leute – Fahnen, Spielzeughörner, Staubwedel, Rasseln und Tröten. Shaw Desmond, der an den Feierlichkeiten teilnahm, erinnerte sich: »[da waren] junge Damen, die auf den Gehwegen ›die Lottie Collins machten‹, und ›aufgedonnerte Typen‹, Stutzer mit Capes und Gehstöcken [...], die mit Weibern aus dem East End Freudensprünge machten«.[26] Das Bedürfnis nach allgemeiner Verbrüderung war so groß, dass der Spezialist für sexuell übertragbare Krankheiten, Dr. Malcolm Alexander Morris, später festhielt, er kenne drei Frauen, die sich während der Feierlichkeiten die Syphilis zugezogen hätten, da sie wildfremde Männer geküsst hätten.[27]

Nach einem solchen Triumph konnte der weitere Verlauf jeder Karriere nur einen schleichenden Abstieg einläuten. Lottie blieb zwar ein gefeierter Star der Music Hall, aber keiner der vielen Songs, die sie vortrug, übten einen derartigen Einfluss auf das Publikum aus wie »Ta-ra-ra-boom-de-ay«. Ihr Leben hatte Höhen und Tiefen. 1897 erhielt sie 25 Pfund Schadenersatz, nachdem sie eine Beleidigungsklage gegen den Herausgeber von *Society* eingereicht hatte, der ihren Song »The Little Widow« als eine »Geschmacklosigkeit sondergleichen« bezeichnet hatte, »die weder die Fertigkeit der Sängerin noch die rosenroten Petticoats wiedergutmachen können«.[28] Ein Jahr später wurde sie für kurze Zeit in einem Krankenhaus in North London behandelt, da sie sich Hals und Pulsadern mit einem Taschenmesser aufgeschnitten hatte. Ihr Ehemann Stephen Cooney starb 1901, ein Jahr später heiratete Lottie den Songschreiber James W. Tate. 1910 hatte sie sich von der Bühne zurückgezogen und erlag im Alter von nur 45 Jahren einem Herzleiden – ihre Karriere hatte sich über vier Jahrzehnte erstreckt. In den Jahren vor ihrem Tod durfte sie erleben, dass der ältesten ihrer drei Töchter, José Collins, ein steiler Aufstieg in der Theater- und Music-Hall-Szene beschieden war.

Die Bekanntheit von »Ta-ra-ra-boom-de-ay« nahm weiter zu, da der Song mündlich tradiert, schriftlich festgehalten und von anderen Künstlern vorgetragen wurde. 1892 war das Lied auf zwei der frühesten Tonaufnahmen zu hören: einmal in einer feierlich-ernsten Version auf dem scheibenförmigen Tonträger von Emil Berliner, des Erfinders des Grammophons, dann in einer anderen Version auf eine Wachswalze für einen Phonographen, begleitet von einer Blaskapelle aus Bournemouth. Vielleicht ist es ein glücklicher Umstand für den langwährenden Ruhm des Songs und der Tanzdarbietung, dass die bewegten Bilder erst noch erfunden werden mussten, denn aufgrund der starren Kameraposition der ersten Kinofilme und der Abhängigkeit von natürlichem Licht blieben die frühen Tanzfilme, auch wenn sie sich großer Beliebtheit erfreuten, doch nur ein blasser Abklatsch des Originals. Die vielleicht spektakulärste Darbietung von »Ta-ra-ra-boom-de-ay« war gleichzeitig die flüchtigste. Im Herbst des Jahres 1892 präsentierte die Brocks Feuerwerkshow am Crystal Palace in Sydenham eine gigantische Komposition aus Lichtern, die Lottie am Nachthimmel beim Tanzen zeigte. Die übertrieben hohen Beinschwünge, die sich als flammende Silhouette gegen die Skyline der Stadt abhoben, waren ein optischer Trick, der womöglich sogar den Baal Shem von London beeindruckt hätte.

9 Ins Unbekannte spähen

Wer durch die schmale Schauspalte blickte, kam in den Genuss einer sonderbaren und verbotenen Szene: Ein Künstler, der gerade damit beschäftigt ist, ein offenkundig nacktes weibliches Modell zu zeichnen, wird bei seiner Arbeit von einer Besucherin unterbrochen, die ihren jugendlichen Sohn mitbringt. Rasch verbirgt der Künstler das Aktmodell hinter einem Wandschirm, um eine peinliche Szene zu vermeiden. Doch während er mit der Besucherin plaudert, wirft der Schuljunge einen Blick hinter den Wandschirm. Schon bald sieht man ihn mit der nackten Frau flirten; er kitzelt sie unterm Kinn, worauf sie seine jugendliche Unverfrorenheit mit einem Lächeln quittiert. Als die Dame entdeckt, was ihr Junge treibt, zerrt sie ihn mit sich fort; er folgt ihr widerwillig, kann den Blick jedoch immer noch nicht von dem »schamlosen Luder« wenden, das ihm zum Abschied einen Kuss zuwirft. Eine schockierende Szene, die eine Flut von Beschwerdebriefen an die Presse auslöste. Gleichzeitig strömten die Besucher in Scharen zum Strand 138 und zu anderen Mutoskop-Salons, in denen man an Standgeräten diese frühen Filme sehen konnte. Das Mutoskop und die etwas früher entwickelten Kinetoskop-Guckkästen machten in den 1890ern einer breiten Masse die ersten bewegten Bilder zugänglich. Dieser neuen Form der Unterhaltung war indes keine leichte Geburt vergönnt. Immer wieder kam es zu Intrigen, Kontroversen und Skandalen, als die Pioniere des Films versuchten, auf dem neuen, lukrativen Markt Fuß zu fassen.

Exotische Landschaften, erotische Bilder, historische, spektakuläre und lustige Szenen: Ehe die ersten wackligen, durchzuckten Bilder über die Kino-Leinwand huschten, brachten Panoramabilder, Dioramen (Schaukästen mit Modellfiguren) und die Laterna magica (auch Skioptikon genannt) der Bevölkerung belehrende und aufregende Szenen näher. Im Herbst des Jahres 1801 waren die Besucher des Lyceum, einer umgebauten Kunstgalerie samt Hörsaal auf dem Strand 354, erstaunt gewesen, als sie Zeuge einer ganz verblüffenden Darbietung wurden: vor ihren Augen erschienen Geisterwesen, Ungeheuer und »Erscheinungen aus dem Jenseits« – und all diese Geschöpfe tauchten wie aus dem Nichts auf. Obwohl Paul de Philipsthals ausgeklügelte Laterna-magica-Vorführung alle Ingredienzen einer klassischen Schauergeschichte besaß, darunter auch einen heulenden Gewittersturm, wurde seine Phantasmagorie (i. e. die Darstellung von Trugbildern) in öffentlichen Ankündigungen als Mittel angepriesen, um »die Praktiken gerissener Scharlatane und angeblicher Exorzisten« bloßzustellen.[1] Binnen kurzer Zeit erwies sich die Show als so beliebt, dass weitere Vorführungen in dem größeren Hörsaal im ersten Stockwerk stattfanden. Das Erdgeschoss des Lyceum Theatre diente fortan einer Ausstellung von lebensechten Wachsfiguren, die erst kürzlich aus Paris eingetroffen war – Madame Tussauds.

Während sich das Geschäft mit den Phantasmagorie-Vorführungen und Tussauds' Wachsfiguren immer besser entwickelte, wurde eine neue Art der Unterhaltung ins Leben gerufen, auf der gegenüberliegenden Straßenseite an genau der Stelle, an der zuvor die alte Talbot Inn gestanden hatte. 1803 eröffnete Thomas Barker sein New Panorama auf dem Strand 168–169 und stellte großformatige Rundumsichten von fremden Städten und zeitgenössischen Ereignissen aus. Die Besucher konnten die ununterbrochen umlaufenden Panoramagemälde von einem zentralen Punkt aus betrachten. Ab 1817 lief die Ausstellung unter dem Namen Burford's Panorama und hielt sich bis 1828, allerdings mit schwindenden Einnahmen. Zwei Jahre darauf wurde das Gebäude zum Strand Theatre umgebaut. Bescheidene Reminiszenzen an diese großformatigen Ausstellungen fand man auf offener Straße, auf den Jahrmärkten und bei anderen öffentlichen Veranstaltungen. Ob es sich um einen einfachen Kasten handelte, den sich ein Wandervorführer auf den Rücken geschnallt hatte, oder um ein großes, von Pferden gezogenes Kabinett mit mehreren optischen Vorrichtungen, die Bilderwelten der alten Guckkästen zeigten jedenfalls, dass die Leute nicht nach den überdimensionalen Panoramaerlebnissen verlangten, sondern ein stärkeres Bedürfnis verspürten, individuell in die kleine Welt der Guckkästen einzutauchen.

Seit Beginn der Fotografie in den späten 1830ern suchten Erfinder nach Möglichkeiten, dem neuen Medium eine erweiterte Realität zu verleihen. Die erste Aufnahme von London, eine Daguerreotypie-Ansicht von Whitehall – aufgenommen von einem Ende des Strand im September 1839 –, die in der Adelaide Gallery unweit der Lowther Arcade zu sehen war, versetzte die Betrachter aufgrund der scharfen Konturen und Exaktheit in Erstaunen. Streng genommen konnte man indes nicht sagen, dass es sich um eine naturgetreue Aufnahme handelte, da der Produktionsprozess die aufgenommene Realität in ihr Gegenteil verkehrte. Denn die Belichtungszeit der versilberten Kupferplatte bei der Whitehall-Aufnahme war so lang, dass von all den Menschen, die in der Stadt unterwegs waren, nur ein kleiner Junge zu erkennen ist, der ein paar Minuten unbeweglich zu Füßen des Reiterstandbildes von König Charles I. gesessen hatte. Gegen Ende der 1850er Jahre war es Valentine Blanchard für seine Serie »Londoner Momentaufnahmen« gelungen, den Aufnahmen eine größere Tiefenschärfe zu verleihen; auch die Menschen in Bewegung wurden nun besser eingefangen. Blanchard veröffentlichte die »London Views« als Doppelbilder auf einer schablonenartigen Raumbildkarte, die der Betrachter durch ein Stereoskop mit zwei Linsen betrachten konnte, die den räumlichen Eindruck von Tiefe vermitteln. Gegen Ende des Jahrhunderts waren die Laterna magica und Stereoskopieapparaturen sowohl im privaten Bereich als auch bei öffentlichen Ausstellungen in Gebrauch. Die Laterna magica erwies sich bei Gruppenvorführungen in überschaubarem Rahmen gemeinhin als praktisch, fanden doch auf diese Weise nützliche und lehrreiche Informationen Verbreitung; sie bot darüber hinaus harmlose Unterhaltung im Familienkreis. Das Stereobildpaar hingegen ermöglichte jeweils nur ein einsames Vergnügen – da keine weiteren Zuschauer zugegen waren, die regulierend hätten einschreiten können, eigneten sich die Raumbildkarten für nicht ganz salonfähige und pornografische Darstellungen.

Als es sich der amerikanische Erfinder Thomas Alva Edison, »Der Zauberer von Menlo Park« (»The Wizard of Menlo Park«), zur

Aufgabe gemacht hatte, die ersten »belebten Fotografien« zu er-
schaffen, schien der Präsentation im Guckkasten eine vielversprechende Zukunft beschieden zu sein. Zwar hatte es stets einen unap-
petitlichen Beigeschmack, sobald jemand die Bilder allein und für
sich in einem Schaukasten betrachtete, aber die Wirtschaftlichkeit
sprach für sich. Man hatte erwogen, bewegte Bilder auf eine größere Fläche zu projizieren, aber »der Zauberer« war zu der Ansicht ge-
langt, die Nachfrage nach dem neuen Medium werde bei öffentlichen Aufführungen rasch nachlassen: »Wenn wir eine Leinwand-
Maschine herstellen, werden vielleicht zehn dieser Geräte in den
ganzen Vereinigten Staaten genutzt. Bei dieser Anzahl könnte man
jedem im Land bewegte Bilder präsentieren – und damit hätte es
sich dann.«[2] Da war es weitaus besser, wenn die Besucher immer
wieder neue Nickel (5-Cent-Münzen) und Pennys in den Schlitz eines Kinetoskops warfen. Edison verließ sich dabei auf den Erfindergeist seines Chefingenieurs und Assistenten William Kennedy
Laurie Dickson und bekam so 1893 eine brauchbare Filmkamera. Ab
April 1894 konnte Edison dann Kinetograph (d. h. Kamera) und
Kinetoskop (als Betrachtungsgerät) in den Vereinigten Staaten zum
Einsatz bringen. Rein äußerlich ähnelte das Kinetoskop den hölzernen Schaukästen, in denen Besucher in den Vergnügungsarkaden
und an anderen öffentlichen Orten stereoskopische Bilder durch
eingebaute Vergrößerungslinsen bewundern konnten. In dem mit
Elektromotor und einer Glühlampe ausgestatteten Kinetoskop lief
ein perforierter 35mm-Zelluloidfilm in einer etwa 50 Fuß langen
Endlosschleife. In Europa hatten die von Edison initiierten Werbe-
kampagnen schon mehrere Jahre lang das Kinetoskop und dessen
lebendige Bilder angekündigt und weckten die Neugier der breiten
Masse – was wiederum viele Schausteller unbedingt ausnutzen
wollten.

Als das erste Kinetoskop und dessen bewegte Bilder im Oktober
1894 Großbritannien erreichten, waren die kurzen Filmszenen eine
Zeit lang die Sensation. Doch schon bald beschwerte man sich über
den Inhalt dieser ersten Filmstreifen, deren Themen die meisten
Betrachter als zu amerikanisch empfanden. Die Filme wurden von

der Continental Commerce Company gezeigt, die Edisons europäischer Agent Franck Z. Maguire zusammen mit Joseph Baucus leitete. Die Vorführungen fanden statt in speziellen Läden in der Oxford Street, dem Strand und an weiteren Orten innerhalb Londons. Sinn und Zweck der Vorführungen war es jedoch, die Kinetoskope an Aussteller zu verkaufen, die daraufhin auf Edison angewiesen waren, sobald sie neues Filmmaterial wünschten. Allerdings wurden angesichts des unerhört hohen Preises von 70 Guineen nur wenige Geräte verkauft. Als die ersten Unternehmer erkannten, dass es sich bei dem Kinetoskop um keine besonders komplexe Maschine handelte, beschlossen sie, den Kaufpreis zu unterbieten, indem sie ihre eigenen Nachbauten auf den Markt brachten. Im Herbst 1894 entstand dank mehreren zufälligen Zusammenkünften in einem Tabakwarenladen auf dem Strand der erste Nachbau eines Edison-Kinetoskops – das markiert sozusagen die Geburtsstunde der britischen Filmindustrie.

Unter den Gästen in John Melachrinos Tabakwarenladen befanden sich zwei griechische Geschäftsleute, George Tragides und Demetrius Georgiades, sowie ein Elektroingenieur, der sich für Fotografie interessierte: Henry W. Short. Als Melachrino mitbekam, dass die beiden Griechen über die Möglichkeit sprachen, ein Kinetoskop nachzubauen, das sie käuflich erworben hatten, schlug er ihnen vor, sich mit Short in Verbindung zu setzen, der oftmals die technischen Fertigkeiten seines Freundes Robert W. Paul gepriesen hatte. Daraufhin warteten Tragides und Georgiades im dem Laden auf Short und machten sich dann gemeinsam mit dem dritten Verschwörer auf den Weg zu Paul, um auch ihn in den Plan einzuweihen. »Das Schicksal der bewegten Bilder«, schrieb der Kinohistoriker Terry Ramsaye, »hing somit am dünnen Faden des sich kräuselnden Rauchs einer Zigarette«.[3] Paul begann damit, Kinetoskopmaschinen zu konstruieren, die die beiden Griechen wiederum ausstellten und zum Verkauf anboten. Zwar hatte Edison es versäumt, das Kinetoskop im europäischen Raum zu patentieren, aber es war nichtsdestotrotz illegal, einen Nachbau als eine Edison-Maschine auszugeben. Im Januar 1895 mussten sich die beiden

Griechen vor der Continental Commerce Company verantworten – gegen die Herren wurde eine einstweilige Verfügung erlassen.

Trotz des vorläufigen Gerichtsentscheids stellten Paul und andere Konstrukteure nach wie vor britische Kinetoskope her. Da die nicht von Edison stammenden Maschinen gerade einmal die Hälfte dessen kosteten, was Edison für seine Geräte verlangte, lieferte die Continental Commerce Company fortan keine Filmstreifen mehr an nicht autorisierte Aussteller. Ein letztes verzweifeltes Aufbäumen der Company, denn nach nur wenigen Monaten war das Publikum von den immer gleichen und uninspirierten Filmsequenzen aus Amerika bereits gelangweilt. Da die britische Bevölkerung längst gehört hatte, ein Kinetoskop werde eines Tages in der Lage sein, Theaterstücke oder Opern in voller Länge zu zeigen, ließen sich die Leute kaum noch beeindrucken von den etwa dreißig Sekunden dauernden Sequenzen, die wenig bekannte Vaudeville-Szenen und schlichte, gestellte Momentaufnahmen präsentierten, die praktisch schon zu Ende waren, ehe sie richtig angelaufen waren. Die Continental Commerce Company erkannte daher rasch, dass sie Filme mit anderen Themen brauchte, um das Interesse der Europäer zu wecken und die Leute bei der Stange zu halten. Seit Beginn der Vorführungen in England versuchte die Company Edison davon zu überzeugen, ihnen eine Filmkamera zur Verfügung zu stellen, um Themenbereiche zu erschließen, die für den britischen Markt attraktiver waren. Aufgrund des Filmmaterialembargos, das Edisons Agenten verhängt hatten, sah sich Robert W. Paul gezwungen, seine eigenen Filmstreifen zu produzieren. Und er hatte Glück, denn der Zigarette rauchende Short war gleich zur Stelle und machte Paul mit dem gleichgesinnten amerikanischen Fotografen und Erfinder Birt Acres bekannt. Bereits im März 1895 hatten Paul und Acres eine funktionstüchtige Filmkamera konstruiert – ihr erstes Motiv war ein animiertes Porträt ihres gemeinsamen Freundes Harry Short.

Ehe ihre kurze Zusammenarbeit im Juli 1895 im Streit endete, produzierten Paul und Acres eine Reihe von Filmen, die sich merklich von Edisons Kinetoskopsujets unterschieden. Da Paul und

Acres eine tragbare Kamera zur Verfügung stand, waren sie imstande, an verschiedenen Schauplätzen tatsächlich stattfindende Ereignisse zu filmen, darunter *Das Bootsrennen der Universität* (März 1895), *Das Derby* (Mai 1895) und eine *Bahnhofsszene* (April 1895). Bei ihrem ersten Versuch im Genre dramatischer Film, *Die Verhaftung eines Taschendiebs* (April 1895), spielten Schauspieler einen Matrosen der Royal Navy sowie einen Londoner Bobby. Und der bekannte Cartoonist Tom Merry (Pseudonym für William Mecham) ließ sich dabei filmen, als er den Premierminister Lord Salisbury und den großen alten Mann der britischen Politik, William Ewart Gladstone, porträtierte. Doch die (Film-)Partner blieben einem Genre treu, das sich in den Vereinigten Staaten als extrem erfolgreich erwiesen hatte – junge Tänzerinnen in Aktion. Nach Edisons erstem weiblichem Motiv, der spanischen Tänzerin Carmencita (eigentlich Carmen Dauset Moreno; Filmtitel *Carmencita*; März 1894), erschienen in rascher Folge weitere Kurzfilme, in denen attraktive, junge Frauen in den unterschiedlichsten Kostümen tanzten. Solche Tanzdarbietungen und die Kurzfilme von Paul und Acres zeigten allerdings nur kleine Ausschnitte dessen, was man bei nahezu jeder Music-Hall-Darbietung und Burleske zu sehen bekam. Aber da der Zuschauer die tanzenden Frauen allein betrachten konnte und die Tanzdarbietungen ständig abgespielt werden konnten, machten Kritiker moralische Bedenken geltend.

Wer als Unternehmer öffentlich ein Kinetoskop aufstellen wollte, konnte von Ladenflächen und Arkaden profitieren, in denen andere mechanische Vergnügungsapparate zugänglich waren. Für die weitere Demokratisierung der Unterhaltung hatten kurzlebige Etablissements gesorgt, die eine ganze Reihe von münzbetriebenen Automaten, Stereoskopen und Phonographen für Erwachsene jeder gesellschaftlichen Schicht boten – darüber hinaus für Kinder jeden Alters, was kontrovers diskutiert wurde. Anders als bei anderen Unterhaltungsmöglichkeiten war der Eintritt frei (obwohl man Pennys für die einzelnen Automaten brauchte), und die Dauer des Aufenthalts fiel je nach Kundenwunsch länger oder kürzer aus. Gleichwohl gab es die beunruhigende Möglichkeit, dass Arbeitnehmer, die in der Ausübung ihrer Tätigkeit nicht an Büroräume oder andere Orte gebunden waren, zwischendurch das Unterhaltungsangebot nutzen konnten, obwohl sie eigentlich hätten arbeiten müssen:

All der Spaß der Jahrmärkte! Wo findet man das in London? Natürlich auf dem Strand. Kommen Sie in die Wellington Street, linker Hand in westlicher Richtung, und überlegen Sie, ob man außerhalb Londons oder in einer kleineren Stadt in der Provinz ein derart einzigartiges Spektakel erleben kann wie das, was sich hier den Blicken der Passanten bietet. Es handelt sich um eine veritable Jahrmarktveranstaltung oder Raritätenshow, die sich zur Erbauung der Fußgänger Londons etabliert hat, genau im Herzen und Zentrum der geschäftigsten Straßen der Hauptstadt. Und zweifellos wissen all die Besucher das zu würdigen, die, wie Sie sehen werden, herbeiströmen, um es mit eigenen Augen zu sehen. Hier, mikrokosmisch auf den Punkt gebracht, können die Anspruchsvollen ganz London erleben. Der Angestellte, der Kunsthandwerker, der Ladenbesitzer, der Anwalt, der Schauspieler, der Künstler, der Journalist und viele andere mehr – selbst Whitman würde sich verausgaben, all die Berufe erschöpfend aufzulisten – Vertreter all dieser Berufsstände sehen wir hier ein- und ausgehen; sie alle vertrödeln hier ihre Arbeitszeit und gönnen sich für ein oder zwei Kupfermünzen einen unschuldigen Spaß und einen vergnüglichen Moment. Aber es bleibt nicht bei Spaß und Vergnügen allein, man kann auch etwas lernen – denn wer wird leugnen, dass es durchaus belehrend sein kann, wenn man sich von einer Rede von Mr. Gladstone unterhalten lässt? [...] Auch Mr. Chevalier und viele andere bekannte Leute sind hier zu hören – der Phonograph gibt die Äußerungen aller wieder, und zwar mit einer lobenswerten Unbestechlichkeit, die keine Unterschiede macht, abgesehen vom Timbre und dem Tonfall. Und weiter hinten können diejenigen, die diesen Errungenschaften des Friedens kein Interesse entgegenbringen, zu den ausgezeichneten Schießständen gehen. Wenn Sie ein Scharfschütze sind, selbst wenn nicht, so können Sie Ihrer Leidenschaft auf jede erdenkliche Distanz frönen, bis zu 600 Yards. Das Etablissement ist natürlich nicht 600 Yards tief – nur 90 Fuß – aber es sieht so aus, als wäre es so.[4]

Im Januar 1895 hatten sich sowohl die legitimen als auch die illegal nachgebauten Kinetoskope an bestimmten Ausstellungsorten innerhalb Londons etabliert. Ein Reporter der *Fun* zeigte sich geradezu enthusiastisch:

Donnerstag, 10. Januar – London strotzt vor Kinetoskopen. Einer steht in der Bond Street, einer in der Regent Street, einer am Piccadilly, einer in Holborn, zwei in der Oxford Street, zwei auf dem Strand, und weiß der Himmel, wo sonst noch. Wann immer ich meine Runden drehe, komme ich an einigen vorbei, und dann halt' ich schnell mal an, um einen Blick zu riskieren. Das gefällt mir außerordentlich gut [...]. Es gibt sogar Kinetographen, die tanzende Mädchen mit hohen Beinschwüngen zeigen. Du liebe Güte! Wie hoch sie die Beine schwingen können! Wie vollendet es aussieht![5]

Schon möglich, dass man den hohen Beinschwüngen und den hauchdünn kostümierten Tänzerinnen, die im Kinetoskop zu sehen waren, nur deshalb Interesse entgegenbrachte, da man die grazilen Bewegungen zu würdigen wusste und darin einen besonderen künstlerischen Wert sah. Doch diese Rechtfertigung konnte man nicht mehr vorbringen, sobald es um die Themenbandbreite ging, die das Mutoskop zu bieten hatte – der Nachfolger des Kinetoskopguckkastens. Bei Titeln wie *Sollten Damen Liebestöter tragen?*, *Eine Maus im Schlafzimmer eines Mädchens*, *Durchs Schlüsselloch*, *Was sie im Bett fand* und *Den neuen Badeanzug anprobieren* konnte man nicht mehr behaupten, dass die Geräte auf ein anspruchsvolles, kunstverständiges Publikum abzielten.

Das Mutoskop mit seinem Gehäuse aus verziertem Gusseisen wurde erstmals im Dezember 1897 vom Mutoscope and Biograph

ILLUSTRATED BITS

No. 837.
Week ending March 16th, 1901.
Edited by T. H. ROBERTS.
32 Pages. Price 1d.

A MODERN EVE.

Abb. 21: »Eine moderne Eva« guckt durch die Optik eines Mutoskops.

Syndicate eingeführt, einem Ableger der American Mutoscope Company. Anders als beim Kinetoskop erzeugen beim Mutoskop die auf einer Welle befestigten fotografischen Serienbilder auf Kartonblättern die Illusion bewegter Bilder, sobald der Betrachter eine Kurbel betätigt. Die vielen hundert Bilder wurden von Filmnegativen gedruckt, was wiederum bedeutete, dass viele Motive auch im Projektor der Firma Biograph zum Zuge kamen. Obwohl bewegte Bilder in Guckkästen seit Februar 1896 keine Neuheit mehr waren, da sie allmählich von Filmen verdrängt wurden, die einer größeren Zuschauermenge präsentiert wurden, gehörten sowohl die Guckkästen für einzelne Betrachter als auch die Filmvorführungen vor Gruppen zur sorgsam ausgeklügelten Strategie des Biograph Syndicate. Was die Vereinigten Staaten betraf, so wurde der Biograph-Projektor benutzt, um aktuelle Ereignisse und reizvolle Landschaften in bewegten Bildern zu präsentieren. Das Mutoskop hingegen bot des Öfteren im Studio abgelichtete Motive, die ihre Wirkung erzielten, weil sie auf den Humor der breiten Masse oder auf erotisches Flair setzten. Aber obwohl es durchaus einen Markt für das Vulgäre und den Schund gab, den das Mutoskop verbreitete, standen dem Biograph Syndicate in Großbritannien und Europa auch neue Motive zur Verfügung – darunter die unterschiedlichsten Mitglieder der jeweiligen Königshäuser und das Oberhaupt der katholischen Kirche. Um derart fotogene Sujets vor die Linse zu bekommen, entsandte die amerikanische Filmgesellschaft ihren erfahrensten und diplomatischsten Filmemacher William Kennedy Laurie Dickson, einst die rechte Hand von Edison. Dickson, der maßgeblich an der Entwicklung von Edisons Filmkamera beteiligt gewesen war, hatte für die neu gegründete Film-Gesellschaft inzwischen ein größeres und besseres Gerät entwickelt. Um die weniger vornehmen Motive des Mutoskops fotografieren zu können, entwarf Dickson ein geniales Studio unter freiem Himmel, das seinen Anweisungen zufolge unweit des Strand entstehen sollte, und zwar auf einer unbebauten Fläche vor den Adelphi Arches.

Dickson traf im Mai 1897 in London ein, mit dem erklärten Ziel, den Erfolg zu verstetigen, den die Vorführungen mit dem Biograph-Projektor seit der ersten Aufführung am Palace Theatre of Varieties, Charing Cross Road, im März des Jahres zuvor gehabt hatten. Die Öffentlichkeit wusste indes nicht, dass Dickson dafür verantwortlich war, die Technologie zur Verfügung zu stellen, damit die Mutoskope der Filmgesellschaft an öffentlichen Plätzen im ganzen Land eingeführt werden konnten. Für ihn war es eine triumphale Rückkehr in jenes Land, das er achtzehn Jahre zuvor verlassen hatte. Etliche Jahre zuvor hatte er sich 1879 in seinem Bewerbungsschreiben an den »Zauberer von Menlo Park« als einen »Jungen, der keinen Vater und keinen Freund mehr hat«, beschrieben.[6] Der junge Dickson war sehr gut qualifiziert, um ein »Zauberlehrling« zu werden, da er von einem unberechenbaren Erfindergeist erfüllt war. Die künstlerische und wissenschaftliche Begabung hatte er von seinem Vater geerbt, der sich als Maler von Miniaturen hervortat und sich zudem als Sprachforscher und Astronom betätigte. Seine gebildete Mutter hatte ihm ihre musikalische Veranlagung vererbt wie auch das gute Aussehen. Von den Eltern bestärkt, war auch der junge Dickson sehr stolz auf seine schottische und englische Abstammung – angeblich zählten zu den Vorfahren die königlichen Stuarts und der Künstler William Hogarth. Dickson war eine eindrucksvolle Erscheinung: ein perfekt herausgeputzter Dandy mit tadellosen Manieren, der mühelos Konversation betreiben konnte und dabei gleichzeitig seine wissenschaftliche Begabung herunterspielte. Er galt als Mann der Tat, war ein beachtlicher Linguist und wusste nur zu gut, wie er seine Erfindungen und sich selbst vermarkten konnte. Von den zahlreichen Aufnahmen, auf denen Dickson persönlich zu sehen ist, bleibt einem vielleicht der experimentelle Kinetoskop-Kurzfilm aus dem Jahr 1891 im Gedächtnis: Dickson posiert mit gewachsenem Schnauzbart und stechendem Blick vor der Kamera und vollführt vor seinem Arbeitgeber Edison eine typische Zauberergeste, die in die Kinogeschichte eingegangen ist.

1897–1898 reiste Dickson durch Europa und überredete etliche bekannte Leute dazu, für die sogenannten »bewegten Porträts« zu posieren – sitzend, stehend oder in Aktion. Unter den hochrangigen Persönlichkeiten waren der Prince of Wales (der spätere Edward VII.), Königin Wilhelmina der Niederlande, Kaiser Wilhelm II., Franz Joseph I. (Kaiser von Österreich), Königin Margarethe von Italien und, last but noch least, Papst Leo XIII. im hohen Alter. Dicksons Aufnahmen der Feierlichkeiten zu Königin Victorias Diamantenem Thronjubiläum aus dem Jahr 1897 wurden in der ganzen Welt gezeigt, und später wurde er bestellt, um auf Geheiß des britischen Königshauses weitere Vorführungen abzuhalten. War er einmal nicht mit der großen Filmkamera unterwegs, residierte er in den luxuriösesten Hotelsuiten auf der ganzen Welt. Seit der Eröffnung im Jahr 1896 zog das stattliche Hotel Cecil – Strand 60, zwischen der Tivoli Music Hall und dem Savoy Hotel – wohlhabende und einflussreiche Amerikaner an. Die Gäste aus Übersee sollten sich in einem Ambiente wie zu Hause fühlen, das die meisten englischen Hoteliers vermutlich als dekadent bezeichnet hätten. Während seiner Aufenthalte dort dürfte Dickson viele bekannte Gesichter von jenseits des Atlantiks gesehen haben:

Dieser Mann mittleren Alters mit dem freundlichen Gesicht und dem grauen Schnurrbart, der in eine Droschke steigt, ist ein großer amerikanischer Eisenbahn-Tycoon, der das Schienennetz Londons revolutionieren möchte; die schlanke, düster wirkende Gestalt dort auf der Veranda ist ein Ingenieur von Monopol- und Investmentgesellschaften. Diese Männer werden gefürchtet.[7]

Womöglich ist Dickson in diesem Umfeld einem anderen Hotelgast aus Amerika begegnet, der eigens angereist war, um die Werbetrommel für ein anderes Gebiet der mechanischen Unterhaltungsindustrie zu rühren. Im Sommer 1897 stieg William Barry Owen in dem Hotel ab und versuchte, Geldgeber für Emil Berliners Gramophone Company zu gewinnen. Binnen eines Jahres hatte die Gramophone Company ein Aufnahmestudio auf dem Strand eingerichtet, in der Maiden Lane 31.

Dickson hatte bereits 1893 das erste Filmstudio für Edison entworfen, 1896 ein weiteres für die American Mutoscope Company, und hielt daher Ausschau nach einem geeigneten Ort für den Bau des ersten britischen Filmstudios. Genau wie William Barry Owen wurde er in der Nähe fündig, unmittelbar vor den bodenlangen Fenstern auf der Rückseite des Hotels, mit Blick auf die wohlproportionierte Adelphi Terrace und die gepflegten Beete der Embankment Gardens. Dickson entdeckte einen bis dahin unscheinbaren, halb verborgenen Geländeabschnitt zwischen den Gartenanlagen und der Terrace: Dort befand sich eine Reihe von ziemlich heruntergekommenen Geschäftsräumen, die unter den einst berüchtigten Adelphi Arches enstanden waren. Exakt an dieser Stelle kaufte Dickson ein Grundstück, auf dem er in der zweiten Jahreshälfte 1897 oder zu Beginn des Jahres 1898 ein Studio unter freiem Himmel errichten ließ. Da man für die Aufnahmen Tageslicht benötigte, besaß das Studio neben gläsernen Wänden und Glasdach eine Holzbühne, die man drehen konnte, um das Licht optimal nutzen zu können, falls die Sonne sich in London aufgrund der Luftverschmutzung mal wieder hinter Schwaden verbarg. Die Filmkamera war auf einer separaten Vorrichtung montiert und ließ sich für Nah- bzw. Totalaufnahmen je nach Bedarf vor- und zurückfahren.

Das Biograph-Studio passte gut in das geheimnisvolle Hinterland, das vor dem Bau des Embankment und der dazugehörigen Gärten den Uferbereich der Themse gebildet hatte. Doch keiner der wohlhabenden Gäste oder Clubmitglieder, die das neue Studiogelände von der Terrace aus sehen konnten, hat Erinnerungen an die Aktivitäten am Set hinterlassen: Das Studio wurde schlichtweg mit keinem Wort erwähnt. Selbst die vielen illustrierten Journale, die stets voller Eifer von obskuren und bis dato unerhörten wissenschaftlichen Entwicklungen berichteten, druckten weder eine Beschreibung noch ein Foto von dem Studio ab. Das ansonsten auf Publicity bedachte Mutoscope and Biograph Syndicate seinerseits hüllte sich nämlich in Schweigen, sobald es um das neue, bemerkenswerte Studio ging. Denn man wollte nicht unnötig Aufmerksamkeit erregen, zumal unter den Schauspielern viele Frauen waren, die sich um- und ankleideten oder Nacktheit vor der Kamera mit hautfarbener Kleidung simulierten.

1900 wurde das Embankment Studio überflüssig, da die British Mutoscope and Biograph Society in der Regent Street 107 das weltweit erste künstlich beleuchtete Filmstudio errichtet hatte. Als Rachael Low 1946 für ihre bahnbrechende Studie *The History of the British Film* Informationen sammelte, wandte sie sich schriftlich an Emile Lauste, der in jungen Jahren in Europa Dicksons erster Kameramann gewesen war. Emile antwortete:

Vielen Dank für Ihren Brief vom 28. Februar, der in mir Erinnerungen an etwas längst Vergessenes weckt, nämlich an das Studio, das sich auf einem Grundstück vor den Adelphi Arches befand. Die Außenwände bestanden aus Glas, da die frühen Studios auf Tageslicht angewiesen waren. Zum Studio gelangte man, wenn man zur Themse hinunter entlang der Tivoli Music Hall ging, weiter durch die Arches, und dann eine Straße überquerte, von der aus die Arches Richtung Embankment zu sehen waren. In den Bögen der Arches wurden Weinfässer gelagert, und die Pferde, die die Wagen mit der Ausrüstung zogen, hatten Angst, diesen düsteren Ort zu betreten. Ein wirklich schlecht ausgeleuchteter Ort war das.

Einer der letzten Anlässe, zu denen das Embankment Studio genutzt wurde, wurde ausnahmsweise werbewirksam vermarktet. Im September 1899 erklärte sich der gefeierte Schauspieler und Manager Herbert Beerbohm Tree dazu bereit, mit seiner Theatertruppe ins Studio zu kommen, um Auszüge aus seiner angekündigten Inszenierung von Shakespeares *King John* zum Besten zu geben. Obwohl die vier Filmsequenzen extrem kurz ausfielen (die Laufzeit jedes Streifens betrug weniger als eine Minute), gelten sie als die ersten Versuche, Shakespeare ins Medium Film zu übertragen. Paradox war nur: Während der Auftritt eines berühmten Schauspielers in einer Shakespeare-Rolle dem neuen Medium Film mehr Seriosität verlieh, lenkte ein solch prestigeträchtiger Streifen in den Mutoskop-Läden unerwünschte Aufmerksamkeit auf die weniger vornehmen Titel, die für ein paar Münzen im Angebot waren. Im ganzen Land wurden derartige Verletzungen der moralischen Sitten strafrechtlich verfolgt, was dazu führte, dass die Polizei anstößige Filmrollen beschlagnahmte, die auf richterliche Anordnung vernichtet wurden.

Zwei Titel, gegen die am häufigsten Beschwerde geführt wurde, waren in London entstanden. In *Böser Willie*, auch bekannt unter dem Titel *Studio-Ärger*, war jener ungezogene Schuljunge zu sehen, der das ›nackte‹ Aktmodell entdeckt (zu jener Zeit trugen die Akteurinnen in den Mutoskop-Streifen fleischfarbene Ganzkörperstrumpfhosen, engl. *fleshings*). *Warum Marie das Licht ausblies* lieferte dem Betrachter ein wahrhaft voyeuristisches Erlebnis: Zu sehen ist eine junge Frau, die ungestört sein möchte und daher die Jalousien ihres Schlafzimmers herunterlässt. Nachdem sie sich der Kleidung entledigt hat, kommt ihr der unschöne Gedanke, irgendein Spitzbube könne die Frechheit besitzen, durch die Spalten der Jalousie zu spähen, worauf sie entrüstet die Backen aufpustet und dann die Lippen schürzt. Der Rest blieb im Dunkeln. Zwar stellte die British Mutoscope and Biograph Company weiterhin sexuell konnotierte Filmsequenzen her und brachte diese in Umlauf, aber sie versuchte der Kritik aus dem Wege zu gehen, indem sie ein Netzwerk von autonomen, regionalen Gesellschaften ins Leben rief, die die Mutoskopgeräte betreuten. Die einzelnen Gesellschaften wiederum machten die Öffentlichkeit dafür verantwortlich, die nach erotisch aufgeladenen oder voyeuristischen Filmen nach dem »Was der Butler sah«-Schema verlangte (ein früher Mutoscopefilm trägt den Titel *What the Butler Saw*). Ein Manager eines Mutoskop-Salons äußert sich ganz offen in einem Interview für die Londoner *Daily News*:

»Sehen Sie«, erklärte der Verantwortliche, um einige der Aufnahmen zu rechtfertigen, die in seinem Salon in London zu sehen sind, »wir müssen den breiten Geschmack treffen, und wenn Sie mich persönlich fragen, so würde ich lieber Aufnahmen von hohem künstlerischem Wert zeigen, obwohl sie schon ein bisschen […]«

»Ein bisschen gewagt sein dürften?«

»Ja, ein klein wenig gewagt schon, aber ohne ins Vulgäre abzu-
gleiten. Tatsache ist, wir müssen das tun, wenn der Streifen finanziell ein Erfolg werden soll. Man mag zu Recht bedauern,
dass die Leute einen so schlechten Geschmack haben; aber wir
sind nun mal nicht dafür verantwortlich, was die Leute für einen
Geschmack haben.«

»Nein, sicher nicht. Sie halten nur die Kamera drauf [...] und liefern nur das, was die Öffentlichkeit sehen will.«

»Wir liefern das, wovon wir denken, dass es den Geschmack der
Leute trifft, und wir wären nur allzu froh, wenn wir in der Lage
wären, das Material unserer Ausstellungen zu reinen Kunstwer-
ken zu machen, an denen nichts auszusetzen ist, wenn wir dafür
den Rückhalt der Öffentlichkeit hätten. Aber gegenwärtig habe
ich nicht den Eindruck, dass es diesen Rückhalt gibt.«

»Dies hier ist eine wundervolle Sache«, sagte der intelligente
junge Mann, der in diesen Etablissements das Sagen hatte: er
zeigte auf ein Gerät, das den Stapellauf eines großen Schiffes
zeigte; »aber damit lässt sich eben kein Geld machen. Der andere
Film dort ist um vieles wertvoller.«

Es handelte sich um den Film *Das Modell des Künstlers*.[8]

Das Problem der als anstößig empfundenen Guckkastenvorfüh-
rungen wurde gleich mehrfach im Parlament diskutiert, auf Initiati-
ve von W. S. Caine, Abgeordneter aus Camborne, Cornwall. »Diese
schmutzigen Mutoskope und ähnliche fotografische Widerwärtig-
keiten waren überall zu sehen«, berichtete er, »in den Erholungs-
orten an der See, auf Jahrmärkten auf dem Lande, an den großen
Durchgangsstraßen der Städte, sogar an Orten, an denen für gewöhnlich Veranstaltungen der Sonntagsschulen stattfinden.« Caine
schlug vor, der Innenminister solle die Örtlichkeiten auf dem
Strand inspizieren – was Charles Ritchie offenbar auch tat. Im September 1901 berichtete er, er sei »einen ganzen Nachmittag den
Strand rauf und runter spaziert, habe jedoch nichts entdecken
können«.[9]

Ereignisreicher war da schon der Ausflug, den ein siebzehnjähriges Mädchen im Frühling desselben Jahres unternahm. Annie Moss war eine Gruppe von jungen Männern aufgefallen, die in den Straßen rund um King's Cross herumlungerten. Voller Argwohn verfolgte sie das Treiben der Männer in den folgenden Monaten. Am Karfreitag beschattete sie zwei der Gangmitglieder, die in Westminster einen Mutoskopsalon betraten. Bei dieser Gelegenheit beobachtete sie, wie die Spitzbuben einem Gentleman eine Taschenuhr entwendeten, der sich gerade von einem ganz besonders interessanten Filmstreifen begeistern ließ. Die Gauner ahnten, dass sie Aufmerksamkeit erregten, wenn sie zu lange an einem Ort verweilten, und zogen zu einem weiteren Mutoskopladen auf dem Strand 138, allerdings merkten sie nicht, dass sie verfolgt wurden. Annie wusste Rat und alarmierte einen Constable, als die Männer versuchten, einer Dame die Geldbörse abzuluchsen.[10] Dass Annie sich überhaupt in einem Mutoskopsalon aufhielt, wäre niemandem aufgefallen, obwohl sie noch nicht volljährig und ohne Begleitung in der Stadt war. Auch Kinder und Jugendliche tummelten sich in den Läden und mischten sich unter die Besucher, wobei ihre unbefangenen Kommentare und Reaktionen der Öffentlichkeit Sorge und Ärger bereiteten. Als schließlich ein Mutoskopladen in der viel geschmähten Holywell Street eröffnete, erreichte die Missbilligung gegenüber dem neuen Medium einen neuen Höhepunkt.

Das einzige Thema, das dem Geschäft mit dem Sex Konkurrenz machen konnte, war die Darstellung von Gewalt. Nach dem Ausbruch des Ersten Burenkriegs im Herbst 1899 ließ Dickson den Komfort im Hotel Cecil hinter sich, reiste nach Südafrika und lebte dort genauso spartanisch wie die britischen Streitkräfte. Zum ersten Mal erlebte die Öffentlichkeit die brutale Wirklichkeit der modernen Kriegsführung, als Dickson seine Aufnahmen der Kampfmaßnahmen auf Zelluloid bannte: Seine Kurzfilme wurden in Music Halls und städtischen Veranstaltungsorten, aber auch in Mutoskopsalons und auf anderen Ausstellungen gezeigt. Seine unermüdliche und unerschrockene Berichterstattung über die Feindseligkeiten bildete den Höhepunkt seiner Karriere; die Zeitungen druckten seine Berichte regelmäßig, ehe Dickson seine Erlebnisse 1901 unter dem Titel *The Biograph in Battle* veröffentlichte. Nachdem William Kennedy Laurie Dickson dem Medium Film in den Anfangsjahren auf die Beine geholfen hatte, fasste er den Entschluss, dass es an der Zeit sei, sich als Erfinder auf anderen Gebieten zu betätigen. 1902 eröffnete er auf dem Strand 64 ein Labor, in dem er gemeinsam mit seinem alten Freund Eugène Lauste (Emiles Vater) experimentierte, in zum Teil exzentrischen Projekten. Obwohl sein Erfindergeist so frisch wie eh und je war, konnte Dickson nie wieder an die ruhmreichen Tage des Kinetoskops und des Biograph-Projektors anknüpfen.

Lange vor seinem Tod im Jahr 1935 hatte Dickson miterlebt, dass das Medium Kino ein Massenpublikum erobert hatte. Als der Erste Weltkrieg ausbrach, beschränkten sich die Filme, die in speziell errichteten Vorführungssälen gezeigt wurden, längst nicht mehr auf kurze Sequenzen mit nur einer Kameraeinstellung. Inzwischen hatte der klassische Stummfilm bereits eine beträchtliche Länge mit komplexen Handlungen. Während der 1920er und 1930er Jahre entstanden zunächst der Tonfilm, später der Farbfilm. Riesige Filmpaläste garantierten bei erschwinglichen Eintrittspreisen ein unvergessliches Erlebnis im Luxusambiente. Dem Kino war es sozusagen gelungen, eine Illusion der Realität zu erzeugen, es erfand die Geschichte gleichsam neu. 1940 stand Dicksons alter Arbeitgeber im Mittelpunkt einer romantisierenden Filmbiografie, in der Spencer Tracey die Hauptrolle spielte: *Edison, the Man* (*Der große Edison*). Der begabte Assistent des »Zauberers« spielte jedoch keine Rolle darin.

Die bewegten Bilder und der technische Fortschritt brachten weitreichende soziale Veränderungen mit sich. Es blieb nicht dabei, Menschen, die leicht von der Macht der Bilder zu beeindrucken waren, zu animieren, ihre Zeit und ihr Geld in Kinetoskop- und Mutoskopsalons zu vergeuden oder später in den hinteren Reihen der abgedunkelten Kinosäle zu knutschen. Filme haben gemeinsam mit Tonaufnahmen, dem Telefon und anderen Errungenschaften der Technik zur Entwicklung einer Kultur beigetragen, deren

Grundprinzip darin besteht, dass Wünsche sofort und dauerhaft erfüllt werden. Frühere Formen der Unterhaltung hatten weniger Aufmerksamkeit eingefordert; die Zuschauer konnten nach Belieben kommen und gehen oder mit den Darstellern interagieren. Ab 1914 beeinträchtigten die sich in London ausbreitenden Kinosäle die Einkünfte der Music Halls und beeinflussten die Formen der Unterhaltung, die Letztere anboten. Das Tivoli, die Heimat der Stand-up-Comedians und der Darsteller in komisch-ernsten Rollen, musste 1914 schließen, als Umbaupläne zur Verbreiterung des Strand vorgelegt wurden. Angesichts des Ersten Weltkriegs mussten diese Pläne aber auf Eis gelegt werden, sodass die Music Hall zwei Jahre lange leer stand, ehe sie schließlich abgerissen wurde. 1923 entstand an eben jener Stelle ein neues Tivoli, ein riesiges Kino mit 2100 Plätzen, das die aktuellsten amerikanischen Blockbuster zeigte.

10 Auf der Suche nach Dummköpfen auf dem Strand

George Formby Senior, der in den Music Halls als »The Wigan Nightingale« angekündigt war, gab für gewöhnlich einen Song zum Besten über einen Mann aus Nordengland, der nach London kommt, um Ausschau nach Trotteln auf dem Strand zu halten (»Looking For Mugs in the Strand«). Wie in vielen Liedern aus Formbys Repertoire besteht der Humor darin, dass die dämliche »John Willie«-Figur nicht erkennt, dass sie der größte Trottel von allen ist. Ob nun Jäger oder Gejagter, Formby hatte richtig erkannt, dass der Strand Londons größtes Jagdrevier war, um Leute übers Ohr zu hauen. Schon immer waren dort Einfaltspinsel unterschiedlichster Couleur Ganoven auf den Leim gegangen. Einige Tölpel ließen sich dazu überreden, Menschen Geld zu geben, die vortäuschten, bedürftig zu sein. Andere Trottel gaben ihr Bargeld für Dienstleistungen aus, die sie entweder gar nicht brauchten oder in deren Genuss sie nicht kamen. Wiederum andere Tölpel wurden sprichwörtlich bis aufs letzte Hemd ausgezogen.

Der Komiker Dan Leno nahm lieber eine Droschke von einem Ende des Strand zum anderen, er fand es schlichtweg billiger, als die Strecke zu Fuß zurückzulegen. Denn als Fußgänger wurde man ständig von Bettlern angesprochen, die um etwas Kleingeld baten, oder von arbeitslosen Bühnendarstellern belästigt, die sich etwas »borgen« wollten. Der ehemalige Profi in schäbig-vornehmem Aufzug, der eine Durststrecke zu bewältigen hatte, die Dame oder der Gentleman, die vorübergehend in finanziellen Schwierigkeiten steckten, und der aufdringliche Landstreicher – ihnen allen gelang es, dass jeder, der auch nur annähernd wohlhabend aussah, kleinere Geldbeträge abdrücken musste. Einige der Geschichten, die die vom Schicksal Benachteiligten erzählten, mochten zwar der Wahrheit entsprechen, aber oftmals handelte es sich um eine einfallslose und einstudierte Maßnahme, die einem plumpen Spendenaufruf einen Hauch von Förmlichkeit verlieh. Schnorrer oder »Ohrabkauer« zogen oft in gut organisierten Gruppen durch die Stadt. Ein anderer sehr bekannter Komödiant erinnert sich:

Ich war eines Tages unterwegs in Richtung Charing Cross und traf Dan, der mich auf einen Drink einlud.

»Aber um Himmels willen, Arthur«, sagte er, »wir gehen lieber nicht in eins der Lokale auf dem Strand.«

Ich erwiderte, ich folge ihm gern an den Ort seiner Wahl. Daher gingen wir ins Adelphi Hotel.

Erst dann erzählte Dan mir, warum er den Strand so fürchtete. Zu jener Zeit gab es einen Mann namens Dodgers, der einer organisierten Gang angehörte. Diese Gang leitete ein brillanter Kopf, der sein Geld damit verdiente, sich als Bekannter von berühmten Schauspielern und Music Hall-Sängern auszugeben. Dieser brillante Kopf besaß eine chronologische Auflistung der jeweiligen Auftritte der Künstler. Also forderte er einen aus der Gang auf, Dan Leno oder Arthur Robert oder sonstwem zu folgen, und sobald der Künstler in eine Bar oder ein Restaurant ging, begegnete er dort jemandem, den er noch nie zuvor gesehen hatte und der ihn in vertraulichem Ton ansprach: »Ich war mit Ihnen in Manchester, Sir, als Sie dort Dr. Syntax spielten, und wenn ich so sagen darf, als alter Schauspieler und Kollege, es war eine ganz wunderbare Darbietung.«

Es war der natürlichen Eitelkeit geschuldet, dass man als Künstler meinte, der Fremde spreche die Wahrheit, und daher gab man dem Mann nur zu gern fünf Shilling.

Später erfuhr ich, dass die Ganoven das Geld sofort bei ihrem Anführer ablieferten und dass die Späher, die uns belästigten, pro Woche bezahlt wurden.[1]

Anders als ihre männlichen Berufsgenossen setzten weibliche Schnorrer bisweilen ihre körperlichen Reize ein, um ihren Opfern zu schmeicheln. Viele waren auf kleinere Beträge aus, wie die offenbar in Not geratene Dame in Reuben Hills komischem Song »People You Meet in the Strand«:

In the Strand – the Strand at night-time
Though it's strange I must confess
You will always meet a maiden
Who appears in great distress.

She's a stranger quite in London,
All alone – no one she knows
And as on one side she draws you
This is how her story goes:

CHORUS:
»Pardon me – but you see I'm a stranger and worse
I'm alone – all on my own – And I've just lost my purse.
Feel so bad – should be glad if a hansom you'll stand.«
That's the lost country maiden you meet in the Strand.

Auf dem Strand – dem Strand des Nachts
Obwohl ich bekennen muss, dass es seltsam ist
Trifft man immer ein Mädchen
Das scheinbar in großer Not ist.

Sie ist fremd hier in London,
Ganz allein – kennt niemanden sonst
Und während sie dich beiseite nimmt,
Tischt sie dir folgende Story auf:

REFRAIN:
»Verzeihen Sie – aber sehen Sie, ich bin fremd hier, und was viel
                schlimmer ist,
Ich bin allein – ganz auf mich gestellt – und gerade habe ich
                meine Börse verloren.
Mir dreht sich der Kopf – ich wäre froh, wenn Sie eine Droschke
                anhielten.«
Das ist das verirrte Mädchen vom Lande, dem man auf dem
                Strand begegnet.

Einige Kniffe, mit denen die Tölpel um ihr Geld erleichtert wurden, waren selbst für den lärmenden Humor »der Halls« zu taktlos. Der Zimmermann Patrick Duncan verlor ein kleines Vermögen, nachdem er im Juni 1891 eine Prostituierte vom Strand mitgenommen hatte. Kurz zuvor war er aus Australien nach England zurückgekehrt und kam mit 95 Pfund in 5-Pfund-Noten nach London – in einer Bank in Plymouth hatte er Gold gegen Geldscheine getauscht. Vermutlich war ihm das Glück bei der Goldsuche auf der anderen Seite der Welt hold gewesen, aber sein guter Stern sollte ihn alsbald verlassen. Fünf Tage nach seiner Ankunft in England und neun Stunden, nachdem er die Hauptstadt erreicht hatte, begegnete er einer Prostituierten, die ihn in die Exeter Street 34 abschleppte, eine Straße, die vom Strand zur Rückseite von Haxell's Hotel und Exeter Hall verlief. Sie begaben sich ins erste Stockwerk in ein spärlich möbliertes Zimmer, in dem nur ein Waschtisch und ein Bett mit Vorhang standen. Hinter dem Bett – und verborgen hinter dem Vorhang – befand sich eine geschlossene Tür, vor der ein Stuhl stand. Wie ein Handlanger eines Magiers legte Duncan seine Kleidung, in der sich die gebündelten Banknoten befanden, auf ebenjenen Stuhl, wobei er nicht ahnen konnte, dass die Gehilfen der Prostituierten, Helen Schmidt und William Schneider, im Zimmer nebenan warteten. Unmittelbar nach Verlassen des Hauses stellte Duncan fest, dass sein Geld weg war, als er aber mit der Polizei zurückkehrte, waren beide Zimmer so leer wie seine Taschen. Zwar wurden Schneider und Schmidt bald verhaftet, aber das meiste von Duncans 95 Pfund war spurlos verschwunden.

Man konnte noch auf eine andere Art und Weise sein Geld verlieren, und zwar in den Spiel- und Wettclubs, die im Umfeld des Strand florierten. Obwohl herkömmliche Spielhöllen und Wettbüros in den 1840ern und 1850ern per Gesetz als illegal erklärt worden waren, setzte man sich in der viktorianischen Ära oft darüber hinweg. Zwischendurch knöpfte sich die Polizei immer wieder ein Etablissement vor, in der Hoffnung, das Überraschungsmoment und die Anzahl der Beamten würden ausreichen, um die Spieler zu fassen zu bekommen, ehe diese Gelegenheit hatten, sich der Karten, Würfel oder anderer Spielutensilien zu entledigen. Derartige Operationen waren meist sehr gut abgesprochen, wie bei den Razzien im Agar Club, Strand 50, und dem New Falmouth Club, Strand 164. An einem Dienstag, dem 8. April 1891, drangen Inspector Steggles und eine Truppe Constables gegen viertel nach drei nachmittags in die Räumlichkeiten des Agar Clubs ein. Da sie dort etwa vierzig Personen vorfanden, die sich um einen Lochstreifenfernschreiber geschart hatten und die Ergebnisse des Städtischen und Vorstädtischen Pferderennens abwarteten, rief der Inspektor: »Meine Herren, Sie sind alle vorläufig festgenommen, auf Anordnung von Sir Edward Bradford, des Chief Commissioners der Polizei.« Als Ernest Henry Hart, der junge Betreiber des Clubs, aufgefordert wurde, die Clubbücher auszuhändigen, gab er ein jämmerliches Bild ab: »Nehmen Sie ruhig alle. Aber Sie werden nicht viel finden. In letzter Zeit lief es schlecht für mich; Tatsache ist, erst kürzlich musste ich meine Uhr zum Pfandhaus bringen. Hier ist der Pfandschein. Es bedurfte einer Razzia, um mich endgültig zu erledigen.«[2] Hart, einst Komödiant der Music-Hall-Szene, war zum Buchmacher avanciert und besaß ein Wettbüro. Die Pechsträhne, die er in Inspector Steggles' Beisein so anschaulich geschildert hatte, hielt an, als sein Club schließen musste und Hart eine Strafe von 50 Pfund aufgebrummt bekam. Daraufhin eröffnete er den Quadrant Club in der Regent Street und das El Dorado am Haymarket, beide Etablissements warfen indes keine Gewinne ab, sodass Hart 1893 Bankrott erklären musste.[3]

Am selben Tag der Razzia im Agar Club stürmte Chief Inspector Wells, unterstützt von zwei weiteren Inspectors und zwanzig Constables, in das Erdgeschoss eines Tabakwarenladens und in den ersten Stock am Strand 160. Die Polizisten stießen den Wachposten am Eingang beiseite und entdeckten einige Männer, die Wetten abgaben und auf den Fernschreiber starrten, der die Ergebnisse bekanntgab (und in den kommenden Minuten die Nachricht von der Razzia im Agar Club melden würde). Während die festgenommenen Kunden des Clubs zu den Droschken geführt wurden, um sie in die Bow Street Police Station zu bringen, jubelte ihnen eine große Menge zu, die sich auf dem Strand versammelt hatte.[4]

Gäbe es Kraftlinien für kriminelle Aktivitäten, hätten sie sich wahrscheinlich am Strand 164 geschnitten. Dort stand eins von vier alten Fachwerkhäusern, die noch aus dem 17. Jahrhundert stammten. Es befand sich zwischen den Kirchen St. Mary le Strand und St. Clement Danes, unweit der Opera Comique und wenige Schritte vom Strand Theatre entfernt. Die nördliche Fassade des Strand schirmte die unselige Holywell Street ab: Die verborgene Existenz dieser Straße fiel immer nur dann auf, wenn wieder einmal ein Gentleman die Half Moon Passage verließ, ein diskret verpacktes Buch unterm Arm (vgl. Kap. 16). Abgesehen von einem einzigen halbkreisförmigen Ziergiebel war die Nummer 164 architektonisch unauffällig: vier Reihen großer Fenster, die auf die Welt herabblickten und nicht gerade einladend wirkten. Die Anonymität des Gebäudes lud vielmehr zu unlauteren Machenschaften ein. Auf den Zwischenfall am New Falmouth Club folgte 1893 das nächste polizeilich erfasste Fehlverhalten an dieser Anschrift, als ein Theater- und Music-Hall-Agent der Täuschung sowie des Betrugs bezichtigt wurde.

George Edwin Bishop nämlich reduzierte seine Betriebskosten, indem er zu dem simplen Hilfsmittel griff, die Büroräumlichkeiten immer genau dann aufzugeben, wenn der Vermieter die Miete verlangte. Die laufenden Kosten drückte er zudem dadurch, dass er seine Kunden nicht darüber in Kenntnis setzte, wenn er umzog. Wohn- bzw. Büroraum gab es genug, und junge Menschen standen regelrecht Schlange, um sich Rat und Tat eines Agenten bezüglich der Frage zu erkaufen, wie man ein Music Hall Star wurde. Im August 1891 wurden die zwei Schwestern Amy Rose Pigot und Florrie Stevenson bei Bishops ehemaligem Büro in der Catherine Street 1, Strand, vorstellig, nachdem sie eine Anzeige im Programmheft der Royal Music Hall, Holborn, gelesen hatten.

Der Theateragent erklärte sich bereit, die Frauen im Tanzen, Singen und Schminken zu unterrichten und ihnen die entsprechende Bühnendiktion beizubringen. Es hieß, er werde sie mit sechs eige-

Abb. 22: Ein vielbefahrener Strand, aufgenommen Mitte der 1890er Jahre

nen Songs versorgen und ihnen Engagements an Music Halls verschaffen. Als Gegenleistung mussten sie zehn Guineen bezahlen, in wöchentlichen Raten von einer halben Guinee. Trotz seines Versprechens, er werde ihnen eine Rolle für die Boulevardpantomime am Theatre Royal, Drury Lane, vermitteln, unternahm Bishop herzlich wenig, um die Schwestern auf die Theaterkarriere vorzubereiten. Bishops Assistenten erteilten ein paar uninspirierte Unterrichtsstunden in der Catherine Street, später in einer Wohnung in der Waterloo Road 86, die Bishop bereits nach einem Jahr wieder aufgab, als er mit 17 Pfund im Mietrückstand war. Dass er in die Kennington Road 289 zog, teilte er den Schwestern nicht mit (übrigens wohnten hier fünf Jahre später Charles Chaplin Senior und dessen kleiner Sohn Charlie), aber im Oktober 1892 gelang es den beiden Frauen, Bishop aufzuspüren. Nachdem er sie gebeten hatte, in drei Wochen wiederzukommen, bezog er die Woche darauf neue Büroräume am Strand 164.

Andere Kunden fertigte er in derselben Weise ab. Elizabeth Ann Davis berichtete, alle Songs, die Bishop zur Verfügung stelle, hätten dieselbe Melodie, und die Tanzschritte, die man ihr zeige, seien »keinen Pfifferling wert«.[5] Nachdem man das Klavier aus der Kennington Road beschlagnahmt hatte, musste Harold Augustus Weld die beunruhigende Erfahrung machen, beim Gesangsunterricht nur noch von Bishops Summen begleitet zu werden. Clara Watt gaukelte man vor, mit ihrem ganzen Auftreten sei sie geeignet für das ernste Fach auf der Bühne, aber ihre Schauspielstunden fanden ein abruptes Ende, als Clara sich weigerte, dem Agenten Geldsummen zu leihen. Selbst ein Darsteller, der bereits über Bühnenerfahrung verfügte, wurde ausgebeutet, als er Bishop bat, er möge ihm eine Rolle in einer Boulevardpantomime verschaffen. William Wyatt sollte als Bishops Manager fungieren, doch seine erste Aufgabe bestand darin, seinem Vorgesetzten zu helfen, so schnell wie möglich aus der Kennington Road 289 zu verschwinden, wo Bishop nicht nur mit der Miete im Rückstand war, sondern auch verbotenerweise Räumlichkeiten untervermietet hatte. Nach dem Umzug zum Strand 164 am 13. November 1892 beschloss Wyatt nach nur acht Tagen, dass es besser wäre, bei seinem Arbeitgeber zu kündigen. Die meiste Zeit verbrachte Bishop außerhalb des Büros in Bars, und der Unterricht, den seine Stieftochter und sein Stiefsohn erteilten, entsprach bei Weitem nicht den professionellen Anforderungen. Nach weiteren Beschwerden wurde Bishop im Februar 1893 am Bow Street Police Court Betrug vorgeworfen, folglich musste er sich am Old Bailey verantworten und wurde zu zwölf Monaten Zuchthaus verurteilt.[6]

Ein Jahr später ereignete sich am Strand 164 eine ganze Reihe eigenartiger Fälle von Erpressung, hinter denen ein deutscher Barbier und dessen Angestellte steckten. Der ständige Besucherstrom am Strand bedeutete, dass sich immer wieder Gelegenheiten für einmalige Betrügereien auftaten, von denen einige auf das Konto scheinbar seriöser Unternehmen gingen. Einen preisgünstigen Haarschnitt oder eine Rasur in einem heiteren und vertrauenerweckenden Umfeld anzubieten, gehörte zur Masche eines Friseursalons am Strand 47 und 164. Von Beginn des Jahres 1893 waren bei der Polizei Beschwerden eingegangen: Es seien Wucherpreise in den beiden Salons für kosmetische Zahnbehandlung verlangt worden. Paul Baron, »ein großer, blonder Mann von typisch deutscher Erscheinung«[7] hatte seinen Angestellten eingeschärft, Kunden zu ködern, die von außerhalb Londons kamen, in der Hoffnung, diese Leute könne man leichter übers Ohr hauen, da sie sich nur kurz in der Stadt aufhielten und womöglich nicht mit den Sitten und Gebräuchen vertraut waren. Man suchte die Opfer nach den Herstelleradressen in den Hüten aus oder erkundigte sich scheinbar beiläufig über das Wetter in der Gegend, aus der sie stammten. Die Vorgehensweise war stets dieselbe. Während der Angestellte den Kunden rasierte oder ihm die Haare schnitt, nahm er Bezug auf den schlechten Zustand der Zähne und bot sogleich an, die Zähne mit einer speziellen Flüssigkeit aufzuhellen, die extra aus Kalifornien eingetroffen sei (in Wirklichkeit handelte es sich bei dem Bleichmittel um billig erworbene Salzsäure). Gelegentlich wurde ein Zahn gezogen oder eine elektrische Schockbehandlung für das Haar angeboten. Obwohl kaum etwas gemacht oder eine nutzlose Dienstleistung erbracht worden war, verlangte der Assistent eine hohe Geldsumme; für gewöhnlich 3 oder 4 Pfund für das Bleichen der Zähne. Verweigerte der Kunde die Zahlung, drohten Baron und seine Frau mit rechtlichen Schritten oder versuchten, die Kunden festzuhalten, bis sie sich endlich bereit erklärten, die offene Rechnung zu bezahlen. Wer gerade knapp bei Kasse war, wurde aufgefordert, zur nächsten Bank zu gehen, um Geld zu holen, oder seine Taschenuhr oder Uhrkette in einem Pfandgeschäft in der Nähe der Villiers Street zu hinterlegen.

Die Kunden, die auf diese furchtbare Art und Weise behandelt wurden, kamen für gewöhnlich aus dem Ausland oder aus ländlichen Gegenden Großbritanniens, fernab Londons. Unter den Opfern befanden sich Benjamin Prince, ein Holzhändler aus Kanada; Chengalath Krishna Menon, Dozent am Madras College für Agrarwissenschaft; der Reverend William Coleman Williams aus Ebbw Vale, Wales; Duncan Crerar und James Neish, zwei Freunde aus

Glasgow, Schottland; Ernest Gallichat aus Jersey und Frederick Ratcliffe von der Isle of Man. Als ein Gentleman aus Leicester aus dem Mund des Ladeninhabers vernahm, es sei nicht unüblich, 10 Pfund für das Bleichen der Zähne zu verlangen, nahm er Bezug auf Englands bestbezahlten Anwalt: »Nanu, was sind Sie? Wieso führen Sie einen Herrensalon, wenn Sie das alles können? Sie versuchen, Ihr Geld schneller zu verdienen als Sir Charles Russell!«[8] Nachdem die Polizei ihn zweimal verwarnt hatte, wurden Baron und dessen Manager Browett vor Gericht gestellt und am 20. November 1895 am Old Bailey des Betrugs für schuldig befunden: Der Inhaber des Salons erhielt 15 Monate Zuchthaus, sein Assistent ein Jahr.

Dass Paul Baron den traditionsreichen englischen Herrensalon (bzw. das Barbiergeschäft) in Verruf brachte, rief in weiten Teilen der Bevölkerung Groll hervor. Der altgediente Music-Hall-Sänger Herbert Campbell verglich Barons Verhalten mit dem »Demon Barber of Fleet Street« (»Der teuflische Barbier aus der Fleet Street«), dem Erzschurken des gleichnamigen Bühnenmelodramas und entsprechender Groschenheftchen, der seinen Kunden die Kehle aufschlitzt und die Leichen für die Füllung von Fleischpasteten nutzt. In »The Modern Sweeney Todd« sang Herbert:

When a foreigner comes you can bet ten quid,
He'll pinch your trade like this one did
In the Strand. In the Strand. In the Strand. In the Strand.
Then after a while the Joker begins
To scrape our »Oof« and scrape our chins
In the Strand. In the Strand. In the Strand. In the Strand.

CHORUS:
This Foreign Todd the Barber – has shown – you'll own
That when a Briton wants a crop,
He ought to go to a British shop.
In the Strand. In the Strand. In the Strand. In the Strand,
And *not* to a Foreign Barber.

Kommt ein Fremder vorbei, kannst du zehn Mäuse wetten,
Er wird sich dein Geschäft krallen, wie dieser es tat
Auf dem Strand. Auf dem Strand. Auf dem Strand. Auf dem
    Strand.
Dann, nach einer Weile, fängt der Joker an
Den »Zaster« zusammenzukratzen und unsere Wangen zu
    rasieren
Auf dem Strand. Auf dem Strand. Auf dem Strand. Auf dem
    Strand.

REFRAIN:
Dieser Fremde Todd der Barbier – hat demonstriert – du wirst es
    eingestehen,
Wenn ein Brite einen Haarschnitt braucht,
Dann sollte er in einen britischen Barbiersalon gehen.
Auf dem Strand. Auf dem Strand. Auf dem Strand. Auf dem
    Strand.
Und *nicht* zu einem fremden Barbier.

In dem Song kam eine weit verbreitete Fremdenfeindlichkeit zum
Ausdruck, die ständig neue Nahrung erhielt, sobald von Verbrechen berichtet wurde, die Ausländer begangen hatten. Der ehemalige CID-Ermittler (Criminal Investigation Department) und spätere Privatdetektiv Maurice Moser hatte wenig Zweifel, dass das Verbrechen, im Ganzen betrachtet, ein un-englischer Zeitvertreib sei.
Bezüglich des Verkaufs von Bildern pornografischer Natur kam er
zu dem Schluss:

Bei all den Fällen dieser Art, mit denen ich zu tun hatte oder in
die ich eingreifen musste, habe ich nie festgestellt – möge es ihm
zu immerwährendem Ansehen gereichen –, dass ein Engländer
in diesen verabscheuungswürdigen Handel verstrickt gewesen
wäre, denn es waren ausnahmslos (ich kann da nur aus meiner
eigenen Erfahrung sprechen) gesellschaftliche Außenseiter aus
irgendeinem fremden Land.[9]

Inspector Moser betonte bei fast jeder Gelegenheit, dass Ausländer in Verbrechen unterschiedlichen Grades verstrickt waren; oft brachte er sie in Zusammenhang mit verschwörerischen Organisationen oder mit böswilligen Mikrokosmen der allgemeinen Gesellschaft. Es gab einen Fall, in dessen Verlauf ein französischer Kellner, der einen kleineren Diebstahl begangen hatte, als Beweis für Mosers Auffassung herhalten musste, als es zur Festnahme einer gesuchten Mörderin kam, die ebenfalls aus Frankreich stammte. 1884 genoss der Detektiv seinen Lunch in seinem Lieblingsrestaurant am Strand, als eine grell gekleidete junge Frau und ihr um Jahre älterer Bewunderer seine Aufmerksamkeit erregten. Als die »Göttin mit dem kastanienbraunen Haar« (ein Mitglied des Corps de Ballet am Alhambra oder Empire) das Lokal verließ, vergaß sie einen teuren Schirm. Moser beobachtete mit Argusaugen, wie Alphonse, der verschlagene Kellner aus dem Ausland, das gute Stück in sichere Verwahrung nahm. Kurz darauf beendete Alphonse sein morgendliches Tagewerk, worauf sich Moser gezwungen sah, weitere drei Stunden in dem Restaurant zu verbringen, bis der Kellner für seine nächste Schicht zurückkehrte. Als Moser den Kellner schließlich zur Rede stellte, erklärte Alphonse sich bereit, gemeinsam mit dem geduldigen und vermutlich pappsatten Inspector den Regenschirm aus seiner Unterkunft zu holen. Es handelte sich aus Mosers Sicht um »einen jener verdächtigen Orte – teils Club, teils Spielhölle, teils Hotel, teils was-Sie-wollen, wie man sie in unmittelbarer Nachbarschaft zum Haymarket zuhauf antrifft«.[10] Bei jenem kurzen Aufenthalt stellte Moser fest, dass es sich bei einem der dortigen Dienstmädchen um Suzanne Ricord handelte, eine junge Frau, die in Frankreich wegen Mordes gesucht wurde: Sie hatte ihr dreijähriges Kind zerstückelt. Moser brachte die Mörderin zurück in ihr Heimatland, wo sie eine Strafe auf Bewährung erhielt. Der enttäuschte Detective kam zu dem Schluss, dass die Franzosen »sentimental« seien. Zurück in London, stellte ein Richter unterdessen die britische Rigorosität unter Beweis, indem er Alphonse vierzehn Tage Gefängnis aufbrummte.

Wenn man bedenkt, dass George John Binet nicht vom Festland

stammte (er kam von den Kanalinseln), ist es erstaunlich, dass er eine Anstellung in Maurice Mosers Detektei fand. Kaum hatte Binet achtzehn Monate für Moser gearbeitet, zeigte er jedoch sein wahres Gesicht als perfider Fremder, indem er ein Konkurrenzunternehmen gründete und einen betrügerischen Plan ersann: die Leute sollten Geld dafür bezahlen, Detectives zu werden. 1890 bezog Binet Räumlichkeiten in den New Inn Chambers, Wych Street, Strand, wo er die National Detective Agency eröffnete und sich in diesem Zusammenhang auf schamlose Weise jenes Namens bediente, den die berühmte Pinkerton-Detektei in den Vereinigten Staaten benutzte. Die in London ansässige National Detective Agency verfügte vielleicht nicht über so viel Personal wie das amerikanische Pendant, doch Binet brüstete sich mit folgenden Leuten, die ihre Dienste anboten: »Chief Inspector« Godfrey, ein ehemaliger Lieutenant der Royal Militia of Jersey, Mrs. J. Gray, eine »gefeierte Lady Detective«, und Binet persönlich, ein ehemaliger Kohle- und Getreidehändler und, laut eigener Aussage, ehemaliger Leiter der Polizei auf Jersey. Es dauerte nicht lange, bis das Triumvirat danach strebte, die eigene Truppe zu vergrößern – und das Bankkonto zu füllen – indem es (Offiziers-)Patente zum Verkauf anbot. Gegen Ende des Jahres 1891 erschienen Anzeigen in der regionalen Presse:

DETECTIVES! – Wir suchen an jedem Ort Bewerber beiderlei Geschlechts, aus allen Schichten, die als Privatdetektive auf selbständiger Basis agieren. Alter ohne Belang, aktuelle Beschäftigung kein Hinderungsgrund. Gute Bezahlung. Schicken Sie uns Ihr Foto und einen frankierten Umschlag für weitere Informationen an die National Detective Agency, New Inn Chambers, Strand, London. Manager, G. J. Binet, ehemals Leiter der Polizeibehörde.[11]

Da Binet mit einer Flut von Bewerbern rechnete, bestellte er 640 Zertifikate aus Pergament bei einem örtlichen Drucker und schickte diese nach Eingang einer Postanweisung über 19 Shilling 6 Pence an seinen frisch zusammengestellten Stab. Leider waren die Zertifikate alles, was die angehenden Detectives erhalten sollten, denn die in Aussicht gestellte Arbeit in den jeweiligen Vierteln kam nie zustande. »Es tut uns leid, dass wir Ihnen noch nichts auftragen konnten; in Ihrem Bezirk gab es noch keinen einzigen Fall«, schrieb Binet an Annabella Jones aus Billinghurst in Sussex. Schließlich wurde Binet am 27. April 1893 wegen Betrugs und Komplotts vor Gericht geladen. Lieutenant Godfrey und Mrs. J. Gray hatten ihre detektivischen Fähigkeiten bereits unter Beweis gestellt, indem sie die Büroräume in den New Chambers verlassen hatten, sodass nur noch Binet einen Fluchtplan ausarbeiten musste. Binet war zwar erfindungsreich, erwies sich aber nicht als so erfolgreich wie seine Kollegen. Da er nicht am Bow Street Police Court vorstellig geworden war, nahm man ihn am 18. Mai in der Victoria District Line Station fest – er hatte sich als Kapitän verkleidet. Am 24. Juli 1893 wurde Binet am Old Bailey zu einem Jahr Zuchthaus verurteilt, da er »durch Vorspiegelung falscher Tatsachen und mit betrügerischer Absicht widerrechtlich Postanweisungen erhalten« habe.[12]

Der Strom leichtgläubiger Trottel auf dem Strand war unerschöpflich, ebenso wie die unlauteren Strategien, jene Tölpel um ihr Bargeld oder ihren Besitz zu bringen. Aber Erfindungsreichtum zählte selten zur Stärke der Betrüger. Für gewöhnlich versuchten die Ganoven es mit den immer gleichen Betrügereien, oftmals an den alten Örtlichkeiten. 1901 wurde dem Barbier Laurence Cohen und seinem Assistenten John Pou vorgeworfen, sie hätten gemeinschaftlich und unter Vorspiegelung falscher Tatsachen ihren Kunden erzählt, diese bräuchten für ihre entzündete Kopfhaut eine spezielle Dampfbehandlung. Die Adresse, an der dieser pseudowissenschaftliche Schwindel angepriesen wurde, lautete Strand 164.[13]

11 Die Fallsammlung des Maurice Moser

»Das merkwürdige Verschwinden der Mabel Love« (vgl. Kap. 2), »Der Skandal um die Perlen der Herzogin von Sermoneta«, »Die große russische Rubelfälschung«, »Das Geheimnis des Wahnsinnigen von Battersea« und »Der Skandal um das Blaue Kreuz von Österreich« zählen zu Mosers bekannteren Kriminalfällen. Da er als renommierter privater Ermittler galt, kamen viele Kunden in sein Büro auf dem Strand, vertrauten sie doch darauf, Moser werde ihre Probleme diskret und effizient lösen. Anders als manch einer in seinem Metier war er ein kultivierter und hochintelligenter Mann, der sich in allen gesellschaftlichen Schichten zu bewegen wusste. Moser beherrschte mehrere Sprachen, galt als talentierter Musiker und wurde einmal von dem zukünftigen König von England geehrt. Geschichten über seine Erlebnisse erschienen in bekannten Magazinen und in zwei Büchern, die sich gut verkauften. Aber anders als sein fiktiver Kollege Sherlock Holmes war Maurice Moser mitunter aufbrausend und ungehalten. Eine leidenschaftliche Affäre mit einer Kollegin endete in demütigenden Auftritten vor Gericht, Moser wurde daraufhin öffentlich verspottet und geschmäht.

Wie es sich für einen berühmten Meisterdetektiv gehört, bleibt Mosers Herkunft im Dunkeln. Er kam vermutlich 1852 oder 1853 in Yorkshire zur Welt und war der Sohn von Gustav Moser, einem Seidenhändler. Dass seine Familie einst wohlhabend gewesen sein muss, erschließt sich aus einer von Mosers Bemerkungen in späteren Jahren:

Schon früh in meinem Leben war ich finanziell am Boden und musste plötzlich auf meine Rücklagen zurückgreifen – in diese Lage war ich aufgrund des ungehörigen Verhaltens eines säumigen Treuhänders geraten. Ich war nie in den Genuss irgendeiner wirtschaftlichen Ausbildung gekommen, da die Hoffnung bestand, dass meine Mittel reichen würden, um mir ein einigermaßen auskömmliches Leben zu ermöglichen, falls nötig sogar ohne die Mühen des Arbeitslebens.[1]

Da er nicht über die entsprechenden Mittel verfügte, um Karriere in einer der traditionellen Berufsrichtungen zu machen, nahm Moser mal den einen, mal den anderen Job an, meist in Büros und Schreibstuben. Einmal überlegte er, sich freiwillig zum Militärdienst zu melden, aber da er nicht groß genug war, um sich der relativ gut besoldeten Brigade of Guards anzuschließen, lehnte er es ab, seinem Land zu dienen für »eine elende, mikroskopisch kleine Vergütung, die lächerlicherweise als Gehalt bezeichnet wird«.[2] Als er 1874 heiratete, beschrieb er sich als »Manager einer Schokoladenfabrik«. 1877 schließlich trat er der Metropolitan Police bei und fing als Constable B 392 in der Walton Street Police Station an, in Brompton, im Royal Borough of Kensington. Seine Erinnerungen an das Leben als Polizist entsprechen den komischen Stereotypen, auf die man immer wieder in humorvollen Journalen und Music-Hall-Songs stößt:

Ein Polizeibeamter, der spät abends seine Runden dreht, hat bald so seine »Beziehungen«. Ein freundlicher Wirt eines Pubs hier und ein anderer dort geben einem oft das, was gerade besonders gewünscht wird – ein aufmunterndes, heißes Glas Grog für einen halb verhungerten Sterblichen. Die Bediensteten, insbesondere die weiblichen, in den Häusern der Nachbarschaft sind für gewöhnlich auf ein Schwätzchen aus (auch wenn das ausdrücklich gegen die Vorschriften verstößt): des Abends zwischen den schmiedeeisernen Zäunen, wenn der Abendbrottisch abgedeckt ist, wenn verschiedene, köstliche Leckerbissen den Gaumen des »Mr. Policeman« erfreuen. Falls er alleinstehend ist und obendrein gut aussieht und freundlich ist, so braucht sich unser Polizist keine Gedanken über sein Abendessen zu machen, das heißt, wenn er seine Pflicht kennt.[3]

Nachdem er neun Monate hier und da mit Dienstboten geschwatzt oder sich an den Helm getippt hatte, um einen Gastwirt zu grüßen, und die geisterhaften Gassen am Brompton Cemetery entlanggegangen war, wurde Moser zu Scotland Yard versetzt, wo er die aufregende Nachricht erhielt, er werde eine Weile im Ausland arbeiten. Nur wenige Polizeibeamte konnten von sich behaupten, bis zu fünf Sprachen zu sprechen, und daher galt Moser als idealer Kandidat, um den Prince of Wales und die Royal Commission zur Weltausstellung (Exposition Universelle) nach Paris zu begleiten. Moser, ein Superintendent und ein weiterer Police Constable lösten einander beim Sicherheitsdienst ab, und so blieb Moser für die Dauer einer internationalen Ausstellung in Paris, mit der Frankreich nach der demütigenden Niederlage im Deutsch-Französischen Krieg seinen neu erwachten Nationalstolz und sein Selbstbewusstsein demonstrieren wollte. Unter den neuen Erfindungen, die Moser womöglich bewundernd betrachtet hat, befanden sich das Telefon, Thomas Edisons Phonograph und das elektrische Licht. Nach Erfüllung seiner Pflicht in Paris im Herbst des Jahres 1878 bekam Moser vom Prinzen (dem Präsidenten der Kommission) eine Ansteckenadel aus Gold mit Platin verliehen und erhielt Geld von britischen Ausstellern. Weitaus lukrativer dürfte für Moser indes gewesen sein, dass Sir Philip Cunliffe Owen, der Direktor des South Kensington Museum und Sekretär der Kommission, ihn für einen Posten am neu eingerichteten Criminal Investigations Department bei der Metropolitan Police empfahl.

In dieser Abteilung der Polizei begann Moser als Detective Constable dritter Klasse, stieg aber rasch in die erste Klasse auf; auch als Detective Sergeant gehörte er bald zu den Beamten in der vordersten Reihe. Allerdings war er nicht gerade beeindruckt von der Effektivität seiner Kollegen, die zwar eine Ausbildung genossen hatten, für Mosers Geschmack jedoch wenig davon verstanden, möglichst unauffällig zu Werke zu gehen. Trotz der zivilen Kleidung haperte es nach Mosers Dafürhalten an »Eigentümlichkeiten wie der Körperhaltung, der Gangart und der Wahl der Kleidung, wodurch die Gesetzeshüter eindeutig zu erkennen waren«.[4] Bei manch einer Gelegenheit war Moser während seiner frühen Tätigkeit für das CID in der Lage, auf die Vermeidung dieser »Eigentümlichkeiten« hinzuweisen, sodass er sich als Käufer unanständiger Fotografien tarnen und undercover arbeiten konnte.

Die Fotografie, eine wissenschaftlich-technische Errungenschaft, die zeitlich vor dem Telefon und dem Phonographen zu datieren ist, war von Beginn an von Pornografen instrumentalisiert worden. In vielen Läden wurden fotografische Drucke ausgestellt, auf denen Schauspielerinnen und Tänzerinnen in knappen Kostümen zu sehen waren, auch Reproduktionen von Cartoons mit anstößigem Inhalt. Oftmals konnte der Kunde nach Absprache mit dem Ladeninhaber ein Hinterzimmer betreten, in dem weiteres Material aufbewahrt wurde. Moser hatte den Auftrag, Ladeninhaber zu überreden, ihm Fotografien anzubieten, die von den zuständigen Behörden als obszön eingestuft wurden. Bei einem dieser Einsätze, am 23. Juni 1880, betrat Moser – inzwischen zum Sergeant aufgestiegen – einen Buchladen in der White Hart Street 21, Drury Lane. Nachdem er einen Titel aus den Auslagen gekauft hatte, fragte er den Verkäufer William Williams, ob er ihm eine Sammlung anderer Fotos zeigen könne. Doch in dem Raum über dem Laden konnte Moser keine anstößigen Bilder entdecken, bis Williams' Frau Ellen vorschlug, man möge Moser ein Album zeigen, das, wie sich herausstellte, pornografische Bilder enthielt. Moser stellte sieben Beweisstücke sicher und erstattete Chief Inspector Shore Bericht, der sein Einverständnis zur Festnahme des Ladenbesitzers gab. Ellen und William Williams hatten offenbar angesichts der ganzen Erscheinung oder anhand der Gangart des Detectives Verdacht geschöpft, denn sie verließen ihren Laden am Tag nach Mosers Besuch. Pech für Williams, dass er von einem uniformierten Beamten in der Villiers Street, Strand, erkannt und festgenommen wurde. Später, im Sommer, gelang es Moser, bei Caroline Thoreste acht Fotos zu erwerben, einer französischen Gouvernante und Buchhändlerin am Leicester Square 19. Als man ihr Geschäft durchsuchte, stieß man auf weitere fünfhundert anstößige Bilder, die aus Paris stammten. Da Thoreste sich darauf berufen konnte, mit dem britischen Rechtssystem nicht vertraut zu sein, ersparte man ihr einen Gefängnisaufenthalt. Stattdessen musste sie 50 Pfund Strafe zahlen.

1881 war Moser dann wieder in Paris. Offenbar sollte er dort einen Anführer der Irischen Republikanischen Bruderschaft beschatten. James Stephens war seit 1848 auf der Flucht vor den britischen Behörden; damals floh er nach dem gescheiterten Aufstand des »Jungen Irland« nach Frankreich. In den folgenden Jahren widmete er sich dem Versuch, die britische Herrschaft in Irland zu stürzen, und gründete 1858 während eines illegalen Aufenthalts in seinem Heimatland die Irische Republikanische Bruderschaft (engl. *Irish Republican Brotherhood*). Ein Mitverschwörer des Jungen Irland, John O'Mahony, verließ 1856 Europa, reiste in die Vereinigten Staaten und gründete die Fenian Brotherhood, eine Gesellschaft, die sich auf die Fahnen schrieb, mit Waffengewalt eine irische Republik zu erzwingen. Mitglieder beider Organisationen und andere Sympathisanten wurden über einen Kamm geschoren und als »Fenians« bezeichnet, als Großbritannien zwischen 1880 und 1885 von Bombenattentaten erschüttert wurde. In den Vereinigten Staaten hatte Jeremiah O'Donovan Rossa, ein im Exil lebender irischer Republikaner, der oft nach der »wissenschaftlichen« Zerstörung Londons gerufen hatte, einen »Scharmützelfonds« eingerichtet, um Gelder für den Kampf gegen England zu sammeln.

Moser nahm recht bald an den Bestrebungen teil, die Bombenleger zu bekämpfen. Während er einen Verdächtigen wie Stephens beschattete, erhielt er aus London die Nachricht, für den 15. März 1881 sei ein Attentat an der Außenmauer des Amtssitzes des Lord Mayor, dem Mansion House, geplant: Dort sollte ein Behältnis mit vierzig Pfund Schwarzpulver gezündet werden. Als einer der mutmaßlichen Attentäter, Thomas Mooney, in Paris ausfindig gemacht wurde, verkleidete Moser sich als Maurer und klopfte in diesem Aufzug an die Tür von Mooneys Hotelzimmer. Es gelang Moser, den Verdächtigen auf die Straße zu locken, wo bereits einige Police Detectives warteten. Da die Beziehungen zwischen Frankreich und dem Vereinigten Königreich angespannt waren, kam es nicht zur erhofften Auslieferung des Verdächtigen, doch Chief Superintendent Williamson ließ Mooney wissen, dass man ihn durchschaut habe und ihn unverzüglich festnehmen werde, sobald er seinen Fuß auf britischen Boden setzte. Nach seiner Rückkehr aus Paris behauptete Moser, er habe im Zuge mehrerer Durchsuchungen an den Liverpool Docks eine ganze Reihe »Höllenmaschinen« entdeckt. Zeitungsberichte vom Juli 1881 bestätigen, dass in Behältern für Beton, die aus den Vereinigten Staaten stammten, vierundzwanzig Bomben gefunden wurden, Maurice Moser wurde jedoch mit keinem Wort erwähnt.

Zu Beginn des Jahres 1883 war Moser erneut in Paris und ermittelte gemeinsam mit Chief Superintendent Williamson in einem der spektakulärsten Mordfälle der britischen Politikgeschichte. Am 6. Mai 1882 hatte eine bis dato unbekannte Organisation, »The Invincibles« (dt. »Die Unbesiegbaren«) den ein Jahr zuvor ins Amt berufenen Chief Secretary for Ireland, Lord Henry Cavendish, und den Unterstaatssekretär Thomas Henry Burke im Phoenix-Park in Dublin ermordet. Obwohl mehrere Mitglieder der republikanischen Gruppe von einem Informanten identifiziert und später hingerichtet wurden, war dem mutmaßlichen Drahtzieher der Verschwörung, Frank Byrne, im Februar 1883 die Flucht nach Paris geglückt. Ihm unmittelbar auf den Fersen waren Williamson und Moser. Nachdem die beiden Detectives Verbindungen zu den französischen Polizeibehörden aufgenommen hatten, beschatteten sie Byrne und dessen Gehilfen John Walsh, wurden dann jedoch in ihren Erwartungen arg enttäuscht, als man ihnen die Festnahme der Verdächtigen verweigerte.[5]

Bald darauf wurde London von einem Bombenattentat in Whitehall und vor den Büroräumen der *Times* erschüttert. In Ladywell, Birmingham, entdeckte man eine Sprengstofffabrik, vier Verschwörer wurden am 5. April 1883 festgenommen. Der Drahtzieher, der amerikanische Staatsbürger Dr. Thomas Gallagher, hatte ein Zimmer im Midland Hotel unweit der Charing Cross Station bezogen und nutzte die nahegelegene American Exchange Bank sowie deren Lese- und Schreibsaal am Strand 449 als Basis. Sein Landsmann, der 21-jährige Joseph William Lynch, der sich als William J. Norman ausgab, wurde nach Birmingham geschickt, um dort eine große Lieferung von hochexplosivem Nitroglyzerin abzuholen. Lynch kam mit der 170 Pfund schweren Kiste an der Euston

Station an und bestieg eine Droschke zum Beaufort Hotel, Wellington Street 2, Strand. Er hätte es sich wohl sparen können, die schwere Kiste mit der tödlichen Ladung bis in den dritten Stock des Hotels zu schleifen, da die Polizei ihn keine zwei Stunden später gegen 12:30 Uhr festnahm – die Beamten waren Lynch von Birmingham aus gefolgt.

Da die Behörden mit einer ganzen Serie von Bombenattentaten rechneten, erhielt Moser die Order, über die Aktivitäten der »Fenianer« in Paris zu berichten. Seine Einschätzung, von den irischen Auswanderern dort gehe keine Gefahr aus, wurde von einem Korrespondenten, der unter dem Namen »Old Irish Colonist« schrieb, nicht geteilt. In einem Zeitungsartikel, der in *The Westminster Gazette* erschien, mutmaßte er, es gebe viele irische »Sprengstoffattentäter« in der französischen Hauptstadt, die der britischen Polizei namentlich nicht bekannt seien. Er fuhr fort:

Inspector Moser von Scotland Yard leitete vor einigen Wochen in Paris die Ermittlungen bei einer Sprengstoffverschwörung; er konnte indes keine stichhaltigen Beweise vorlegen, aus dem einfachen Grund, weil er es mit Gegnern zu tun hatte, die von Kindesbeinen an sämtliche Tricks der geheimen Machenschaften in Irland, Amerika und vor allem auf dem Kontinent in Europa kennen. Insbesondere hier haben diese Leute während der letzten zehn Jahre die Vorgehensweise der Carbonari [italienischer Geheimbund] und anderer gefürchteter Organisationen studiert. Inspector Moser musste Paris wieder verlassen und war fast genauso ratlos wie zuvor bei seiner Abreise in London, als es darum ging, das Geheimnis rund um die Machenschaften dieser verwegenen Männer zu lüften. Die ganze Zeit über hatte man seine Pläne durchkreuzt; und bei seiner Rückkehr fiel ihm nichts anderes ein als festzustellen, er habe gerade einmal vierzehn oder sechzehn Sprengstoffattentäter in Paris ausfindig machen können; er war der festen Überzeugung, es gäbe auf dem Kontinent keine weiteren Attentäter. In dieser Hinsicht ist der Inspector einem großen Irrtum erlegen.[6]

Ob die Pariser Verschwörer nun potenziell gefährlich waren oder nicht, sei dahingestellt, aber die Bombenattentate, die von den Vereinigten Staaten aus finanziert wurden, rissen nicht ab. Ein besonders tollkühner Anschlag wurde auf das Hauptquartier des CID und den kürzlich ins Leben gerufenen Special Irish Branch bei Scotland Yard verübt. Am 30. Mai 1884 entging Moser einer schweren Verletzung nur knapp, da er sein Büro verließ, kurz bevor die Räumlichkeiten von der Explosion zerstört wurden.

Obwohl vieles aus Mosers Karriere in Zeitungsartikeln und Gerichtsunterlagen dokumentiert wurde, ist aus seinem Privatleben nur wenig bekannt. Im August 1874 heiratete er Harriet Ellen Quinton in der St. Mary's Church, Lambeth. Als gemeinsame Adresse gab das frisch vermählte Paar Albert Square, Lambeth, an, wohnten sie doch in einem für die viktorianische Ära typischen eleganten Reihenhaus. Neben seinen sprachlichen Fähigkeiten trat Moser offenbar als begabter Musiker in Erscheinung. Im Februar 1884 wurde seine eigene Komposition – mit dem bezeichnenden Titel »Captivity Waltz« (dt. etwa »Gefängniswalzer«) – während einer Show in der Oxford Music Hall, an der namhafte Künstler teilnahmen, aufgeführt. Der Erlös kam dem Polizeiwaisenhaus (Police Orphanage) zugute.[7] Gegen Ende des Jahres widmete er das Walzerarrangement von Arthur Briscoes »Love's Evensong« der Gemahlin seines alten Gönners Sir Cunliffe Owen. Innerhalb von nur vier Jahren stieg Moser in den Rang eines Inspectors auf und musste sich fortan nur noch vor drei Chief Inspectors und einem Superintendent verantworten. Anders als seine Kollegen (ungefähr neun Inspectors) bearbeitete er häufig Fälle mit ausländischen Kriminellen, sodass Moser nicht selten gezwungen war, auf dem Kontinent zu ermitteln.

Im Sommer 1887 sah sich Moser aufgrund seines erstaunlichen Wissens im Hinblick auf die politischen Aktivitäten der irischen Nationalisten dazu imstande, das CID zu verlassen, um fortan als Privatdetektiv tätig zu werden. Zuvor hatte *The Times* einige Artikel veröffentlicht, in denen behauptet wurde, der Führer der Irish Parliamentary Party, Charles Stuart Parnell, habe stillschweigend

DAYS WITH CELEBRITIES (187).
A DETECTIVE.

Abb. 23: Maurice Moser in Karikaturen von Alfred Bryan, 1883

Verbrechen geduldet, die von den irischen Nationalisten verübt worden waren, dazu zählten u. a. die Phoenix-Park Morde. Als angebliche Beweise für eine »Parnellite conspiracy«[8] (dt. etwa »Parnell-Verschwörung«) wurden Faksimiles einer Reihe von Briefen vorgelegt, die angeblich aus der Feder des irischen Führers stammten. Der Anwalt der *Times*, Joseph Soames, unternahm den Versuch, weitere belastende Briefe aufzutreiben, die Parnell womöglich an die Führer der Fenian Brotherhood adressiert hatte, und schickte daraufhin Moser in die Vereinigten Staaten. Da Moser nicht länger im Polizeidienst stand, bediente er sich des Pseudonyms H. L. Walters, um mit einer Anzahl irischer Nationalisten zu verhandeln. Da ihm hohe Geldbeträge zur Verfügung standen, um an Informationen zu kommen, gelang es Moser, scheinbar kompromittierende Korrespondenz zu sichten, doch seine Zweifel an der Authentizität des Materials sollten sich bald als richtig erweisen. Aus amerikanischen Quellen geht hervor, Moser habe sich während seiner Mission auf unlautere Weise bereichert und von der *Times* zu viel Geld zur Beschaffung der Briefe verlangt, aber die britische Zeitung scheint mit Mosers Bemühungen zufrieden gewesen zu sein. *The Times* war weiterhin an einer Zusammenarbeit gelegen, doch letzten Endes sollte sich das ganze Unterfangen als aussichtslos erweisen.

In der Parnell Commission, einer parlamentarischen Untersuchungskommission, die im September 1888 ins Leben gerufen wurde, um den Anschuldigungen gegen den Führer der irischen Nationalisten auf den Grund zu gehen, wurde auch Mosers Reise in die Vereinigten Staaten diskutiert. Der Anwalt Soames kam erneut auf Moser zu und erteilte ihm den Auftrag, drei Personen zu beschatten, die in dieser Affäre als maßgeblich angesehen wurden: Parnell selbst, dem man vorwarf, die belastenden Briefe verfasst zu haben; des Weiteren Richard Pigott, der diese Briefe indirekt der *Times* zugespielt hatte, und Henry Labouchère (Inhaber der Wochenzeitschrift *Truth*), der darum bemüht war, die Briefe als Fälschung zu entlarven. Moser fand heraus, dass Gelder von Labouchère an Pigott geflossen waren und dass Labouchère dem verärgerten Nationalisten 1000 Pfund geboten hatte, damit dieser zugab, der Verfasser der Briefe zu sein. Bevor der Detektiv an weitere Informationen kommen konnte, kam Pigotts Schuld ans Licht, da die Parnell Commission ihn bei einer Anhörung am 21. Februar 1889 diskreditierte. Labouchère gegenüber gab Pigott zu, die Briefe gefälscht zu haben, setzte sich daraufhin nach Spanien ab und beging dort eine Woche später Selbstmord. *The Times* zahlte Parnell später Schadensersatz in Höhe von 5000 Pfund, während Moser 1400 Pfund für seine verdeckten Ermittlungen erhielt.

Der finanzielle Anreiz, den *The Times* zu bieten hatte, war nicht der einzige Grund dafür, dass Moser den Polizeidienst quittierte und seine eigene Detektei in der Southampton Street 31, Strand, gründete. Er war an der »ganzen wuchernden Bürokratie«[9] verzweifelt und hatte sich oft über die schlecht ausgebildeten Kollegen beschwert. Und wie es scheint, hatte er Pläne für die Zukunft geschmiedet, um seinen Beruf und sein Privatleben besser unter einen Hut zu bekommen. Er hatte Charlotte Antonia Williamson kennengelernt, eine auffallend große, athletische und intelligente Frau, die das brennende Verlangen verspürte, Detektivin zu werden. Leider war Charlottes Ehemann Edward James Clarendon Williamson alles andere als begeistert davon, dass seine Frau ihre Träume verwirklichen und Verdächtige jagen wollte. Zehn Jahre zuvor hatte sie, nach dem Tod ihres Vaters, ihr Onkel Philip aufgenommen, ein Baptistenprediger, der in der Belle View Lodge in Fulham lebte. 1882 heiratete Charlotte dessen Sohn, ihren Cousin Edward, der damals gerade einmal 21 Jahre alt war; sie selbst war 26. Edward war zwar noch jung, ging indes bereits einem profitablen Gewerbe nach und gravierte Druckblöcke für die Druckindustrie. Charlotte wurde Mutter, wollte aber nicht mehr in ihrem komfortablen Heim in Bloomsbury bleiben. Unklar ist, ob sie ihre Leidenschaft für alles Detektivische entdeckt hatte, ehe sie Moser kennenlernte oder erst danach. Jedenfalls führte das intensive Arbeitsverhältnis dazu, dass sowohl Charlottes als auch Mosers Ehe zerbrach. Edward Williamson war wirklich besorgt gewesen, als seine Frau ihm 1888 eröffnete, sie werde fortan als »Lady Detective« für Moser arbeiten. Auf seine anfänglichen Bedenken folgte tiefe Bestürzung, da seine Frau immer wieder für längere Zeit nicht zu Hause war. Bald sah er sich in seinem Argwohn bestätigt, als Charlotte ein Porträt von Moser im gemeinsamen Schlafzimmer in Bloomsbury aufhängen wollte. Außerdem bat sie um Erlaubnis, Moser auf eine Reise nach Konstantinopel begleiten zu dürfen. Eine Konkurrenzfirma, Slater's, wurde engagiert und wusste zu berichten, dass Charlotte und Moser in ihrem Apartment in der Garrick Street, Covent Garden, viel Zeit im Bett verbrachten. 1890 lebte das Paar zusammen in Sussex Mansions 4, Maiden Lane.

1889 erweiterte Moser sein Geschäft und ernannte Charlotte zur Managerin von Moser's Ladies Detective Agency, »ausschließlich besetzt mit Damen«; die Büroräume lagen in der Regent Street 156. Da die Arbeit von Privatdetektiven in der Öffentlichkeit oft als unangenehm oder gar widerwärtig empfunden wurde, brachte man den weiblichen Ermittlern wenig Respekt entgegen. Als 1889 jemand anmerkte, man verstehe nicht, warum eine Frau einer solchen Tätigkeit nachging, es sei denn, sie sei gesellschaftlich abgestiegen, meldete sich prompt eine Expertin auf diesem Gebiet zu Wort (vielleicht Charlotte persönlich):

Das ist genauso ungerecht und falsch wie die Behauptung neulich, alle Balletttänzerinnen seien moralisch verdorben. Die meisten Leute denken wohl, dass die Arbeit, die weibliche Ermittler verrichten, schmutzig und niedrig sein muss. Aber dem ist nicht notwendigerweise so. Nehmen wir einmal an, eine unschuldige Frau wird verleumdet. Ist es dann nicht angenehm, wenn man anhand der Ermittlungen ihren Charakter von allen Vorwürfen freisprechen kann? Es kommt nicht selten vor, dass eine wohlhabende Dame gebeten wird, für eine wohltätige Sache zu spenden. Gewiss wird sie sich gern dazu bereit erklären, eine Summe zu spenden, sofern sie das Geld gut angelegt weiß. Also engagiert sie eine Detektivin, die dann in ihrem Auftrag Nachforschungen anstellt.[10]

Jahre später erklärte Charlotte, ihre Arbeitsmethode unterscheide sich grundlegend von der ihres Partners:

> Erst als er Scotland Yard verlassen und sich als Privatdetektiv selbständig gemacht hatte, war es mir aufgrund der günstigen Umstände überhaupt möglich, ihn bei seiner Arbeit zu unterstützen, die, wie ich gestehe, äußerst interessant ist. Eine Sache ist wirklich eigenartig, nämlich dass wir ein und denselben Fall auf ganz unterschiedliche Weise angehen. Manchmal kommen wir aus entgegengesetzten Richtungen zu unseren Ergebnissen.[11]

Bei mehreren Scheidungsprozessen waren Charlotte und Moser als Zeugen geladen gewesen, im Juli 1890 fanden sie sich jedoch in einer Verhandlung vor dem High Court of Justice auf der Anklagebank wieder. Angesichts der erdrückenden Beweise, dass die beiden eine Beziehung hatten, gab der Richter Charlottes Klage nicht statt, *ihr* Ehemann habe Ehebruch mit einer Ada Williamson begangen (womöglich handelte es sich um Charlottes Schwester). Die Scheidung wurde zugunsten von Edward Williamson ausgesprochen, und die beiden Detektive blieben auf hohen Gerichtskosten und Schadensersatzforderungen sitzen.[12]

Ihre finanziellen Ressourcen schwanden weiter, als Moser im September 1890 vor Gericht geladen wurde und die Auflage erhielt, seiner Frau Harriet und den beiden Kindern wöchentlich 2 Pfund Unterhalt zu zahlen. Moser griff daraufhin zu erstaunlichen Mitteln, um die Ehe für ungültig zu erklären, indem er Harriet des Ehebruchs mit John George Dalzell in Brixton und in Clements Inn, Strand, bezichtigte. Außerdem warf er ihr vor, sie habe mit mehreren Männern Unzucht in einem Bordell in der Loughborough Street 89 in Brixton getrieben.[13] Seinem Antrag vom 14. Juni 1892 wurde nicht stattgegeben, und infolge der steigenden Anwaltskosten sah sich Charlotte gezwungen, ihren Schmuck zu verkaufen. In den 1880ern hatte sich Moser einen Namen als furchtloser und unerbittlicher Gegner derjenigen gemacht, die das Gefüge der britischen Gesellschaft zu zersetzen drohten. Zu Beginn der 1890er jedoch sah man in ihm einen ehebrecherischen privaten Schnüffler, der um jeden Preis vermeiden wollte, für den Unterhalt seiner von ihm schlecht behandelten Familie zu sorgen. Das entsprach nicht dem Verhalten, das man von einem englischen Gentleman erwartete.

Moser konnte sein Image jedoch in einer Reihe von Zeitungsartikeln und mit zwei Büchern aufpolieren, die sich in Großbritannien und den Vereinigten Staaten gut verkauften. Eine Auswahl von Mosers Fällen schrieb ein Kollege auf, der Journalist Charles F. Rideal, doch Rideal war offenbar kein so gewissenhafter Chronist wie Dr. John Watson, der die Heldentaten von Sherlock Holmes ausschmückte, jenes fiktiven Detektivs, der erstmals 1887 seinen Lesern vorgestellt wurde. In *Stories from Scotland Yard* (1890) und *True Detective Stories* (1891) wurden nicht nur Namen, sondern häufig auch die Fakten verändert. Ein derartiger Revisionismus mag einem dramatischen Effekt gedient haben, aber der wurde rasch zunichte gemacht von weitschweifigen Passagen, in denen die heimtückischen Machenschaften der irischen Nationalisten, die kriminellen Neigungen der Ausländer und die lähmenden Auswirkungen der Pornografie verhandelt wurden. Moser hatte eine ähnlich feste, wenn auch fundiertere Meinung zur Zukunft des CID, vertrat er doch die Ansicht, das Department erhalte unzureichende Geldmittel, sei obendrein schlecht organisiert und chronisch unterbesetzt. Die Ausbildung, schloss er, sei ein Hauptproblem, genau wie die Weigerung, keine weiblichen Detectives einzustellen. Sowohl Moser als auch Charlotte verstanden es, für ihre jeweiligen Detekteien zu werben, und gaben Interviews in den einschlägigen Zeitungen. Moser trat sogar einmal im *Strand Magazine* in Erscheinung und schrieb einen fachkundigen, illustrierten Artikel über die Geschichte der Handschellen.

Charlottes Leidenschaft für die Detektivarbeit scheint ihre Zuneigung zu ihrem Partner überdauert zu haben. Zu Beginn des 20. Jahrhunderts hatte sich das Paar auseinandergelebt, doch beide führten ihre jeweiligen Agenturen weiter. Charlottes 25-jährige Tochter Margaret Williamson schloss sich ihr im Januar 1908 an und übernahm die Firma nach nur wenigen Monaten, als ihre Mutter sich bankrott melden musste. Verursacht worden war die Krise durch erdrückende Schulden, die Charlotte hatte machen müssen, als sie einen erfolglosen Rechtsstreit gegen ihre Schwester anstrengte, um zu beweisen, dass A. Williamson das Testament des gemeinsamen Vaters gefälscht habe. Charlotte starb 1919 im Alter von 63 Jahren.

Informationen über Mosers späteres Leben sind genauso spärlich wie Details aus seinen frühen Jahren. Über seine Ermittlungen in Scheidungsangelegenheiten und Wirtschaftskriminalität wurde nicht in dem Umfang berichtet wie über den Kampf gegen Revolutionäre und die Ergreifung von Mördern. 1893 verlagerte er sein Büro von der Southampton Street in »geräumigere Büros« im neu errichteten Effingham House, an der Ecke von Arundel Street und Strand. Der Service, den er rund um die Uhr und sieben Tage die Woche anbot, wurde als »prompt«, »diskret« und »verlässlich« beschrieben; seine Ermittler waren überall in der Welt im Einsatz, sein »Stab von Detektiven (darunter auch Frauen) sei jeder Situation im Leben gewachsen«.[14] Fünfzehn Jahre später, 1908, wurde Mosers Detective Agency eine Aktiengesellschaft, die Morris Moser Ltd, mit einem Grundkapital von 1000 Pfund. Der inzwischen amtlich eingetragene Moser stattete dem Kontinent nach wie vor häufig Besuche ab, um als verdeckter Ermittler zu agieren, aber als er im Juni 1913 in Boulogne starb, hieß es, er sei im Urlaub gewesen.

12 Alias Jack the Ripper

Elizabeth Mary Baldock las den Brief mit blankem Entsetzen. Selbst wenn man die rote Tinte und die Großbuchstaben außer Acht ließ, war das keine Nachricht, die eine gebrechliche ältere Dame erwarten konnte. Die darin enthaltene Androhung der Tötung durch Dynamit mit genauen Angaben darüber, wie eine solche Tat bewerkstelligt werden könnte, erschien sehr real, wenn man sie vor dem Hintergrund der kurz zuvor erfolgten Bombenattentate in London betrachtete. Der Briefschreiber war offenbar genauso verzweifelt wie nur irgendein Terrorist. Er brauchte 500 Pfund und war entschlossen, den Betrag zu bekommen oder »in dem Versuch unterzugehen«. Wenn Mrs. Baldocks verarmter Peiniger den Brief unterschrieben hätte, dann hätte er in Bezug auf die Namen eine große Auswahl gehabt: Christian Briscony, Charles Grandy, Captain Armstrong, Mr. Anderson, Mr. Ohlsen, George Jackson oder »The French Colonel«. Viele kannten ihn als Charles Le Grand, einen Privatdetektiv mit Büro auf dem Strand 283. In den letzten Jahren ist die Vermutung aufgekommen, dass die Liste mit Decknamen auch das berühmteste Pseudonym in der Kriminalgeschichte enthalten sollte – »Jack the Ripper«.

Zwar waren im Leben von Charles Le Grand nur wenige Dinge so, wie sie schienen, doch steht immerhin fest, dass sein richtiger Name Christian Neilson lautete und dass er um 1853 herum in Dänemark geboren wurde. Etwa Mitte der 1870er Jahre hatte er mit einer Reihe von Gelegenheitsdiebstählen seine kriminelle Laufbahn begonnen. Wie seine kriminellen Vorgänger Jack Sheppard und Jack Hall begann Le Grand mit kleineren Straftaten, indem er Messer, Rasiermesser und Brieftaschen stahl. Derartige Vergehen hatten meistens keine schwerwiegenden Folgen; aber 1877 führte eine Anzahl wiederholter Straftaten dazu, dass er zu einer siebenjährigen Gefängnisstrafe verurteilt wurde. Nach seiner Entlassung 1884 nahm er eine andere Staatsangehörigkeit an, wählte eine neue kriminelle Laufbahn und gab sich mindestens zwei neue Namen. Er trat als Charles Grandy oder Charles Le Grand auf und gab vor, aus

Frankreich zu stammen; diese Behauptung wurde auf zweifelhafte Weise untermauert, indem er sich mit französischen Prostituierten einließ. Seine außerordentlich widersprüchliche Haltung gegenüber der Prostitution war ein frühes Anzeichen einer zunehmenden psychotischen Persönlichkeit. Während er von den »unmoralischen Einkünften« der Amelia Marie Pourquoi Demay in Elgin Avenue 243, Maida Vale, lebte, beklagte er sich vielmals über das Benehmen von Frauen der Straße. Seinem Zwang, lange und übertrieben dramatische Briefe zu schreiben, machte er Luft, indem er sich beim Chief Constable und beim Innenminister darüber beschwerte, dass die Polizei nichts gegen Prostitution unternehme.

Anfang 1887 startete er eine Einschüchterungskampagne gegen Henriette Pasquier, eine Prostituierte, die einmal in seiner Wohnung in Maida Vale gewohnt hatte. Diese Kampagne scheint ein Versuch gewesen zu sein, sie aus der Wohngegend zu vertreiben, in der auch Amelia Demay ihren (und seinen) Lebensunterhalt verdiente. Im März 1887 wurde er wegen eines »gewalttätigen und grausamen« Übergriffes gegen Henriette zu einer Geldbuße von 5 Pfund verurteilt. Danach heuerte er Schläger an, die sie belästigen sollten, sobald sie ihrem Gewerbe nachging. Er sprach auch einen Police Constable an, dem er Bestechungsgeld anbot, wenn er sie und andere Prostituierte verhaften würde. Als John Tysell, einer derer, die Henriette angegriffen hatten, eine zweimonatige Gefängnisstrafe erhielt, reagierte Le Grand (oder Grandy) gewalttätig. Am Samstagnachmittag des 19. März 1887 stürmte er zu der von ihm verfolgten Prostituierten in der Great Portland Street. Nachdem er sie beschimpft hatte, drohte er ihr: »Du hast erreicht, dass der Mann zwei Monate wegen Körperverletzung bekam. Ich werde dich töten.« Nachdem er sie zweimal geschlagen hatte, attackierte er auch Ellen Perin, »eine zum falschen Zeitpunkt am falschen Ort befindliche Köchin«,[1] die einschreiten wollte.

Angesichts seiner Vorstrafe und der andauernden Belästigung Henriettes scheint Le Grand vom Gericht recht milde behandelt worden zu sein. Er wurde dazu verurteilt, sich gegen zwei Kautionszahlungen von 50 Pfund friedlich zu verhalten. In einem Bericht über den Fall schrieb *The London Standard*, dass er auch als »The French Colonel« bekannt war. Die Zeitung druckte eine Beschreibung, die mit dem martialischen Spitznamen übereinstimmte: »Ein großer, militärisch aussehender Mann in einem modischen Mantel mit einem Kragen aus Seehundsfell.«[2] Fünf Monate später fiel Le Grand der Polizei erneut auf – vielmehr sorgte er selbst dafür –, und zwar dadurch, dass er einen langen Brief schrieb, in dem er sich über das Benehmen des Police Constable William Hughes beschwerte. Ein besonderes Kennzeichen des Briefes war, dass er sowohl in schwarzer als auch in roter Tinte geschrieben war.

Le Grands Hass auf die Polizei fand gesteigerten Ausdruck in seinem nächsten Unternehmen, nämlich der Gründung einer privaten Detektei. Seine Geschäftsräume im Strand 283 befanden sich nahe bei St. Clement Danes und nur zwei Türen entfernt von dem Geschäftsgebäude von *The Illustrated Police News*, einem Publikationsorgan, das seiner weiteren Karriere beträchtlichen Raum widmen würde. Er heuerte einen Gehilfen in der verachtenswerten Gestalt des James Hall an, eines mittellosen Angestellten, den er auf dem Strand aufgelesen hatte. 1888 befasste er sich mit zwei der sensationellsten Fälle jener Zeit; bei dem einen handelte es sich um eine Serie von schrecklichen Morden und bei dem anderen um die dunklen Intrigen der irischen revolutionären Politik. Während die Parnell-Commission stetig einen Berg von Beweismaterial sichtete, das mit der Beteiligung des irischen politischen Führers an den Verbrechen der Fenian Brotherhood zu tun hatte, begann Le Grand damit, Nachforschungen über die Hauptbeteiligten anzustellen, darunter Richard Pigott, dann der Parlamentsabgeordnete Henry Labouchère und der Abgeordnete der irischen Parlamentsfraktion, Justin McCarthy. Er sollte später behaupten, wie Maurice Moser im Interesse von Joseph Soames, Rechtsanwalt der *Times*, gehandelt zu haben. Es ist jedoch wahrscheinlicher, dass eine derartige Aktivität ein unerbetener Versuch war, Material für den Verkauf an die Presse oder zum Zwecke der Erpressung zutage zu fördern. Bei einer Gelegenheit kamen er und ein früherer Polizist namens Scanlan in die Geschäftsräume des bekannten Anwalts George Lewis (der sich auch mit dem Fall Parnell intensiv befasste) und bewarben sich als Detectives. Le Grand trug dabei einen Pelzmantel – für die Arbeit als verdeckter Ermittler wohl nicht die passendste Kleidung. Durch Lewis' ablehnende Antwort keineswegs abgeschreckt, machte er ihm einen erneuten Besuch und behauptete, er könne bei Auftragserteilung »ganz großartige Informationen« liefern.[3]

Ähnlich dürftig sind die Details über Le Grands Rolle in der Untersuchung der »Whitechapel Murders«. Irgendwie gelang es ihm, der Prostituierte beschimpft und die Polizei heftig kritisiert hatte, eine Gruppe von Bewohnern und Geschäftsleuten der Gegend zu überreden, ihn für ihre Jagd nach einem Serienkiller anzustellen, der gerade ein zwar kurzes, aber aufsehenerregendes Schreckensregiment begonnen hatte. Obwohl brutale Angriffe und Morde im dicht besiedelten Osten Londons an der Tagesordnung waren, ähnelten sich die Ermordungen einer Anzahl von Prostituierten im Sommer und Herbst 1888 in Whitechapel genügend, um die Annahme zu stützen, dass die Taten das Werk einer Einzelperson oder einer kleinen Gruppe waren. Die Möglichkeit, dass ein blutrünstiger Irrer oder eine sadistische Bande Amok liefen, lenkte die Aufmerksamkeit Londons und auch großer Teile der übrigen Welt auf eine Gegend der Hauptstadt, die lange unbeachtet geblieben war. Die im Gefängnis verbrachte Zeit und die Nähe zur kriminellen Unterwelt mögen Le Grand eine genauere Kenntnis der Örtlichkeiten und ihrer Bewohner vermittelt haben als den meisten anderen. Zusammen mit einem Kollegen, J. H. Batchelor (über den nichts bekannt zu sein scheint), wurde er von dem Whitechapel Vigilance Committee mit Nachforschungen beauftragt, einer Art Bürgerwehr, die Straßenpatrouillen organisierte und eine Belohnung von 500 Pfund für die Ergreifung des Mörders ausgesetzt hatte (nach heutigem Wert rund 40 000 Pfund). Die beiden Detectives scheinen auch von *The Evening News* beschäftigt worden zu sein, da sie der Zeitung einen Bericht einer wichtigen Entdeckung zukommen ließen, die sie gemacht – oder erfunden – hatten.

Am Sonntag, dem 30. September 1888, hatte ein beständiger Strom von Menschen um 0:30 Uhr den International Working

Men's Educational Club in der Berner Street 40 nahe der Commercial Road verlassen. Sie waren dort gewesen, um über »Die Notwendigkeit des Sozialismus unter Juden« zu diskutieren und an einem Gemeinschaftssingen teilzunehmen, durchaus achtenswerte Beschäftigungen insbesondere einer Versammlung aus Angehörigen verschiedener Nationalitäten. Die letzten der Gruppe hatten sich bis etwa 0:45 Uhr nach und nach entfernt, als Israel Schwartz beobachtete, wie die Prostituierte Elizabeth Stride neben dem Club in der Nähe der Tore von Dutfield's Yard von einem Mann zu Boden gestoßen wurde. Der Angreifer war klein und untersetzt und wurde von einem anderen Mann von der gegenüberliegenden Seite der Berner Street beobachtet. Diese andere Person, ob sie nun mit der Attacke zu tun hatte oder nicht, wurde wie folgt beschrieben: etwa 35 Jahre alt, 1,80 m groß, heller Teint und dunkelblondes Haar. Er trug einen dunklen Mantel. Eine Viertelstunde später kam Louis Diemshitz, der Geschäftsführer des Clubs, zurück, nachdem er billigen Schmuck auf einem Markt im Südosten Londons verkauft hatte. Während er mit seinem von einem Pony gezogenen Karren in Dutfield's Yard hineinfuhr, stieß er auf den noch warmen Körper von Elizabeth Stride. Ihr war die Kehle durchgeschnitten worden. Binnen kurzem hallten Rufe von »Mord!« und »Polizei!« durch die enge Straße, und nach einem Bericht in *The Evening News* rief jemand: »Kommen Sie schnell! Hier liegt eine arme Frau, in der eine ellenlange Klinge steckt!«[4]

Elizabeth Stride gilt für gewöhnlich als das dritte Opfer des Whitechapel-Mörders; das vierte, Catherine Eddowes, wurde nur eine Stunde später umgebracht. Die Sensationsnachricht über die beiden Morde wurde am 1. Oktober noch überboten, als *The Daily Telegraph* die Kopie eines Briefes veröffentlichte, den die *Central News Agency* vier Tage zuvor erhalten hatte. Der Brief, der in roter Tinte geschrieben war und angeblich von dem Mörder der ersten beiden Opfer stammte, war mit »Jack the Ripper« unterzeichnet; dies war das erste Mal, dass der berüchtigte Spitzname gebraucht wurde. Ebenfalls am 1. Oktober erhielt die *Central News Agency* eine zweite Mitteilung, auch in roter Tinte, von demselben Absender in Form einer Postkarte, die sich auf das »doppelte Ereignis« bezog. Obwohl sich damit eine Legende zu formen begann, hielt die Polizei zu der Zeit sowohl den Brief als auch die Postkarte für das Werk eines Journalisten, der einfach seine Auflage steigern wollte.

Über Le Grands und Batchelors »Durchbruch« bei den Ermittlungen im Fall des Mordes an Stride wurde am 4. Oktober in *The Evening News* berichtet:

> Wir sind in der Lage, unseren Lesern heute Morgen in *The Evening News* die aufsehenerregendste Information zukommen zu lassen, die bis jetzt in Bezug auf den Whitechapel-Mörder veröffentlicht worden ist; dabei konnten wir den ersten wirklichen Hinweis auf seine Identität bekommen. Zwei Herren, die geschäftlich private Nachforschungen betreiben, ist es gelungen, eine Beweiskette zusammenzufügen, die von größter Bedeutung ist. Sie hatten begonnen, ohne eine »Lieblingstheorie« die Spur des Mörders zu verfolgen, wobei sie sich damit begnügten, eine Reihe der einfachsten Fakten festzustellen und zu verknüpfen. Was sie als Tatsache ermittelt haben, ist, dass der Täter bei den Verbrechen in der Berner Street vierzig Minuten vor dem Begehen der Tat gesehen und dass mit ihm gesprochen worden ist, während er bei seinem späteren Opfer stand, und dass er zehn Minuten vor der Tat aus dem Blickfeld eines Zeugen verschwand, der nur etwa zehn Meter vom Schauplatz des schrecklichen Verbrechens entfernt war. Wir geben im Folgenden die Geschichte der beiden Detectives, der Herren Grand und J. H. Batchelor, Strand 283, wieder.[5]

Nach der Entdeckung der Leiche von Elizabeth Stride hatte eine routinemäßige polizeiliche Befragung Matthew Packers, eines älteren Gemüsehändlers, keine brauchbaren Informationen ergeben. Le Grand und Batchelor ließen sich von Packers lückenhafter Erinnerung nicht abschrecken und gingen zur Berner Street, dem Schauplatz des Verbrechens, an der Packer seinen kleinen Laden hatte und auch wohnte. Obwohl seit der ersten Befragung durch die Polizei zwei Tage vergangen waren, hatte sich Packers Erinnerungsvermögen nun erheblich verbessert, und so konnte er den Detectives sagen, er habe kurz vor dem Mord einem Mann und einer Frau, auf die die Beschreibung des Opfers passte, blaue Weintrauben verkauft. Mrs. Rosenfield, die etwas weiter weg in der Straße wohnte, fügte hinzu, sie habe einen Weintraubenkamm auf der Erde liegen sehen, kurz nachdem die Leiche von Elizabeth Stride abgeholt worden war. Ein Besuch in Dutfield's Yard und eine Untersuchung des »mannigfaltigen Schmutzes« in der Gosse förderte den entscheidenden Stiel zutage. Am 4. Oktober nahmen Le Grand und Batchelor Packer mit zum Leichenschauhaus, wo er Elizabeth Stride identifizierte, bekannt als »Long Liz«, die Frau, die gern Weintrauben aß. Als sie mit Packer zur Berner Street zurückkamen, trafen sie Sergeant Stephen White, der sie fragte, wer sie zu ihrem Handeln bevollmächtigt habe. Widerstrebend mussten sie zugeben, dass sie Privatdetektive waren. Später an dem Tag kamen sie in einer Droschke zurück und überredeten Packer, mit ihnen zu Scotland Yard zu kommen, um eine Aussage zu machen.

Zum Leidwesen der Detektive förderte eine Untersuchung des Mageninhalts von Elizabeth Stride keine Reste irgendwelcher Weintrauben, ob nun blau, rot oder hell, zutage. Es gab auch keine Zeitungsberichte mehr, was darauf hindeutete, dass die Polizei etwas über Le Grands zwielichtige Vergangenheit erfahren hatte oder dass *The Evening News* sich gegen die Veröffentlichung weiterer selbstbeweihräuchernder Beiträge des Mannes entschieden hatte. Die Partnerschaft der Detektive brach aber bald auseinander. Noch vor Juni 1889 erstattete Batchelor Anzeige gegen Le Grand wegen eines körperlichen Angriffs auf dem Strand.[6]

Nachdem Le Grand festgestellt hatte, dass kriminalistische Nachforschungen allein sich nicht lohnten, ging er von seinem neuen Büro, Agar Street 10, Strand, zusätzlich zu Erpressungen über. Mithilfe seiner umfangreichen Kenntnis der Prostituiertenszene schickte er Briefe an verheiratete Männer, die mit »leichtlebigen« Frauen in der Nachbarschaft gesehen worden waren: »Sehr geehrter Herr, bitte melden Sie sich umgehend bei mir, sonst wird Ihnen etwas Ernstes zustoßen.«[7] 1889 engagierte er Amelia Demay für eine leichtsinnige und schlecht durchdachte Intrige, um von einem prominenten Chirurgen in der Harley Street Geld zu erpressen. Ihre Behauptung, Malcom Alexander Morris (1849–1924) habe sein Eheversprechen ihr gegenüber gebrochen, war wenig wahrscheinlich, wenn man berücksichtigt, dass er fast zwanzig Jahre verheiratet war und vier Kinder hatte. Morris war ein angesehener Arzt mit einer großen Privatpraxis. Er war Fellow of the Royal College of Surgeons in Edinburgh, Dozent und Leiter einer Abteilung des St. Mary's Hospital, Paddington, und Mitglied von acht wissenschaftlichen Gesellschaften auf dem Gebiet der Medizin. Demay war ebenfalls bekannt – als Prostituierte, die in der Regent Street oft Kunden warb. Die Entscheidung, Morris als Opfer auszusuchen, mag darauf zurückgehen, dass Morris im November 1887 einen männlichen Patienten in der Charlotte Street 35, Portland Place, besucht hatte; in diesem Haus wohnten auch Demay und Le Grand. Morris gab an, er habe keine der beiden Personen, die ihn beschuldigten, vorher gekannt, obwohl ein Reigen heikler Umstände durchaus eine Verbindung zwischen ihnen nahelegte. Eines von Morris' Fachgebieten war nämlich die Behandlung von Geschlechtskrankheiten.

Demay und Le Grand scheinen gehofft zu haben, Morris werde zwecks Vermeidung peinlicher Gerichtsprozesse zahlen. Sie hatten den Plan Ende 1888 besprochen, und im Februar des folgenden Jahres schickte Demay dem Arzt einen Brief mit der Geldforderung. Sie behauptete, er habe sie in ihrer Wohnung in der Bolsover Street 85 fünf Monate lang zweimal die Woche besucht und ihr am 21. März 1886 im Wohnzimmer im ersten Stock einen Heiratsantrag gemacht. Sie behauptete auch, er habe ihr einen »Hund, der Kunststücke machen konnte«, geschenkt. Offenbar konnte sich Morris aber weder an die Besuche noch an einen talentierten Hund erinnern. Da er ihren Brief ignorierte, reichte sie bei der Queen's Bench Division of the High Court wegen Bruchs des Eheversprechens und wegen Verleumdung eine Klageschrift ein, in der sie 2000 Pfund Schadenersatz forderte. Le Grand versuchte nun, den entschlossenen Morris zu zermürben, indem er begann, viel Zeit vor dessen

Haus in der Harley Street zu verbringen; er verfolgte ihn, seine Frau und seine Diener sowohl zu Fuß als auch mit einer Droschke. Nachdem er ihm bei einem Krankenbesuch bei Sir George Campbell aufgelauert hatte, wartete Le Grand in Bryanston Square, Westminster, und bedrohte Morris, als Letzterer aus dem Haus kam, mit einem Stock. Als der Anwalt von Morris sich beim Anwalt von Demay über die Belästigungen beschwerte, verklagte Le Grand ihn wegen übler Nachrede.

Bei dem darauffolgenden Prozess gegen Demay und Le Grand wegen Erpressung sagten zwei Zeugen aus, dass sie Bestechungsangebote bekommen hatten, um bei der ersten Verhandlung wegen des gebrochenen Eheversprechens falsche Aussagen zu machen. Bei einem Drink in Short's Wine Lodge, Strand, hatte Le Grand Alfred Walking, einem Pförtner im East End, 10 Pfund angeboten, damit er aussagte, er habe Morris und Demay Arm in Arm bei einem Spaziergang gesehen. Le Grand hatte ihm gesagt: »Sobald Sie ins Gerichtsgebäude gehen, werde ich Ihnen 10 Pfund in die Hand geben, und Sie können abhauen oder hier herumschlendern, ganz wie Sie wollen.«[8] Demay suchte Elene Williams auf, eine französische Prostituierte, die sie schon mehrere Jahre kannte, und bot ihr 10 Pfund an, damit sie aussagte, sie habe Morris in der Bolsover Street gesehen und sein Eheversprechen gehört. Eine andere Prostituierte, Vallet Brown, sagte aus, dass Demay und Le Grand als Mann und Frau zusammenlebten; sie fügte hinzu, wenn andere Männer sie besuchten, »ging er manchmal in die Küche, manchmal ging er auch weg, und manchmal wartete er«.[9] Die Sachlage konnte für die Anklage kaum günstiger sein. Am 28. Juni 1889 wurden beide für schuldig befunden. Demay wurde zu eineinhalb Jahren Zuchthaus und Le Grand zu zwei Jahren verurteilt.

Sobald Le Grand aus der Haft entlassen worden war, nahm er seine kriminellen Aktivitäten erst recht wieder auf. Von einem nach hinten gelegenen Zimmer in der obersten Etage einer Fremdenpension in der Kennington Road aus begann er, einer Reihe von wohlhabenden Frauen Briefe zu schicken, in denen er hohe Geldsummen forderte. Elizabeth Baldock, Baroness Bolsover und Lady

Jessell, die Witwe des verstorbenen Präsidenten des Berufungsge-
richts in Zivilsachen, gehörten zu denen, die weitschweifige Forde-
rungsbriefe, geschrieben in Großbuchstaben mit roter Tinte, erhielten. Die Mitteilung war immer gleich: Wenn sie nicht bereit
wären, 500 Pfund zu zahlen, würde ihnen der Schädel eingeschlagen. Mrs. Baldock erhielt ihre erste derartige Mitteilung am 17. Juli
1891 in ihrem Haus am Grosvenor Place. Ihre Entrüstung darüber,
dass sie 2 Pence Nachgebühr für den Brief zahlen musste, verwandelte sich recht bald in Panik, als sie den Inhalt las:

Madam, nehmen Sie zur Kenntnis, dass ich Ihnen, wenn Sie mir
die Summe von 500 Pfund nicht zahlen, den Schädel zertrüm-
mere, sobald Sie diese Notiz gelesen haben, und zwar durch eine
Dynamiet [sic]-Explosion. Ich benötige die besagte Summe, und
ich muss sie bekommen oder bei dem Versuch untergehen. Denken Sie daran, Madam, dass verzweifelte Männer, oder dass vielmehr ein Mann, der durch die Schurkerei einer Frau zur Verzweiflung getrieben wurde, verzweifelte Taten begehen wird,
und dass eine Frau dafür bezahlen muss. Passen Sie auf, wie Sie
in dem Fall verfahren wollen. Vielleicht rät Ihnen jemand, sich
um Schutz an die Polizei zu wenden, aber wenn Sie das tun,
dann werden Sie feststellen, dass deren Schutz nicht viel besser
ist als der Ihres Schoßhunds. Wenn die englischen Detectives
nicht einmal den Mann ergreifen können, der auf offener Straße
in Whitechapel sieben oder acht Frauen getötet hat, dann müssen ihre detektivischen Fähigkeiten wirklich begrenzt sein. Tatsächlich ist es so, dass keine Geschicklichkeit Sie vor meiner
Hand schützen kann. Machen Sie sich klar: Wenn ich die verlangte Summe nicht bekomme, dann bin ich fest entschlossen,
sie mir zu nehmen – oder Ihr Leben als Gegenwert. Wenn Sie Ihr
Leben so gering einschätzen, dass Sie keine 500 Pfund dafür zahlen, dann muss ich Sie Ihren eigenen Überlegungen überlassen.
Glauben Sie nicht, dass ich beabsichtige, Ihnen den Schädel mit
einem Revolver zu zertrümmern, das wäre in der Tat die Handlung eines Verrückten. Nein, Madam. Eine dünne Schicht Dyna-

mit, eingebettet in Silberfulminat, und das Ganze zwischen die Tür und die Fußmatte, über die Sie gehen müssen, gelegt oder unter Ihren Sitz in der Kirche oder vielleicht sogar unter das Polster Ihres Wagens – alles wird in dem Augenblick explodieren, wenn Ihr Körpergewicht darauf drückt, und wird Sie in Stücke reißen. Ich habe vor, das zu machen, was ich sage. Ich bin durch eine Frau ruiniert worden, und eine Frau soll dafür bezahlen. Ich habe zu diesem Zweck einen gleichlautenden Brief an neun andere Damen geschickt; wenn Sie also nicht zahlen, werde ich Ihnen den Schädel zertrümmern, und Sie werden den anderen als warnendes Beispiel dafür dienen, was sie zu erwarten haben, wenn sie nicht zahlen. Wenn Sie geneigt sind, meiner Forderung zu entsprechen, dann inserieren Sie bitte die folgende Anzeige im *Daily Telegraph*: ›A. M. M., werde mich fügen‹, und dann werden Sie eine Adresse erhalten, an die das Geld geschickt werden soll; vielleicht wird es auch abgeholt. Nur merken Sie sich, dass Verrat Ihrerseits mit dem sofortigen Tod geahndet werden wird, denn ich bin auf eine solche Eventualität bestens vorbereitet. Ich bedaure, Sie in der Weise zu belästigen, aber ich muss das Geld haben.

Ich hoffe, Sie werden so vernünftig sein, mir die geforderte Antwort zukommen zu lassen, und verbleibe, Madam, hochachtungsvoll, A. M. M.

Als Le Grand entdeckte, dass Mrs. Baldock sich doch an die Polizei gewandt hatte, schickte er ihr einen entrüsteten zweiten Brief, in welchem er sie des »Verrats« beschuldigte. Er nannte eine alternative Art und Weise, wie er ihr das Leben nehmen könnte, und zeigte dabei einen sardonischen Sinn für Humor:

Und wenn ich Sie nicht mit explosivem Material bekomme, dann kann ich Ihr Brot, Ihre Milch etc. mit Arsen oder Zyanid vergiften […]. Es wäre besser, wenn Sie sich schnell schon einmal um Ihr Testament kümmerten, und Sie brauchen dann gar nicht überrascht zu sein, wenn Sie sich ganz bequem in einem der

Salons von Seiner kaiserlichen Majestät liegend vorfinden, denn Sie können nicht erwarten, in den Himmel zu kommen, da Sie sich dem ausgesetzt haben, was mit Fug und Recht freiwilliger Selbstmord im Zustand völliger geistiger Gesundheit genannt werden muss. Ich hoffe, Sie werden meinen Scherz entschuldigen, der genau so rüde ist wie meine Geldforderungen.[10]

Seine Mitteilung an Lady Jessell schloss mit einem Appell an ihr Mitgefühl:

Ich hoffe, dass Sie meine Bitte wohlwollend in Betracht ziehen. Vielleicht werde ich eines Tages in der Lage sein, es Ihnen zurückzuzahlen. Aber jetzt muss ich es haben. Wenn Sie wüssten, wer ich bin, dann würden Sie sicherlich Mitleid mit mir haben – wenn Sie sehen, dass ich zu einer solchen Handlung gezwungen wurde, einer Handlung, die hochkriminell und bar jedes menschlichen Gefühls ist. Ich habe Sie einmal gekannt. Aber genug davon.[11]

Le Grands alte Besessenheit, Briefe zu schreiben, fiel auf ihn zurück, als seine Handschrift von der Polizei erkannt wurde. Sein Aufenthaltsort war schnell herausgefunden, und Detectives begannen, seine Wohnung zu beobachten. Als Le Grand merkte, dass er observiert wurde, verließ er die Kennington Road 83 am 12. August und schrieb seiner Vermieterin später, er sei nach Paris gegangen und benötige das Zimmer nicht mehr. Obwohl er für einige Tage nach Paris gegangen sein mag, stellte man recht bald fest, dass er sich in einer anderen Pension in der Shirley Road, West Kilburn, aufhielt. Dort heckten er und ein Komplize Edwin Smith einen Plan aus, um mit gefälschten Schecks an Geld zu kommen.

Gegen Ende August entdeckte Le Grand, dass die Polizei ihm wieder auf den Fersen war. Seine Reaktion war – sogar unter Berücksichtigung seines abscheulichen Standards – außergewöhnlich. Er schickte einen Brief an Sir Edward Bradford, den Commissioner of Police, mit der Warnung, dass er anfangen würde, mit einer

Phosphorlösung öffentliche Gebäude in Brand zu stecken, wenn man die Versuche fortsetzte, seiner habhaft zu werden. Am 3. September kam ein Brief bei der Tottenham Court Road Police Station an. Er war an Sergeant William James gerichtet, einen Polizeibeamten, auf dessen Aussage hin Le Grand verurteilt worden war:

Hyde-Park-Schuft, pass auf, dass du mir nie wieder begegnest. Gestern konnte ich dich sehen, obwohl dein Detective Smart einen Meineid durchgehen ließe, wenn er reichlich bestochen werden würde. Du Hund, du konntest mich nicht sehen. Pass auf und komm mir nicht in die Quere. So sicher dies von mir geschrieben wurde, von dem Mann, dem du durch deinen Meineid Schaden zugefügt hast, so sicher werde ich dir den Schädel einschlagen, wenn du in meine Nähe kommst. Ehe sie mich durch deinen Meineid wieder kriegen, will ich dein Herzblut sehen. Meine Hand ist an Waffen gewöhnt, und beim Himmel! Ich werde nicht danebenschießen, wenn ich dich sehe.[12]

Aus irgendeinem Grund wollte die Polizei Le Grand nicht sofort verhaften, aber er wurde beobachtet, wie er mit Smith und seiner Frau in ein Haus The Oaklands 1, Acacia Road, Maldon, Südlondon umzog. Drei Tage nach dem Umzug, am 26. September, fingen Sergeant James und Detective Holder Le Grand und Smith am Bahnhof Maldon ab. Smith »machte die Biege« und überließ seinen Komplizen der Polizei. Auf dem Weg zur örtlichen Polizeistation knurrte Le Grand:

Du dreckiger Schuft, das ist dein Werk, du hast schon 50 Pfund von Morris bekommen, um mich beim letzten Mal zu schnappen. Wenn ich dich gesehen hätte, dann hätte ich dir den Schädel eingeschlagen. Du dreckiger Hund! Du bist gut mit Meineiden, wenn du bestochen worden bist. Ich werde bald wieder hier raus sein, und dann pass du auf. Ich werde dich nicht erschießen, sondern ich werde dir ein langes Messer in den Rücken rammen.[13]

Was Grand sagte, war keine leere Drohung. In dem Beutel, den er bei sich trug, fand man einen Revolver und einen schweren Schlagring. Und im Haus in Oaklands entdeckte Sergeant James zwei Flaschen mit Säure und den Prototyp eines Sprengsatzes in Form einer Zigarrenkiste, versehen mit Spannfedern und einer gewissen Menge Sprengstoff. Selbst ohne Hilfsmittel wie Waffen oder Höllenmaschinen war er ein gefährlicher und unberechenbarer Häftling. Während sie am Bahnhof Maldon warteten, um in die Stadtmitte von London zurückzufahren, versuchte er, seinen alten Gegner vor den herannahenden Zug zu stoßen. Auf der Fahrt nach Waterloo erging er sich James gegenüber in Tiraden:

Ich hatte vor, dich unter den Zug zu stoßen. Es würde mir nichts ausmachen. Du, als cleverer Detective, konntest mich nicht fangen. Ich habe dich oft gesehen, wenn ich einen Laufjungen von der *Messenger Company* zur Bank in der Victoria Street geschickt habe. Ich habe dich gesehen, ich war auf dem Friedhof, und du, der wohlerzogene Detective, du verdammter Idiot, du hättest mich sehen können. Ich habe dich im Hyde Park gesehen, als du dem bedauernswerten Jungen gefolgt bist, du verdammter Idiot, und du konntest mich nicht sehen.[14]

Le Grand sagte der Polizei wiederholt, dass sie ihn nur mit Glück geschnappt habe; denn er habe vorgehabt, innerhalb der nächsten Tage nach New York zu fahren. Die erheblichen Geldbeträge in britischer und fremder Währung, die man bei ihm fand, ließen darauf schließen, dass er diesmal vielleicht die Wahrheit gesagt hatte.

Nach einer ersten Vernehmung vor dem Westminster Police Court am 6. Oktober 1891 kam Le Grand am 16. November wegen Erpressung und wegen des Besitzes eines gefälschten Schecks vor den Central Criminal Court. Er wurde schuldig gesprochen und erhielt für den ersten Anklagepunkt zwanzig Jahre und für den zweiten sieben Jahre Haft. Nach fünfzehn Jahren in den Haftanstalten Portland und Parkhurst wurde er am 5. Januar 1907 unter Auflagen entlassen.

Die meisten Kriminellen der Vergangenheit bleiben, wenn überhaupt, in einer verallgemeinernden Weise in Erinnerung, wobei ihr
unerquicklicher Werdegang auf ein paar sensationelle Grundzüge
reduziert oder auch neu erzählt wurde, um Allegorien von Gut und
Böse oder von Protest und Unterdrückung zu erzeugen. Nicht so
im Fall von Charles Le Grand. In den letzten Jahren ist sein Leben
gründlich untersucht worden, wobei zeitnahe Berichte im Hinblick
auf eine Erwähnung seiner verschiedenen Pseudonyme analysiert
wurden. Denn Le Grand ist inzwischen posthum zu einem Haupt-
verdächtigen in der noch anhaltenden Jagd auf den Täter der White-
chapel-Morde geworden. Es handelt sich um eine ausgedehnte Er-
mittlungsarbeit, die von Hunderten von digital vernetzten Detektiven überall in der Welt betrieben wird.[15]

Während des letzten Jahrhunderts hat die Anonymität von »Jack
the Ripper« dazu geführt, dass sein Charakter (oder das Fehlen eines Charakters) ein Emblem der dunklen, bedrohlichen Seite des
viktorianischen London geworden ist. Umhüllt von geheimnis-
trächtigem Nebel ist er ein ätherischer ›schwarzer Mann‹, losgelöst
von den menschlichen Eingeweiden, die er als stinkende Haufen
zurückgelassen hat. Ein solches melodramatisches Bild ist möglicherweise stark genug, eine Identifikation der Person zu über-
dauern, aber das London Tourist Board könnte dennoch besorgt
sein, da hartnäckige Computerdetektive versuchen, Jacks verführerisch schattenhafter Gestalt Fleisch und Blut zu verleihen. Ohne
weitere Nachforschungen vorwegnehmen zu wollen, ist es vielleicht interessant, kurz zusammenzufassen, warum Le Grand die
Rolle von Londons berühmtestem Kriminellen durchaus ausfüllen
würde:

Er war ein berechnender und verzweifelter Krimineller mit Ver-
urteilungen vor und nach den Morden. Er hatte viele Kontakte zur
Unterwelt und eine genaue Kenntnis der polizeilichen Arbeitswei-
se. Er hatte viel Zeit mit Prostituierten verbracht, hat sie aber auch
drangsaliert und körperlich angegriffen. Er verachtete die Polizei
und verhöhnte sie, da es ihr nicht gelang, »Jack the Ripper« dingfest
zu machen. Er versuchte, Sergeant James vor einen Zug zu stoßen,

und drohte – als Anklang an den Mord an Elizabeth Stride –, ihm ein langes Messer in die Kehle zu rammen.

Wie der Absender der »Jack the Ripper«-Mitteilungen war er ein eingefleischter Brief- und Postkartenschreiber, sowohl anonym als auch unter eigenem Namen. Wie bei den Briefen, die vorgaben, von »Jack the Ripper« zu stammen, waren seine auch manchmal mit roter Tinte geschrieben. Wie der Schreiber der »Ripper«-Briefe benutzte auch er den Slang der Arbeiterklasse. Man weiß, dass er sich zur Zeit der Morde in Whitechapel aufhielt und dass er an Ermittlungen in Bezug auf die Verbrechen beteiligt war. Ganz bezeichnend ist, dass er unter einer extremen Persönlichkeitsstörung litt, charakterisiert durch den Zwang, Ereignisse zu manipulieren und geheimnisvolle Verwirrung zu stiften.

Nach seiner Entlassung 1907 setzte er sogleich seine kriminelle Karriere fort. Unter dem Pseudonym George Jackson schloss er sich einer Bande an, die versuchte, gefälschte Schecks zu Geld zu machen. 1908 wurde er gefasst und für weitere vier Jahre ins Gefängnis gesteckt. Vor Gericht gab er an, er habe während seiner kurzen Zeit in Freiheit seinen Lebensunterhalt dadurch bestritten, dass er Touristengruppen durch London begleitete. Ungeachtet der möglichen Gefahren, die darin lagen, sich einem so gewalttätigen und unberechenbaren Reiseleiter anzuvertrauen, hatten Le Grands Touren sicher auch viel Unkonventionelles und Seltsames zu bieten. Wie er ja einst dem Anwalt George Lewis mitgeteilt hatte, verfügte er über ganz wundersames Wissen.

13 Morphiumkristalle

Die Szene war ein nach hinten gelegenes Schlafzimmer in der dritten Etage des Craven Hotels, Craven Street, mit Blick auf die Charing Cross Station. Im gusseisernen Kamin brannte ein helles Feuer. Es war nicht wegen der Wärme oder zur Freude angezündet worden, sondern weil damit die Morphiumkristalle aufgelöst werden sollten, mit denen Alexander Woodburn Heron sein Leben beenden wollte. Er schluckte eine Dosis der Mischung, nahm einen Bleistift zur Hand und begann, sein langsames Dahinscheiden zu dokumentieren. Seine Notizen waren unregelmäßig und weitschweifig. Sie richteten sich an die beste Freundin seiner verstorbenen Geliebten:

Liebe Dolly, schärfe allen unseren Freunden ein, dass ich grundsätzlich jedes alkoholische Getränk meide. Leb wohl, Liebes. Leb wohl, Dolly. Ruby und ich werden uns bald treffen, Dolly, wenn man sich dort überhaupt trifft.

1:10 Uhr in der Nacht. Habe gerade nochmal 10 Gran [1 Gran entspricht etwa 65 mg] gemischt, um sie gleich einzunehmen. Ich bin aber überhaupt nicht benebelt. Mein Gott, wie schrecklich ist es, wenn herauskommt, dass ich meinem Schatz etwas gegeben habe. Wenn mein Kummer nicht wirklich ist, dann ist nichts in der Welt wirklich. Ich muss aufpassen, dass ich nicht schläfrig werde. Zu einem Versagen darf es nicht kommen. Ich habe mich nun auf den Boden gelegt, damit ich mit meinem Hinfallen nicht das ganze Haus aufwecke.

1:25 Uhr. Ich habe ein ganz dummes Gefühl. Mein Puls ist sehr langsam.

1:40 Uhr. Ich spüre, dass der Tod schnell kommt. Ich entschloss mich zu sterben, als ich meine Zeugenaussage machte, lange ehe ich damit fertig war. Oh, dass ein Mann eine solche Macht über ein Mädchen haben kann, wie ich sie über meinen Schatz hatte.

Stell dir vor – stell dir vor; es ist tatsächlich halb drei – 2.30 Uhr in der Frühe! Leb wohl. Ich habe ein angenehmes Gefühl. Leb wohl.

2:38 Uhr. Es scheint sehr langsam zu gehen. Aber es ist noch etwas übrig; denn ich hatte, denn ich hatte 30 Gran gekauft. Ich habe bis jetzt ganze 18 Gran ganz eingenommen. Ich fühle mich völlig gesund und wohl. Ich fühle mich, wie du weißt, so richtig warm und angenehm, so wie man sich immer nach der Einnahme von Morphium fühlt.

Da der Tod nur im Schneckentempo zu kommen schien, nahm Heron ein Rasiermesser mit Elfenbeingriff und zog es quer über seine Kehle, nachdem er zuerst vorsorglich eine Schüssel daruntergestellt hatte, die den Blutstrom auffangen sollte. Zwölf Stunden später wurde seine Leiche entdeckt, nachdem Hotelangestellte die Tür aufgebrochen hatten.

Alexander Woodburn Heron war ein Produkt des britischen Weltreiches. Als erster ehelicher Sohn eines wohlhabenden Plantagenbesitzers auf den Westindischen Inseln verbrachte er die letzten Jahre seines Lebens als Arzt und Verwalter in den zentralafrikanischen Kolonien. Als Alexander 1857 geboren wurde, waren die Herons in Manchester, Jamaika, gut etabliert, nachdem sie im 18. Jahrhundert von Schottland in eine ähnlich bergige Gegend in die Grafschaft Middlesex gezogen waren. Sein Vater, auch ein Alexander Woodburn Heron, war in der Gegend als »der Captain« bekannt, vermutlich weil er über die meisten der Plantagen dort mit ihren Arbeitern gebot. Nach seinem Tod 1901 wurde Alexander Woodburn Heron sen. auf einer ihm angemessenen hochgelegenen Grabstelle beigesetzt, die auf Shorter's Hill lag und von der aus man auf viele der Besitztümer blicken konnte, die er seiner Familie vererbt hatte.

Alexander Woodburn Heron jun. kam Mitte der 1870er Jahre nach England mit der Absicht, Offizier in der Armee zu werden. Er war groß, adrett und voller Selbstsicherheit; damit hätte ihm eine Uniform gut gestanden. Er verwarf jedoch den Plan einer Militärlaufbahn und begann ein Medizinstudium in Glasgow. Im Alter

von achtzehn Jahren lernte er Rose Anna Redding kennen, »eine
sehr liebenswürdige, hübsche und gebildete junge Dame«, und heiratete sie gegen den Willen ihrer Eltern. Obwohl er begabt und beliebt war, legte er doch eine gewisse Überheblichkeit an den Tag, die
an Herablassung grenzte, dazu besaß er eine unbeherrschte We-
sensart, die einmal zu einem peinlichen Gerichtsprozess führte.
Während eines heftigen Streits nach einer Vorlesung gab er nämlich einem gewissen Rawlinson Potts einen Schlag auf die Nase. In
der Verhandlung unter dem Vorsitz von Sheriff Spens – in dem Gerichtssaal saßen zahlreiche Kommilitonen – wurde er eines tätli-
chen Übergriffs »mit der Folge einer ernsthaften blutigen Verletzung« für schuldig befunden und zu einer Geldbuße von 5 Pfund
oder zu einer vierzehntägigen Haftstrafe verurteilt.[1]

Die Herons bekamen zwei Kinder und lebten in einer »sehr liebevollen Beziehung«, obwohl man sagte, dass Rose außerordentlich eifersüchtig war und zu unkontrollierten Wutausbrüchen neigte.[2] Nachdem er sich als Chirurg qualifiziert hatte, nahm Heron seine Familie mit zurück nach Jamaika, wo er zum District Medical
Officer ernannt wurde. Rose zog sich offenbar eine chronische Er-
krankung zu, und Heron verordnete gegen ihre Schmerzen sowie
gegen die Schlaflosigkeit Morphium, das er ihr selbst verabreichte.
Möglicherweise litt Rose wie so viele Arztfrauen unter »Morphinis-
mus« oder Morphiumsucht. Die immer schwächer werdende Rose
starb am 13. August 1881. Obwohl die Todesursache durch eine Autopsie nicht ermittelt werden konnte, war ein enger Kollege von Heron, Dr. George Rogers, der Meinung, sie sei durch die Wirkung
von Blausäure oder an einer Überdosis Morphium gestorben. Bei
der gerichtlichen Untersuchung der Todesursache gab ein örtlicher
Apotheker, der das verordnete Medikament ausgehändigt hatte, an,
dass die Fläschchen mit Blausäure bzw. Morphium nebeneinander
im Regal gestanden hatten. Er betonte aber, sie seien deutlich gekennzeichnet gewesen, und wollte vermutlich damit andeuten,
dass er sie bei der Aushändigung nicht hätte verwechseln können.
Herons Aussage, er habe das Medizinfläschchen weggeworfen, war
seiner Sache nicht gerade förderlich. Der mysteriöse Tod wurde in

der Öffentlichkeit mit Argwohn aufgenommen und ließ die gerichtliche Untersuchung fast als einen Prozess wegen Totschlags oder sogar wegen Mordes erscheinen. Mithilfe eines Rechtsanwalts »verteidigte« Heron nachdrücklich seine Position, und die Geschworenen urteilten mit einer einzigen abweichenden Stimme, dass der Tod durch natürliche Ursachen herbeigeführt worden war. Da aber die meisten seiner Patienten nun fernblieben, war es nicht überraschend, dass Heron die Insel bald danach verließ.

Er kam nach England zurück und erzählte, seine Frau sei im Kindbett gestorben. Anfangs scheint er in Brighton, Sussex, gearbeitet zu haben. Danach war er Assistent bei einem Arzt mit einer großen Praxis in Plaistow im Osten Londons. Eine Zeit lang hatte er dann eine Arztpraxis in der Gegend der Docks von West Ham, wo seine Kinder und ihr dunkelhäutiges Kindermädchen für erhebliches Aufsehen sorgten. 1884 entschied er sich, für den Medizinischen Kolonialdienst tätig zu werden und England zu verlassen. Heron schickte seine beiden kleinen Kinder zu seiner Familie nach Jamaika und zog an die Goldküste (heute Ghana) in Zentralafrika. Er war in Quittah (heute Keta) und Axim stationiert, wo er zuerst als Arzt tätig war und neben seinen medizinischen Aufgaben später auch Bezirksverwalter wurde. Die malerischen Kolonialorte mit ihren alten Forts, ihren Palmen und Fischerbooten müssen ihn an seine westindische Heimat erinnert haben. Bald ließ er sich auf eine Beziehung mit einem hübschen jungen Mädchen aus dem Ort ein und hatte zwei Kinder mit ihr. Trotz der Reize seines neuen Lebens erschreckte Heron seine Kollegen zuweilen mit plötzlichen Gewaltausbrüchen. Einmal ärgerte er sich, während er einen Fall verhandelte, über einen einheimischen Polizisten, der im Hintergrund schwatzte. Als der Mann die strenge Aufforderung, sofort mit der Unterhaltung aufzuhören, missachtete, verurteilte Heron ihn zu einer einmonatigen Haftstrafe und stieß seinen Kopf wiederholt gegen eine Wand.[3]

Heron wurde schließlich Gesundheitsbeauftragter in Gambia mit einem Jahresgehalt von 500 Pfund, wobei noch weitere 500–600 Pfund von Privatpatienten hinzukamen. Da er inzwischen über Zeit und Geldmittel verfügte, fand er bald eine Frau, mit der er beides teilen konnte. Bei einem Besuch in London im Frühjahr 1891 lernte er Marion Fanny Sharpe kennen, eine attraktive, noch sehr junge Schauspielerin, die unter ihrem Künstlernamen Ruby Russell bekannt war. Zu der Zeit war die Bezeichnung »Schauspielerin« recht flexibel und umfasste einen weiten Personenkreis, angefangen bei Prostituierten, die sich bei der Verhaftung als eine solche ausgaben, bis hin zu den angesehenen *Grandes Dames* des viktorianischen Theaters. Auf dieser Skala entsprach Marion eher dem erstgenannten Personenkreis als dem zuletzt genannten. Im Alter von siebzehn Jahren war sie von ihren Eltern, die einen Pub in der Mitte von London führten, weggelaufen und trat nach einigen Engagements in der Provinz Anfang der 1890er Jahres als Revuetänzerin im Theatre Royal in der Drury Lane auf. Heron stellte sich ihr hinter der Bühne inmitten des exotischen Durcheinanders von Requisiten vor, die für die Aufführungen von *Die Schöne und das Biest* benötigt wurden. Die Stars der Produktion, Dan Leno, Herbert Campbell, Vesta Tilly und insbesondere Belle Bilton, haben die sich anbahnende Entwicklung vermutlich mit einem müden Lächeln quittiert. Denn es war nicht ungewöhnlich, dass Herren intime Bekanntschaften mit Darstellerinnen eines niedrigeren gesellschaftlichen Ranges suchten. Zwei Jahre zuvor war die schöne Belle, Tochter eines Unteroffiziers in einer Kantine in Aldershot, von dem jungen Lord Dunlo sehnsüchtig verfolgt worden; ihre Ehe fand aber dann in einem Scheidungsprozess ein zynisches Ende. Als Marion erfuhr, dass Heron Arzt war, lehnte sie seine Einladung zu einem Treffen nach der Vorstellung ab. Sie hatte Angst vor Medizinern und wollte keinesfalls etwas mit ihm zu tun haben. Aber Heron war wie besessen von der jungen Schauspielerin und schickte ihr am nächsten Tag eine große Bonbonniere mit kandierten Früchten in ihre Wohnung, die er als Studland Street 34, Hammersmith, ermittelt hatte.

Marions Vermieter, Mr. Clayden, brachte seine Sorge darüber zum Ausdruck, dass sie sich von Herons wiederholten Geschenken, Telegrammen und sonstigen Mitteilungen mehr und mehr erweichen ließ. Seitdem sie von einem Engagement in Coventry nach Hammersmith gekommen war, hatte sich ein Vertrauensverhältnis zu ihrem Vermieter und dessen Familie entwickelt. Sie und eine andere junge Frau, von der sie sagte, sie sei ihre Cousine, waren im November 1889 nach London gekommen, um im Zirkus des großen P. T. Barnum aufzutreten, der die Weihnachtsattraktion in der gigantischen Ausstellungs- und Veranstaltungshalle Olympia war. In dem Maße, wie sich eine Freundschaft zwischen Marion und Dolly, der Tochter der Claydens, entwickelte, wuchs deren fast elterliche Sorge in Bezug auf Herons Annäherungsversuche. Aber obwohl sie ihm verboten hatten, ihr Haus zu betreten, richtete er es so ein, dass er sie auf der Straße traf, wenn sie auf dem Weg zum Theater war. Recht bald besuchte sie ihn regelmäßig in seinem Appartement in Vernon Chamber, Southampton Row. Sie trafen sich weiter bis August 1891, als er zu seinem Posten in Gambia zurückkehrte. Sie blieb in London, wobei sie nun an einer Krankheit litt, die sie geheimhielt. Die Krankheit mag echt oder nur vorgetäuscht gewesen sein, jedenfalls verfolgte sie ihre Theaterlaufbahn weiter und trat als einer der mehr als fünfzig Bauern und Höflinge auf, die die Bühne in der komischen Oper *La Cigale* am Lyric Theatre, Shaftesbury Avenue, füllten. Es war ein Zeichen einer gewissen Beförderung, als sie als Ersatzdarstellerin für Mabel Love ausgewählt wurde.

Im Januar 1892 stellte sich Marion ihrer größten Herausforderung und übernahm die Rolle der Gattin eines wichtigen Beamten im Kolonialdienst. Bei ihrer Ankunft in der gambischen Hauptstadt Bathurst (heute Banju) wurde »Mrs. Woodburn Heron« im Haus des Gouverneurs und auf der Jacht des Admirals vorgestellt. Obwohl sie als Schauspielerin Erfolg hatte, war es offenkundig, dass sie aus einer niedrigeren Gesellschaftsschicht als ihr »Ehemann« stammte. Zuerst hatte sie mit den hohen Temperaturen und mit der Etikette des Koloniallebens zu kämpfen; schließlich aber gewann sie Freunde und half Heron bei der Ausgabe von Medikamenten. Wie Rose Heron begann sie Morphium zu nehmen, um, wie es hieß, eine Fiebererkrankung zu bekämpfen. Nach außen hin gaben sie das ideale Paar ab – Woodburn Heron war attraktiv, hatte helle Haut, welliges Haar und einen Schnurrbart, während Marion einmal als »eine der schönsten Frauen auf der Bühne« beschrieben worden war. Ihre Beziehung war jedoch belastet, da beide zu einer gewissen Morbidität und Eifersucht neigten. Heron schrieb einem Freund: »Wenn ihr irgendetwas zustoßen sollte, dann glaube ich, dass ich verrückt werde. Man muss beständig daran denken, dass immer die Möglichkeit besteht, dass das schönste Glück einfach weggeblasen wird.«[4] Im Gefolge ihrer »kleinen Streitigkeiten« hatten beide mit Selbstmord gedroht.

Im August 1892 wurde Heron ein dreimonatiger Krankheitsurlaub gewährt. Auf der Rückreise nach England scheint Marion sich ebenfalls nicht wohlgefühlt zu haben und lag, wie es aussah, mit Malaria in ihrer Kabine. Ihr andauernder schlechter Gesundheitszustand zwang sie zu einem ungeplanten viertägigen Aufenthalt in Liverpool und war auch unverändert, als sie am 7. September in London ankamen. Es scheint, dass sie vorhatten, während ihres Aufenthaltes zu heiraten und dann nach der Legitimierung ihrer Beziehung nach Afrika zurückzukehren. Marion war jedenfalls hoch erfreut, als sie ihre Bekanntschaft mit den Claydens wieder aufnahm. Dolly erinnerte sich daran, wie sie mit der Familie Tee trank und fröhlich in deren Heim in Hammersmith umhertanzte. Heron und Marion hatten ganz in der Nähe der Studland Street möblierte Zimmer in der Lillie Road, West Brompton, gemietet, wo ihre Vermieterin Mrs. Ellen Williams sie als ehrbares Ehepaar willkommen hieß. Sie muss besonders beruhigt darüber gewesen sein, dass Mr. Heron Arzt war; denn ihr verstorbener Mann war stellvertretender Krankenhausinspektor gewesen. Innerhalb von vierzehn Tagen zeigte sich Mrs. Williams indes bestürzt, als ihr Haus und die ganze Nachbarschaft in den Mittelpunkt von schockierenden Sensationspressemeldungen geriet.

Am Dienstag, dem 21. September, bereitete Mrs. Williams das Abendessen für ihre Gäste zu. Heron bekam Schinken und Marion Speckstreifen mit einem Glas Stout. Um 20:15 Uhr räumte die Vermieterin das Geschirr ab und ging aus dem Haus, um ein paar Einkäufe zu tätigen. Wenige Minuten nachdem sie das Haus verlassen hatte, eilte Heron zur Haustür und rief verzweifelt: »Hilfe! Hilfe! Polizei! Polizei!« Der Police Constable Turner war rasch zur Stelle, lief schnell nach oben zu der Etage, wo das Wohnzimmer war, und entdeckte dort Marion, die bewusstlos und halbnackt im Schlafzimmer lag. Ein älterer Vertretungsarzt, Dr. Harris, kam hinzu, wurde aber aus ihrem Zustand nicht recht schlau. Mrs. Williams, die gerade vom Einkaufen zurückgekommen war, wurde zum Jubilee Hospital geschickt, um einen anderen Arzt zu holen sowie eine Magenpumpe mitzubringen. Von 22 Uhr an kämpfte Dr. Fitzroy Benham um die Wiederbelebung der bewusstlosen Frau; dabei verabreichte er ihr zahlreiche Injektionen mit Äther und Strychnin. In dem Versuch, einer möglichen Überdosis Morphium entgegenzuwirken, injizierte Heron auch Belladonna. Dann ließ man Dolly Clayden holen. Sie war zugegen, als ihre alte Freundin um 5 Uhr morgens ihren letzten Atemzug tat.

Die gerichtliche Untersuchung des Todes von Marion begann drei Tage später im Leichenschauhaus in Fulham. Da die Autopsie noch im Gange war, gab es verständlicherweise Spekulationen darüber, dass sie an einer Vergiftung gestorben sein könnte. Heron war außer sich, als er die Vorgänge kurz vor Marions Tod beschrieb: Sie hatten während des Nachmittags gestritten, offenbar weil er es versäumt hatte, eine Verwandte darüber zu informieren, dass sie in England angekommen waren. Irgendwie hatte das Versäumnis Marions schwelende Eifersucht zum Siedepunkt gebracht, und sie weinte hysterisch. Nach dem Abendessen hatte sie gesagt, sie wolle sich hinlegen, und nur wenige Minuten später fand Heron sie bewusstlos vor. Er erklärte, dass das Fläschchen mit Morphium, das man auf dem Kaminsims fand, seine eigene Mischung war. Nachdem er seine Aussage gemacht hatte, ging er in einen Flur, wo er sich erschöpft gegen die Wand lehnte.

Der Gerichtsmediziner hatte Heron einen Schock versetzt, als er die gerichtliche Untersuchung der Todesursache seiner Frau in Jamaika erwähnte. Zusammen mit den Umständen von Marions Tod konnte das nur bedeuten, dass er der Mittelpunkt einer hitzigen Diskussion in der Presse werden würde. Obwohl er die Diskussionen nicht mehr lesen sollte, konnte er sich die marktschreierischen Schlagzeilen in den Zeitungen des nächsten Tages vorstellen:

MYSTERIÖSER VORFALL IN WEST BROMPTON
PLÖTZLICHER TOD EINER SCHÖNEN SCHAUSPIELERIN
IMMORALITÄT, EIFERSUCHT UND SELBSTMORDDROHUN-
GEN[5]

Nachdem er die gerichtliche Untersuchung um 15:15 Uhr verlassen hatte, fuhr Heron zur Victoria Station, wo er versuchte, sein Aussehen zu verändern, indem er ein Rasiermesser kaufte und sich damit in einer öffentlichen Toilette den Schnurrbart abrasierte. Zum Gedenken an seine verstorbene Geliebte ging er zum Abendessen ins Hotel Continental, sein Lieblingsrestaurant in der Regent Street. Etwa 23:15 Uhr am Abend fragte er beim Craven Hotel nach einem Zimmer für eine Übernachtung. Miss White an der Rezeption gab ihm ein Zimmer für 5 Shilling, und dabei fiel ihr auf, wie müde und blass er aussah. Im Raucherzimmer des Hotels schrieb er einige Briefe – darunter einen an Dolly, in dem er ihr zwei von Marions Ringen und ihre gesamte Garderobe vermachte, und einen anderen Brief an den Gerichtsmediziner in Fulham, in dem er ihm seine seelische Verfassung erklärte:

Nun da es so aussieht, dass der Tod durch eine Vergiftung verursacht worden sein muss, fällt mir Folgendes auf: Wenn ich mehr auf die Art geachtet hätte, *wie* ich es gesagt hatte, als auf das, *was* ich gesagt hatte, dann könnte mein armer Schatz jetzt vielleicht noch leben. Ich gehe davon aus, dass der Fall in der üblichen Weise zu Ende geführt werden wird und dass sich hoffentlich jeder Verdacht dem Schreiber dieses Briefes gegenüber als haltlos erweisen wird. Wie bereits erwähnt, kommt es, nun da ich allein bin, nicht infrage, dass ich nur für das erbärmliche Vorrecht einer fortgesetzten Existenz durch all diese Schrecken hindurchgehe. Deshalb werde ich eine Überdosis Morphium nehmen, sobald einige andere Dinge befriedigend geregelt sind.[6]

Nach kurzer Abwesenheit kehrte er um Mitternacht ins Hotel zurück, wobei er dem Portier sagte, es sei »ein schöner Abend für einen Spaziergang«.[7] Er fügte erklärend hinzu, er habe kein Gepäck, das hinaufgetragen werden müsste. Alles, was er brauchte, hatte er in seinen Taschen: das erst kurz zuvor gekaufte Rasiermesser mit Elfenbeingriff und seine alte Nemesis, ein Fläschchen mit Morphiumkristallen.

14 Ein Adelphi-Drama

Die Sense blitzte auf, und die goldene Ernte fiel zu Boden. Am Rande der Wiese lag ein Baby in seinem Bettchen. Es war ein warmer, sonniger Tag. Zu warm und zu sonnig; denn seine Mutter stellte fest, dass das Gesicht des kleinen Richard eine unnatürliche Farbe angenommen hatte und dass seine zusammengekniffenen Augen tränten. Er wuchs heran zu einem in sich gekehrten und nörglerischen Kind, und Margaret Archer dachte oft, die Tatsache, dass er lange der Sonne ausgesetzt war, habe seinem Gehirn geschadet. In seinen späteren Jahren zog er sich in eine von Wahnvorstellungen bestimmte Welt zurück, in der er sich einbildete, dass er aus einfachen Verhältnissen hochgekommen war, um ein großer Schauspieler, Sänger, Dichter und Schriftsteller zu werden. Er hielt sich für ein Genie, dessen letztlicher Triumph nur durch eine kleine Gruppe böswilliger Schauspielerkollegen und Theaterdirektoren vereitelt wurde. Insbesondere *ein* Mann geriet in den Fokus seiner Paranoia, und nach Jahren des Grolls schockierte Richards Versuch, die Macht seines Peinigers zu brechen, die gesamte viktorianische Nation.

Richard Millar Archer, von seiner Familie Dick genannt, wurde 1858 auf der Farm Balmydown auf dem Baldovan-Anwesen in der Nähe von Dundee, Schottland, geboren. Sein Vater war Landarbeiter, dessen zwei Ehen neun Kinder hervorgebracht hatten, von denen mindestens drei geisteskrank waren. Nach einiger Zeit zog die große Familie in die Stadt Dundee, wo sie allem Anschein nach in Armut lebte. Wie viele junge Erwachsene versuchte Archer, den Entbehrungen des Lebens der Arbeiterklasse zu entkommen, indem er Schauspieler wurde. Unter ähnlichen Umständen wählten viele als Ausweg aus der Armut die egalitäre Welt der Music Hall, wobei sie sich damit zufrieden gaben, wenn sich ihr Lebensstandard verbesserte, während ihr gesellschaftlicher Status ziemlich gleich blieb. Archer jedoch lehnte die Vulgarität des Music-Hall-Berufes ab und betrachtete das Theater als Tor zu einem neuen Leben, in dem er ein »Gentleman« sein würde, der wegen seines guten Aussehens, seines tadellosen Lebensstils und seiner darstellerischen Fähigkeiten respektiert würde. Dieser Plan enthielt wenigstens drei größere Denkfehler. Nachdem er im Alter von vierzehn Jahren die Schule verlassen hatte, entschädigte er sich für die geistlose Routine der manuellen Tätigkeit bei der Schiffswerft der Gebrüder Gourlay dadurch, dass er die Theater in Dundee heimsuchte, wo er den einen oder anderen Gelegenheitsjob bekam und manchmal als Statist in Massenszenen auftreten durfte.

Eine ältere Halbschwester, deren Name unbekannt ist, entschied sich für eine andere Strategie, um von den Dundee-Slums loszukommen. Sie steuerte London an, wo sie fast sicher eine Prostituierte wurde. Das war ein Schritt in eine Tätigkeit, die bei ihrer Familie anscheinend nicht unmäßig Anstoß erregte, denn etwa 1875 kamen Mr. und Mrs. Archer ebenfalls nach London, um bei ihrer Tochter zu wohnen. Später gesellte sich der junge Archer zu ihnen; es gelang ihm, eine einigermaßen reguläre, wenn auch schlecht bezahlte Arbeit am Theater zu finden. Obwohl er behauptete, er sei am Gaiety, dem Prince of Wales, dem Theater Ihrer Majestät, am Covent Garden, dem Crystal Palace und dem Theatre Royal, Drury Lane, aufgetreten, beschränkte sich seine Haupttätigkeit auf das Adelphi Theater, 399 Strand. Archer betrachtete sich nicht als Statisten oder Komparsen, sondern als »Ersatzmann«; es war dies eine feine Unterscheidung, die viele Schauspieler von den niederen Rängen der Zunft ebenso hätten machen können. Ob nun Statist oder Ersatzmann, seine bescheidenen Auftritte, bei denen er gewöhnlich nicht zu sprechen brauchte, an der Seite von einigen Hauptdarstellern des West End-Theaters verschafften ihm ein Gütesiegel, das er viele kommende Jahre lang benutzen und in seiner Bedeutung ausschmücken sollte. Wann immer er sich um ein neues Engagement bewarb, beschrieb er sich als »bis vor Kurzem beim Adelphi-Theater«.

Archer hatte Glück, dass Adelphi-Produktionen von ihrer Ausrichtung her spektakulär waren und oft eine große Anzahl von Komparsen erforderten – auch von Ersatzdarstellern. Das Theater hatte 1806 unter dem Namen Sans Pareil eröffnet, änderte aber 1819 seinen Namen, um die Nachbarschaft zur Adams' Riverside Terrace anzuzeigen. Zu den frühen Erfolgen des Theaters gehörten eine Bühnenversion von Pierce Egans *Tom and Jerry; or Life in London* (1821), eine breit angelegte Darstellung des Lebens der verschiedenen Gesellschaftsschichten im London der Regency-Ära; und *A Flight to America* (1836), das es dem amerikanischen Schauspieler Thomas Dartmouth Rice ermöglichte, mit geschwärztem Gesicht seine sensationelle Gesangs- und Tanzdarbietung »Jim Crow« aufzuführen. In seiner Frühphase wurde das Theater besonders mit Melodramen in Verbindung gebracht, von den Schauerstoffen der ersten Hälfte des Jahrhunderts bis zu den Sensationsgeschichten, die oft im weitläufigen Reich des späten viktorianischen Zeitalters spielen. Die formelhaften Handlungen, in denen der Held und die Heldin eine Reihe gefährlicher Situationen überleben und über einen anscheinend unverwundbaren Schurken triumphieren, wurden in den 1880er und 1890er Jahren insbesondere von drei fähigen Schauspielern getragen. W. L. Abington hatte einen konkurrenzlosen Ruf für die »Darstellung des Gipfels der Schurkerei«.[1] Jessie Millward war trotz ihres dunklen Teints eine typische englische Rose. Und William »Breezy Bill« Terriss schien mit ewiger Jugend gesegnet zu sein und war auf der Bühne wie auch sonst jeder Herausforderung gewachsen.

1847 als Sohn eines Rechtsanwalts geboren, ging William Lewin – er nannte sich erst später William Terriss – im Alter von vierzehn Jahren als Midshipman zur Royal Navy. Nach dem Ausscheiden aus dem Dienst wurde er Teepflanzer in Chittagong, Indien, wo eine Seereise nach Kalkutta in einem Schiffsunglück endete und er »zehn Tage lang brennender Sonne an dem unwirtlichen Ufer des Heiligen Ganges ausgesetzt war«.[2] Nach zwei erfolgreichen Jahren auf der Londoner Bühne reiste er 1871 auf die Falkland-Inseln, um eine Schafzuchtfarm zu gründen. Nach nur einigen Monaten wurde er dieser Tätigkeit jedoch überdrüssig und stach auf einem schwedischen Walfangschiff nach England in See; dabei erlitt er wiederum Schiffbruch und verbrachte zwei sturmumtoste Tage in einem Rettungsboot. Eine weitere kurze Periode als Schauspieler endete, als er sich entschloss, in Kentucky Rennpferde zu züchten.

Seine Tochter, Ellaline, die später ein Musical-Star wurde, hatte noch in Erinnerung, dass er in Colorado in einer Silbermine und in Australien in der Landwirtschaft tätig war. Schließlich aber konnte Terriss seine Wanderlust zügeln, woraufhin er seit den späten 1870er Jahren permanent auf Londoner Bühnen stand.

Terriss ließ sich mit seiner Frau und drei Kindern in der kurz zuvor fertiggestellten Künstlersiedlung Bedford Park im Westen Londons nieder; er mied größtenteils die verschworene Theatergemeinschaft und bewegte sich in breiteren intellektuellen Kreisen. »Breezy Bill« hatte jedoch eine spezielle Freundin im Bereich des Theaters; es war seine Hauptdarstellerin, die er liebevoll »Sis« nannte – Jessie Millward. Er und Jessie liebten sich sehr, und ihre lange Beziehung wurde von der Familie Terriss toleriert. Terriss, der bemerkenswert gutaussehend und erstaunlich athletisch war, aber auch großen Charme ausstrahlte, war das erste und möglicherweise das größte Idol der Nachmittagsvorstellungen. Von seinen zahlreichen guten Qualitäten waren es seine Tapferkeit und Bescheidenheit, die die Schauspielerin Ellen Terry in einer Anekdote festhielt. Ein Bühnenarbeiter am Lyceum habe den triefend nassen Schauspieler gefragt, ob er in den Regen gekommen sei; denn er wusste nicht, dass Terriss gerade einen ertrinkenden Jungen aus der Themse gerettet hatte. Sein Biograf, Arthur J. Smythe, schrieb: »Er war die Verkörperung von Gesundheit, sprühender Lebensfreude und männlicher Vitalität.«[3]

Während der schneidige Terriss viele Theaterbesucher ins Adelphi zog, erschien Richard Archer nur wie ein Gesicht in der Menge, wenn er anonyme Soldaten, Diener, Höflinge und Dorfbewohner spielte. Gelegentlich durfte er Rollen spielen, die mit einem Namen verbunden waren, so wie etwa Sligo Dan in *O'Dowd* (1880); Rattlesnake in einer Wiederaufnahme des im Adelphi schon lange beliebten *The Green Bushes* (1880/81); den ersten Reisenden in *Michael Strogoff* (1881); einen Bräutigam in *It's Never Too Late to Mend* (1881); O'Flanigan in *In the Ranks* (1883/84); Lanty in *Arrah-na-Pogue* (1885); und Diego in *The Silver Falls* (1888/89). Der Schauspieler Charles East erinnerte sich daran, dass er eine Garderobe mit seinem Bruder, John East, sowie mit G. P. Huntley (der später als Komiker berühmt wurde) und Archer teilte, nämlich während der Aufführung von *The Harbour Lights*, einem der größten Erfolge im Adelphi (Dezember 1885).[4] Dass Archer die Hauptdarsteller, die ihn umgaben, genau beobachtete, erwies sich für ihn als nicht so nützlich, wie man es hätte erwarten können. Er entwickelte vielmehr eine groteske Karikatur ihres darstellerischen Stils und ihres Verhaltens außerhalb der Bühne. Bereits im März 1883, als Robert Beverage vom Dundee Theatre ihn auf dem Strand traf, brüstete er sich mit den Fortschritten, die er im Adelphi mache. Um sich noch mehr von der Masse abzuheben, ging er dazu über, einen langen »Inverness«-Umhang und einen breitkrempigen Filzhut zu tragen, Kleidung, die ihn mehr wie einen archetypischen Verschwörer aussehen ließ und nicht wie einen Schauspieler außer Dienst. Sein Mangel an Talent wurde durch eine unvorteilhafte Erscheinung auch nicht gerade ausgeglichen – widerspenstiges dunkles Haar, ein struppiger Schnurrbart, blasse Hautfarbe und schielende Augen. Die breite schottische Aussprache wich nach und nach einem undefinierbaren, leicht unheimlichen Akzent. Er würzte seine Reden mit beliebig platzierten französischen Ausdrücken und zitierte Shakespeare, wann immer sich eine Gelegenheit ergab. Auf der Bühne verärgerte er Darsteller und Theaterleiter dadurch, dass er auffallende theatralische Posen zur Schau trug und die Aufmerksamkeit der Zuschauer von den Hauptdarstellern ablenkte.

Archers flatterhafte Schwester kam manchmal in den Bereich hinter der Bühne des Adelphi, aber nicht um ihren Bruder zu besuchen, sondern um sich mit dem Schauspieler W. L. Abingdon zu treffen, mit dem sie eine Affäre begonnen hatte. Terriss' Schwiegersohn Seymour Hicks erinnerte sich an sie als »eine Frau, die bekannt dafür war, dass sie die damals berüchtigte Empire-Promenade öfter aufsuchte [...]. Sie war keineswegs ein unattraktives Exemplar ihrer Klasse«.[5] Hicks behauptete auch, Abington treibe aufgrund seiner Eifersucht auf Terriss mit dem Bruder seiner Freundin einen üblen Schabernack. Abington empfing die Schwester oft in seiner Garderobe und lud nach der Vorstellung auch Archer zu einem Imbiss ein.

THE SILVER FALLS

Every Evening at 8 will be performed the New and Original Drama in Four Acts, entitled

THE SILVER FALLS

BY GEO. R. SIMS & HENRY PETTITT.

New and Elaborate Scenery by
BRUCE SMITH and WALTER JOHNSTONE.
Original Music by Mr. HENRY SPRAKE.
Machinist, Mr. B. BURNS. Produced by Mr. WILLIAM SIDNEY.

The Theatre lighted entirely by Electricity, on the Edison and Swan System, by
A. & S. GATTI'S Electric Light Installation.

ERIC NORMANHURST	Mr. WILLIAM TERRISS.
Marcus Valles	Mr. CHARLES CARTWRIGHT.
Jack Slingsby	Mr. J. L. SHINE.
Bob Maguire	Mr. J. D. BEVERIDGE.
Dick Redmayne	Mr. ROYCE CARLETON.
Lord Avondale	Mr. J. CARNE.
Joel	Mr. CHARLES EATON.
Sheriff Dixon	Mr. WILLIAMS.
Inspector Robjohn	Mr. STEVENS.
Tennessee Bill	Mr. EARDLEY TURNER.
Yokohama Joe	Mr. JAMES EAST.
Seth	Mr. VAUGHAN.
Slim Jim	Mr. DOUGLAS.
Rodriguez	Mr. STEVENS.
Diego (Miners)	Mr. R. PRINCE.
Ramon	Mr. HARRIS.
Lopez	Mr. H. COOPER.
Primrose Easterbrook	Miss MILLWARD.
Lola	Miss OLGA NETHERSOLE. (By permission of John Hare, Esq.)
Norah	Miss CLARA JECKS.
Slim Jim's Wife	Miss GEORGIE ESMOND.
Marie	Miss ADRIENNE DAIROLLES.

Entd. at]

ACT I.
"THE LAWN," RICHMOND. (Walter Johnstone)

ACT II. (Three years elapse).
SANTA ROSA, MEXICO. (Bruce Smith)
ROAD TO HAWK'S NEST. "
THE HOUSE AT THE SILVER FALLS. "

ACT III. (Six months elapse).
THE HAWK'S NEST. (Bruce Smith)
ERIC'S HOME. "

ACT IV.
THREE PINE GULCH. (Bruce Smith)
SILVER FALLS. "

Preceded at 7.15 by the Farce of

THE TWO GREGORIES.

Mr. Bull	Mr. HOWARD RUSSELL.
Mr. Gregory	Mr. JAMES EAST.
Gregory	Mr. EARDLEY TURNER.
Mrs Gregory	Miss GEORGIE ESMOND.
Fanchette	Miss ADRIENNE DAIROLLES.
Stage Manager	Mr. William Sidney.

Programme of Music.

MARCH	"En Route"	Carl Glenn.
OVERTURE	"Marco Spada"	Auber.
SELECTION	"William Tell"	Rossini.
OVERTURE	"La Circassienne"	Auber.
WALTZ	"Letitia"	Pakrbach.
GALOP	"New Post Horn"	Awdtlert.

Musical Director ... Mr. Henry Sprake.

PRICES OF ADMISSION:—
Private Boxes, £3 3s. & £2 2s. Orchestra Stalls, 10s.
Balcony Stalls, 6s. Upper Circle, 3s. Pit, 2s. Gallery, 1s.
BOX OFFICE OPEN FROM 10 TO 5. NO BOOKING FEES.
DOORS OPEN AT 7. COMMENCE AT 7.15
CHARLES A. JECKS, Acting Manager and Treasurer.
REFRESHMENTS SUPPLIED BY MESSRS. A. & S. GATTI OF THE ROYAL ADELAIDE GALLERY.
WINES AND SPIRITS OF THE BEST QUALITY. NEAPOLITAN ICES, &c.
NOTICE.—A Smoking Saloon is attached to the Theatre.

[Sta. Hall.

Abb. 24: Programmheft für *The Silver Falls*, die letzte Adelphi-Theater-Produktion, in der Richard Archer Prince und William Terriss gemeinsam auf der Bühne standen.

Während ihrer Unterhaltungen erfuhr Abington von Archers ehrgeizigen Bemühungen, ein Hauptdarsteller zu werden, und in einem Anfall von Übermut, der zu den schurkischen Figuren gepasst hätte, die er selbst auf der Bühne verkörperte, bestärkte er den Ersatzmann in dem Gedanken, er könne eines Tages Terriss in den Schatten stellen. Abington weitete den Scherz noch aus, indem er Archer ein getipptes Manuskript der Rolle des Helden in die Hand drückte und eine vorgetäuschte Theaterprobe organisierte, in die alle Anwesenden eingeweiht waren. Archer merkte gar nicht, dass ihn das pathetische Posieren in der Hauptrolle im ganzen Theater zum Gespött machte. Da er nur Abingdons Lob im Sinn hatte, glaubte er, der darauf folgende Rückgang seiner Engagements im Adelphi sei das Resultat von Terriss' Konkurrenzangst.[6]

Ob nun Hicks Bericht stimmte oder nicht, der »verrückte« Archer wurde von seinen Schauspielerkollegen oft schikaniert und lächerlich gemacht. Es gab allerdings auch freundliche Zuwendung, die er aber kaum bemerkte. So konnte er z. B. öfter kostenlos Theateraufführungen besuchen, wobei er nur eine Karte vorzuzeigen brauchte, aus der hervorging, dass er Schauspieler beim Adelphi war. Die Tatsache, dass man ihn in so vielen Theaterproduktionen auftreten ließ, lässt darauf schließen, dass die Theaterleitung seinem eigenwilligen Verhalten gegenüber bemerkenswert tolerant war. Später grenzte J. F. Ellistons Geduld mit dem Unruhe stiftenden Schauspieler fast an Heiligkeit. Nach seinem letzten Auftritt beim Adelphi nahm Elliston ihn mit auf eine Tournee mit einer Theatergruppe, die im Juni 1889 das Drama *The Union Jack* aufführte. Seine Rolle, die des »Sergeant«, war wie üblich eine kleinere Rolle; aber einmal gab ihm die Krankheit eines anderen Schauspielers die Gelegenheit, die wichtigere Rolle des Schurken Sir Philip Yorke zu übernehmen. Elliston war der Ansicht, die Leistung des vielgeschmähten Schauspielers sei diesmal durchaus anerkennenswert gewesen. Archer, der inzwischen seinen Namen in Richard Prince geändert hatte, glaubte aber, eine ausgesprochen überragende Leistung erbracht zu haben. Nachdem er seiner Meinung nach einen sensationellen Erfolg gehabt hatte, war er bitter enttäuscht, dass er keine weiteren Rollen von Bedeutung bekam. Als Mr. Warden, der den »Slapstick-Soldaten« Tom Chuckle spielte, im Dezember 1889 die Theatergruppe verließ, um in Boulevardpantomimen aufzutreten, verpflichtete Elliston nicht den Ersatzdarsteller Archer, sondern einen anderen Schauspieler. Die Verärgerung des enttäuschten Schauspielers äußerte sich in andauernder höhnischer Kritik an dem Neuankömmling und fand ihren Höhepunkt in einem heftigen Faustkampf in einem Zug zwischen Aberdeen und Leicester.[7]

Nachdem Elliston Archers Selbstüberschätzung drei Jahre lang ertragen hatte, weigerte er sich, ihn weiterhin als Schauspieler zu engagieren. Er hatte den lästigen Statisten jedoch nicht gänzlich aufgegeben und gestattete ihm, sich während einer Tournee durch Schottland mit *Alone in London* (Januar bis April 1895) um das Gepäck zu kümmern. Schließlich sah sich Elliston indes gezwungen, den Mann wegen Aufsässigkeit zu entlassen. Daraufhin bombardierte Archer seinen großmütigen früheren Arbeitgeber mit beleidigenden Drohbriefen. Am 25. September 1895 schrieb er:

Du Höllenhund, du Judas, du hast mir mitgeteilt, du würdest mir eine Referenz eines Theaterdirektors oder eines Schauspielers geben. Ein Herr hat schriftlich um eine Referenz gebeten, und jetzt weiß ich, warum ich kein Engagement bekommen habe, du Hundesohn. Das ist nun der Dank dafür, dass ich dir bei *Alone in London* den Verlust von viel Geld erspart und dafür gesorgt habe, dass das Stück kein Reinfall wurde. Ich habe Schlimmeres als den Tod erlitten. Und jetzt weiß ich, warum ich keine Engagements bekommen habe. Als ich die *Union-Jack*-Tournee verließ, hast du keinem Direktor gegenüber die Wahrheit über mich gesagt; du hast mich erpresst, nur um selber weiterzukommen. Das nächste Mal, wenn ich eine Referenz haben möchte, dann wird das auf der Bow Street Police Station sein, wo meine Anwälte dich zwingen werden, vor Gericht öffentlich zu erklären, warum du es gewagt hast, jemanden von den Highlands zu erpressen. Ich bin kein schwaches Weib, du Hund. Ich werde dich und andere bloßstellen. Sie haben kein Mitleid mit mir, und wenn ich im Newgate Gefängnis sterbe, nachdem du mir keine Referenz gegeben hast, dann soll die Welt zwischen uns richten. Ich rate dir, diesmal diese Mitteilung zu Scotland Yard zu bringen. Und wenn die nichts gegen mich in der Hand haben, dann werde ich an alle Zeitungen in London schreiben. Dann werden wir sehen, wer letztlich besser dasteht. Ich, der arme Prince, oder ein Schurke mit einer Bank im Rücken und den päpstlichen Bullen. Sieg oder Tod ist mein Motto, und die Furcht Gottes.

Da er keine weiteren Engagements bekam, sah Archer sich gezwungen, wieder zu seiner Familie nach Dundee zu ziehen. Zwischen Mai 1895 und März 1897 kehrte er zurück zur Werft der Gebrüder Gourlay. Dort wurde seine Arbeit gut beurteilt – trotz der Feindschaft vonseiten der anderen Arbeiter, die ihm den Spitznamen »Mistkerl« gaben. Sein sich verschlechternder Gemütszustand mündete oft in Hasstiraden gegen Theaterleiter, von denen er behauptete, sie hätten sich gegen ihn verschworen. Er behauptete auch, es reiche William Terriss und Robert Arthur (dem Besitzer des Theatre Royal in Dundee) offenbar nicht, dass sie seine Karriere unterminiert hätten: sie hätten sich auch zusammengetan, um *seinen* Ruf zu schädigen, indem sie Personen von zweifelhaftem Charakter von Dundee nach London schickten, um seine Schwester zu verderben. Es gab Zeiten zu Hause, in denen er stundenlang sang, und Augenblicke des Argwohns, in denen er befürchtete, seine Familie würde seinen Tee vergiften. Er erklärte, dass er der zweite Jesus Christus sei und seine Mutter die Jungfrau Maria. Sein Bruder sei direkt auf dem Weg in die Hölle, ein Prozess, den er durch Angriffe auf ihn mit einem Messer und einem Schürhaken zu beschleunigen versuchte.

Sein Benehmen in der Öffentlichkeit war nicht weniger beunruhigend. Wie viele andere Einwohner von Dundee verbrachte Archer die Sonntage gern auf einem Vergnügungsdampfer auf dem Fluss Tay. Ein fasziniertes Publikum erwies sich als unentbehrlich, und seine deklamatorischen Ergüsse über die vorüberziehende Landschaft, die oft von misstönendem Gesang begleitet wurden, führten zu Versuchen, seinen Enthusiasmus zu dämpfen. Wann immer man ihn zügelte, nahm er stets eine dramatische Pose ein: »Hinweg. Wagt ihr es, an einen Prinzen Hand anzulegen? Ich befehle euch ›hinweg!‹, so wie ich das den glitzernden Wogen unten und dem klaren blauen Himmel oben befehle.«[8] Ähnlich ablehnend wurden seine Gesänge während eines Dampfbootausflugs der Freimaurer aufgenommen, was bei Archer einen heftigen Wutanfall auslöste; daraufhin musste man ihn für die restliche Dauer des Ausflugs einschließen. Die schwerwiegendste Episode seines gewalttätigen Verhaltens spielte sich an einem der von ihm häufig besuchten Orte ab – an Her Majesty's Theatre, Dundee. Er hatte sich als Berufsschauspieler angekündigt und daraufhin oft freien Eintritt erhalten; dieses Vorrecht missbrauchte er aber dadurch, dass er

an unpassenden Stellen applaudierte und den Darstellern Ratschlä-
ge zurief. Während im April 1897 *For the Crown* lief, führten seine
Drohungen, den Hauptdarsteller Otto Stewart zu erschießen,
nachvollziehbarerweise dazu, dass ihm fortan der Eintritt verwehrt
wurde. Einige Tage später hatte er einen Platz im Parkett, für den er
bezahlt hatte, und machte wieder eine Szene. Als er mit Gewalt
entfernt wurde, richtete er einen Revolver auf das Theaterpersonal
und feuerte die Waffe zweimal im Freien ab.

In Zuge seiner beständigen Suche nach Lob und Anerkennung
richtete er Briefe an eine ganze Reihe von berühmten Persönlichkeiten. Königin Victoria erhielt eine überschwängliche Gratulation
zu ihrem diamantenen Jubiläum; der Herzog und die Herzogin von
York bekamen Glückwünsche zur Geburt ihres Sohnes, des späteren Edward VIII.; William Ewart Gladstone erhielt ein schmeichel-
haftes Gedicht; und die Prinzessin Henry von Battenberg dankte
ihm für seine mitfühlenden Zeilen aus Anlass des Todes ihres Gat-
ten. Er sandte dem Schauspieler Fred Terry ein Stück, *Countess Otto*, das er ihn zu lesen bat; aber nach kurzer Zeit entschied Archer,
dass Terry sein Meisterwerk zu lange behalten hätte. Er schickte
daraufhin zwei recht konfuse Postkarten aus Dundee:

Sir – bitte geben Sie *Countess Otto* umgehend zurück. Wenn Sie
Geld brauchen, werde ich es Ihnen schicken. Terriss, der Papst
und Scotland Yard. Ich werde in einer Woche antworten. Rich-
ard A. Prince.
Sir – erhielt Ihren Brief heute Morgen um 10. Die alte Geschichte
über König Charles und die 200 000 Pfund, für die sie ihn, einen
König, verkauft haben. »Ich nur ein Prinz.« Aber eine Frau. *Mon
Dieu*, eine Frau. Richard A. Prince.[9]

Befand Archer einen Schauspielerkollegen für gut, dann fiel sein
Lob überschwänglich aus. Nach dem Besuch eines Konzerts des berühmten Tenors Durward Lely platzte er in eine Bar in Dundee und
sprach die verblüfften Gäste an:

Oh! Er war großartig, herrlich! Vor ihm und rechts und links von ihm brüllte das Publikum und spendete donnernden Applaus. Oh! Er ist ein großartiger Mann.

Als ein Kellner ihn fragte, von wem er sprach, antwortete er schnippisch:

Von wem ich spreche? Von wem denn sonst als von dem großartigen Mann, Durward Lely? Bringen Sie mir ein Bier.[10]

Derartige Anzeichen von Geisteskrankheit hinderten Archer jedoch nicht daran, an einer weiteren Tournee mit *The Union Jack* teilzunehmen. Anfang Oktober 1897 führte ein Besetzungsproblem am Grand Theatre in Glasgow dazu, dass Arthur Carlton ihm die Traumrolle des Sir Philip Yorke anbot, eine Rolle, die er kurzzeitig während der Tournee mit dem Melodrama spielte, die Elliston 1889 unternommen hatte. Als ein Höhepunkt des Stückes gilt die Szene, in der der schurkische Sir Philip seinen Feind Captain Morton ersticht. Obwohl er vom Äußeren her gut einen Schurken darstellen konnte und zur Gewalttätigkeit neigte, gelang es Archer nicht, in der Rolle zu glänzen. Sein letzter Auftritt mit der Theatergruppe fand in South Shields statt; danach wurde er entlassen.

Im selben Monat bekam Archer überraschenderweise ein neues Engagement. Am 23. Oktober 1897 wurde er von Ralph Croydon verpflichtet, auf einer Tournee die kleinere Rolle des Sir Lester Lightfoot in *Nurse Charity* und die des Sir Geoffrey Dashwood in *Parson Thorn* für 25 Shilling die Woche zu spielen. Falls Croydon nicht bereits vom schlechten Ruf seines neuen Schauspielers gehört hatte, dürfte er recht bald gemerkt haben, dass Archer ihm Schwierigkeiten machen würde. Als man ihn nach seinem Werdegang fragte, behauptete er, er habe am Adelphi Hauptrollen gehabt und sei für wesentlich bessere Rollen geeignet als die, die Croydon ihm anbot. Er fügte noch hinzu, dass er immer noch an dem Londoner Theater wäre, »wenn nicht *ein* Mann gewesen wäre«. Beim Sonntagsessen am nächsten Tag waren Mitglieder des Theaterensembles verwirrt, als sie sahen, wie Archer beim Anblick eines Messers, das zum Öffnen einer Sardinendose benutzt wurde, vor Schreck zusammenfuhr. Einige Zeit später inspizierte er einen Requisitendolch und sagte grüblerisch:»Damit würde wohl niemand mehrmals erdolcht werden wollen.«[11] Die Proben liefen am Montagmorgen außerordentlich schlecht; seine Unfähigkeit, die paar Zeilen zu behalten, wurde noch durch seine lächerlich dramatische Art verstärkt. Sein Vorschlag, den Beginn des Stückes um einen Tag hinauszuschieben, wurde übel aufgenommen, und so wurde er ohne Vergütung entlassen. Nach seinem letzten Theaterengagement verfluchte Archer den »dreckigen Hund« Terriss als den Hauptgrund für den Misserfolg seiner Karriere. Als Croydon sagte, er »müsse wohl verrückt sein, so zu reden«, antwortete er:»Die Welt wird recht bald von meiner Verrücktheit widerhallen.«[12]

Es wäre vernünftig gewesen, wenn er sich entschlossen hätte, zu seiner Familie nach Dundee zurückzukehren. Stattdessen entschied sich Archer dafür, den Schlupfwinkel jenes »dreckigen Hundes«, William Terriss, aufzusuchen. Es war London, wo er zuerst vor einem eleganten und kultivierten Publikum aufgetreten war; wo er von dem unvergleichlichen Schurkendarsteller, W. L. Abington, gelobt worden war; und wo er sich vom einfachen und bescheidenen Archer zum edlen »Prinzen« gewandelt hatte. In London wäre er zu Ruhm gekommen, wenn nicht die Machenschaften des schrecklichen Terriss gewesen wären. Croydons Weigerung, ihm seine Vergütung zu zahlen, führte dazu, dass er so geringe Mittel hatte, dass er bei der Ankunft an der Trader's Wharf, Wapping, am 28. Oktober 1897 gezwungen war, sein Gepäck als Sicherheit für die unbezahlte Fahrkarte zu hinterlegen. Mit einem in Packpapier gewickelten Päckchen unter dem Arm (das wahrscheinlich sein Theaterstück enthielt) machte er sich auf nach Eaton Court, Eaton Lane, in der Nähe der Victoria Station, wo er bei Mrs. Charlotte Darby ein Zimmer mietete. Von den 4 Shilling Wochenmiete vermochte er nur 3 Shilling aufzubringen, aber seine Vermieterin war bereit, einige Tage auf den Rest der Summe zu warten. Da die Theatergegend nicht weit entfernt lag, waren Archers Chancen, etwas Geld zu bekommen, durchaus nicht schlecht.

Ein Zusammentreffen, an das sich Charles East erinnerte, ereignete sich wahrscheinlich kurz nach Archers Ankunft in London. East ging mit einem anderen Schauspieler und William Terriss den Strand entlang, als Archer auf sie zukam und seinen Erzfeind demütig um etwas Geld für ein Essen bat.[13] Nachdem er 2 Shilling von Terriss erhalten hatte, wandte er sich an den Schauspieler am Adelphi und gab ihm einen Brief, der die Bitte um eine schriftliche Empfehlung enthielt, die er beim Actor's Benevolent Fund vorlegen wollte. Obwohl sie sich nicht kannten, schrieb Terriss eine Notiz: »Ich kenne den Überbringer dieser Notiz, Mr. Richard Arthur Prince, seit vielen Jahren als einen fleißigen Schauspieler.« Am 10. November besuchte Archer das Büro der Stiftung in der Adam Street, von der er einen Betrag von 1 Pfund erhielt. Er besuchte die Adam Street dann noch einige Male und erhielt am 27. November 10 Shilling, am 2. Dezember 1 Pfund und am 9. Dezember 10 Shilling. Ein Besuch bei seiner Schwester, die er sechs Jahre nicht gesehen hatte, brachte ihm noch einmal 1 Pfund ein. Er hatte nun ausreichend Geld, um seine Miete zu zahlen sowie einige Lebensmittel und ein Brotmesser für 9 Pence zu kaufen; da er aber keine Arbeit in Aussicht hatte, sah er sich gezwungen, seine Kleidung zu verpfänden.

Spätestens Mitte Dezember war er völlig verschuldet. Mrs. Darby hatte ihm gestattet, die Bezahlung der rückständigen Miete für zwei Wochen noch einige Tage hinauszuschieben, während der gesamte Inhalt seines Kleiderschranks inzwischen in einem örtlichen Pfandhaus lag. Er überlebte gerade so mit etwas Milch und einigen Scheiben Brot, die er mit seinem Messer für 9 Pence immer dünner schnitt. Da er keine positiven Antworten auf seine Briefe erhielt, in denen er um Beschäftigung nachsuchte, und da sein Agent, Charles St. John Denton, ihm auch keine Engagements verschaffte, kam Archer zu dem Schluss, die einzige Person, die ihm aus der schrecklichen Notlage heraushelfen könne, sei die, die ihn in diese Situation gebracht habe. Er suchte das Adelphi auf, wo Jessie Millward hörte, wie er Terriss in dessen Garderobe anschrie. Als sie Terriss dann in dem engen Korridor traf, rief der sonst so charmante Schauspieler ihr zu: »Dieser Mann wird allmählich ein Ärgernis.« Am 15. Dezember traf der Komödiant Harry Nichols Archer an, wie er in der Nähe einer privaten Tür zum Theater in Maiden Lane herumlungerte. Archer rief lautstark: »Wo ist Mr. Terriss?«, worauf Nichols erwiderte: »Ich weiß es nicht. Hauen Sie ab, verschwinden Sie von hier!«

Etwa um 3:45 Uhr am Nachmittag des 16. Dezember klopfte Archer an die Tür von Mrs. Darby:

»Kann ich Sie sprechen?«

»Ja.«

»Es tut mir leid, aber ich habe kein Geld für Sie. Was soll ich machen?«

»Ich weiß es nicht, Mr. Prince. Es tut mir sehr leid für Sie.«[14]

Mrs. Darby entschied, ihren Mann wegen des Problems um Rat zu fragen, weshalb Archer nun glaubte, er würde aufgefordert werden, die Wohnung zu verlassen. Daher verstaute er ein paar für ihn wertvolle Habseligkeiten in seinen Taschen und verließ Eaton Court, wobei er nicht damit rechnete, wieder eingelassen zu werden. Kurz nach 4 Uhr nachmittags erschien er im Büro des Actor's Benevolent Fund. Ein Angestellter erklärte ihm, das Notfallkomitee könne an diesem Tag nicht zusammentreten, um seinen Antrag auf weitere Unterstützung zu prüfen. Archer überquerte den Strand und machte seinen täglichen Besuch bei seinem Agenten in Maiden Lane 34; dort bekam er die übliche Antwort, es gebe keine Angebote. Etwa um 18:30 Uhr scheint er seine Schwester aufgesucht zu haben, die es aber ablehnte, ihm 10 Shilling für die Rückfahrt nach Dundee zu leihen. »Ich sehe dich lieber tot in der Gosse, als dass ich dir einen Farthing gebe«, soll sie gesagt haben. Archer will dann noch zwei weitere Versuche gemacht haben, um zu Geld zu kommen. Einen Juwelier (möglicherweise in Burlington Arcade), der seiner Schwester viele Schmuckstücke verkauft hatte, ging er um 1 Shilling an.

Dieser aber lachte ihn wegen seiner Bitte nur aus. Zwei Geistliche, die er fragte, ob sie irgendjemanden kennen würden, der finanziell helfen könnte, boten ihm weder Rat noch Hilfe an.

Während Archer in der Nähe des Adelphi Theatre umherging, genossen William Terriss und Harry Graves, ein alter Freund von ihm, gerade ein frühes Abendessen bei Jessie Millward in ihrem Appartement in Hanover Square. Jessie ging dann als erste zum Theater, und die beiden Männer blieben noch, um eine Schachpartie zu beenden. Sie nahm sich gern viel Zeit, um sich auf ihre Rolle neben Terriss in dem amerikanischen Drama *Secret Service* vorzubereiten. Es ging auf halb acht abends zu, als Graves und Terriss am Theater ankamen. Weil die Maiden Lane schmal war, stiegen sie aus dem Taxi an dem einen Ende der Straße aus und liefen zu Fuß die kurze Strecke zu der überwölbten Eingangstür mit dem königlichen Wappen darüber. Terriss sagte zu seinem Freund: »Warte einen Moment, Harry, bis ich meine Schlüssel habe.« Als er die Schlüssel aus der Tasche zog, kam eine verhüllte Gestalt schnell heran und traf ihn zweimal im Rücken. Graves dachte, dass es sich um eine etwas zu kräftige Begrüßung handelte; aber einen Moment später wurde die schreckliche Wahrheit offenkundig. Terriss drehte sich um und wurde zum dritten Mal von Archers 9-Pence-Messer getroffen, diesmal tief in die Brust. Er brach vor der Mauer zusammen und keuchte: »Mein Gott! Ich bin erstochen worden!« Als er in die Arme von Jessies Garderobiere, die zur Tür geeilt war, sank, bat er sie, seine Schlüssel zu nehmen und dafür zu sorgen, dass sein Angreifer gefasst würde. Zu einer Anzahl von Passanten, die die Attacke gesehen hatten, eilten sofort Gäste aus dem nahegelegenen Rule's Restaurant und Angestellte aus der Tür zur Bühne herbei, die nur ein paar Schritte entfernt im Bull Inn Court war. Derweil stand Archer seelenruhig dabei und beobachtete, wie sich das Geschehen entwickelte. Er hatte eine meisterhafte Darbietung als Meuchelmörder abgeliefert, hatte aber wohl das Gefühl, dass Terriss etwas mehr aus seiner Todesszene hätte machen können.

Graves, der mit Archer und einem Polizisten zur Polizeistation in der Bow Street ging, fragte: »Was hat Sie bloß veranlasst, so etwas Grausames zu machen?« Archer antwortete im Brustton der Überzeugung: »Es war Rache; er erpresst mich seit zehn Jahren.«[15] Auf der Polizeistation zeigte er das blutbefleckte Messer, das er unter seinem Umhang versteckt hatte:

Hiermit habe ich ihn erstochen. Er wurde rechtzeitig gewarnt, und wenn er jetzt tot ist, dann weiß er, was er von mir zu erwarten hatte. Er hat es heute verhindert, dass ich Unterstützung vom Actor's Benevolent Fund bekam, und ich habe ihn erledigt.[16]

Graves ging schnell zum Theater zurück und fand seinen Freund dem Tode nahe vor. Man hatte ihn – er war halb bewusstlos – in einen schmalen Gang im Theater gebracht, wo er nach etwa einer halben Stunde in Jessies Armen verschied. Der Tote wurde nach oben in seine Garderobe gebracht und dort auf eine Couch gelegt. Als das Theaterstück beginnen sollte, musste der Theaterdirektor dem Publikum mitteilen, die Vorstellung müsse wegen eines schrecklichen Unglücks, das Mr. Terriss zugestoßen sei, abgesagt werden. Da kein Ersatzdarsteller seine Rolle übernehmen könne, würden die Eintrittskarten ersetzt. Als die bestürzten Theaterbesucher auf den Strand hinausgingen, begannen Gerüchte über den an Terriss begangenen Mord zu zirkulieren. In kurzer Zeit hatte sich eine große Menge angesammelt, die auf weitere Informationen wartete. Rasch verbreiteten sich verworrene Berichte über den Vorfall von einem Theater zum anderen, sodass viele Schauspieler unter Schock auf die Bühne mussten. Ellaline, Terriss' Tochter, hätte normalerweise ihre Rolle in dem schon lange laufenden *The Circus Girl* am Gaiety gespielt, befand sich aber gerade nach dem Tode ihres neugeborenen Sohnes zu einem Erholungsaufenthalt in Eastbourne. Ihr Mann, Seymour Hicks, der soeben wieder zu der Show zurückgekommen war, war dabei, auf die Bühne zu gehen, als er vom Theaterdirektor angehalten wurde. Durch den »lauten Refrain eines lustigen Liedes hindurch« erfuhr er nun: »Alter Junge, Bill Terriss ist ermordet worden.«[17]

Um halb zehn abends waren Zeitungsjungen auf den Straßen und schrien sich die Kehle heiser, während Passanten in langen Schlangen anstanden, um die Sonderausgaben der Abendblätter zu bekommen. Das Theaterpublikum konnte es einfach nicht fassen. Mit seinem jugendlich-attraktiven Aussehen, das seine schon 25 Jahre Bühnenarbeit Lügen strafte, hatte »Breezy Bill« unsterblich gewirkt. Er war sowohl im Leben als auch auf der Bühne so oft nahe am Tod vorbeigeschrammt, dass es unmöglich erschien, dass er einmal einem unbedeutenden Schauspieler zum Opfer fallen könnte.

Archers Erscheinen am Bow Street Police Court am nächsten Tag war für alle ein trauriger Vorfall außer für den Angeklagten selbst. Als er sich auf die Anklagebank setzte, lächelte er leicht, als er den vollen Gerichtssaal sah. Auf Graves' Zeugenaussage hin, Archer habe Terriss in den Rücken gestochen, leugnete er diese Darstellung und behauptete vielmehr, er habe Terriss »von Angesicht zu Angesicht« gegenübergestanden. Er sei nicht auf sein Opfer losgestürzt, sondern habe anfangs versucht, mit ihm zu sprechen. Als der Richter ihn darauf hinwies, dass er Fragen beantworten und nicht die Zeugenaussagen in Zweifel ziehen solle, antwortete er: »Welchen Zweck haben Fragen?« Während der ganzen Verhandlung kritzelte er Notizen und gab sie seinem Anwalt. Auf der einen stand: »Das ist gelogen!«, auf einer anderen: »Sie haben sich an dem Tag alle vorgenommen, mich zu erpressen. Sie wussten, dass ich fast vor Hunger umkam.«[18] Er wurde bis zur folgenden Woche in Untersuchungshaft geschickt und unter einem Schwall von Zischen und Buhrufen in seine Zelle zurückgebracht.

Als Archers Prozess vor dem Central Criminal Court begann, war William Terriss schon fast drei Wochen zuvor beerdigt worden. Seine Bestattung war eines jener emotional aufgeladenen Ereignisse gewesen, an denen London seine Geschichte misst: Die Straßen waren voll von Trauernden, und eine nicht enden wollende Wagenkolonne mit der Elite der Theaterwelt rollte durch die Stadt. Henry Irving erkannte schnell den angeschlagenen Gesundheitszustand von Jessie Millward und bestand darauf, sie zu der Trauerfeier zu begleiten. Er war sehr zuversichtlich, dass der Mörder seines Kollegen die volle Strenge des Gesetzes erfahren würde. Archer, erklärte er, würde nie hingerichtet werden: »Sehen Sie, der teure Will Terriss war ja nur Schauspieler.«[19] Natürlich war auch Archer Schauspieler, aber der verachtungswürdigste Vertreter eines oft verachteten Berufsstandes. Sein großsprecherischer Ehrgeiz, der auf eine solche absurde Weise seine Fähigkeiten überstiegen hatte, hatte zu einer echten Tragödie geführt, die in einem Bühnenkontext aufgeführt worden war. Dick Archer war als William Archer Prince, vormals am Adelphi Theatre, ein Mann geworden, der an die Wirklichkeit des Scheins glaubte.

Am Tag der Verhandlung im Old Bailey, am 13. Januar 1898, war London eine einzige »dicke Suppe«. Der »unheimlich braune Nebel«[20], der auch in den Gerichtssaal gedriftet war, schuf eine beklemmend melodramatische Atmosphäre für Archers letzten öffentlichen Auftritt. Obwohl seine Einlassung, er sei aufgrund geistiger Unzurechnungsfähigkeit nicht schuldig, durch die einhelligen Zeugenaussagen der Familie, der Kollegen und Ärzte bestätigt wurde, taten sich die Geschworenen schwer damit, zu einem Urteil zu gelangen. Nach einer halbstündigen Beratung entschieden sie, der Häftling sei sich, als er den Mord beging, seiner Tat voll bewusst gewesen und habe sich daher schuldig gemacht. Unter Berücksichtigung der ärztlichen Gutachten kamen sie jedoch zu dem Schluss, dass er geisteskrank und daher für seine Handlungen nicht verantwortlich sei. Archer wurde infolgedessen als krimineller Geisteskranker in das Holloway-Gefängnis gebracht, bis Ihre Majestät geruhen würde, abschließend darüber zu befinden. Später wurde er in die Heilanstalt für kriminelle Geisteskranke in Broadmoor verlegt.

William Terriss' Witwe, Amy, starb einige Monate nach Abschluss des Prozesses. Seine Mätresse, Jessie Millward, wurde nach einem Zusammenbruch von Henry Irving überredet, wieder auf die Bühne zu gehen; den Rest ihrer Bühnenkarriere verbrachte sie jedoch in den Vereinigten Staaten. Der Schurkendarsteller Abington reiste ebenfalls nach Amerika, wo er 1918 Selbstmord beging.

Der Mord an ihrem Vater blieb Ellaline Terriss in so schmerzlicher Erinnerung, dass sie und ihr Mann, Seymour Hicks, auch viele Jahre danach nicht darüber sprechen konnten. Ihr Moment der Erlösung kam erst, als sie von Archers Tod in Broadmoor erfuhren – vierzig Jahre nach dem Mord an »Breezy Bill«.

15 Madame St John

Die Premiere der Burleske *Faust Up to Date* wurde infolge einer Verletzung der Hauptdarstellerin verschoben. Florence St John, für ihre Freunde »Jack«, hatte zwar keinen unglücklichen Unfall erlitten, aber sie war von ihrem betrunkenen Mann angegriffen worden, als sie es abgelehnt hatte, ihm 100 Pfund zu leihen, mit denen er seine verpfändeten Sachen hätte auslösen können. Das Ganze war eine erbärmliche Angelegenheit, die sich auf den Ruf eines Theaters nicht günstig ausgewirkt hätte, das wegen der lockeren Moral seiner Burlesken ohnehin in der Kritik stand. Die Sorge hinsichtlich der verderblichen Einflüsse auf junge Darsteller wie etwa Mabel Love wäre noch stärker geworden, wenn Anschuldigungen gegen Florence wegen Ehebruchs öffentlich bekannt geworden wären oder wenn die undurchsichtige Vergangenheit einer ihrer besten Freundinnen, der Lady Euston, näher untersucht worden wäre. Der Detektiv Maurice Moser war einmal beauftragt worden, Mabels intakte Unschuld zu bestätigen; in Florences Fall wurde er aufgefordert, das genaue Gegenteil zu beweisen.

Zwei Paare, die lange Zeit im spätviktorianischen England als leuchtende Beispiele in der Theaterwelt angesehen wurden, waren Sir Squire und Lady Bancroft sowie Mr. und Mrs. Kendall. Sie waren Muster von Anstand und gutem Geschmack, und sie waren zusammengenommen 102 Jahre glücklich verheiratet. Während der 1880er Jahre interessierte jedoch nur eine Partnerschaft die ineinander übergehenden Welten der Burleske und der Opera buffa – nämlich die von Florence St John und ihrem französischen Ehemann, Claude Marius. Anders als die Bancrofts und die Kendalls trug das Paar nicht zum wachsenden Ansehen seines Berufsstandes bei – ganz im Gegenteil. Die beiden hatten erst geheiratet, nachdem ihre lange Beziehung ihre jeweiligen Ehen zerstört hatte, und obwohl ihre Beziehung eine Zeit lang stabil war, so galt doch ihr Lebensstil als ausschweifend und extravagant.

Florence, ein frühreifes Kind, war zu einer ungestümen Frau herangewachsen. Als Margaret Florence Grieg wurde sie am 4. März

1855 in Devon geboren. Bald fiel ihr musikalisches Talent so sehr auf, dass sie im Alter von acht Jahren begann, in örtlichen Wohltätigkeitskonzerten als Sängerin aufzutreten. Sie war eine eigenwillige Schülerin, und nachdem sie ihrem Privatlehrer den Unterricht vergällt hatte, übernahm ihr Vater, ein begeisterter Amateurmusiker, ihre Ausbildung. Obwohl ihre Eltern allenfalls zur unteren Mittelschicht gehörten (sie betrieben in Plymouth eine Pension und ein kleines Geschäft), brachten sie doch das nötige Geld auf, um Florence auf ein Internat in Kensington zu schicken, wo sie bei Madame Marie Karger Musik und Gesang studierte. Mit vierzehn Jahren schon begann sie, mit Varietétruppen auf Tournee zu gehen, von denen zwei stark mit visuellen Komponenten arbeiteten. Eine Zeit lang führte sie Balladen als Begleitung eines Dioramas auf (einer gemalten Kulisse mit einem dreidimensionalen Aufbau); mit einer anderen Truppe spielte sie Klavier und sang auch aus dem Off, wobei ihr Bild von einem »Pepper's Ghost«-Apparat auf eine Glasscheibe projiziert wurde.

In allen Interviews und selbst unter Eid behauptete Florence, sie sei im Alter von erst vierzehn Jahren und sieben Monaten von ihren Eltern weggelaufen und habe einen jungen Marineoffizier namens St John geheiratet. Es mag sein, dass sie ihr Elternhaus verlassen und zu dieser Zeit eine Beziehung gehabt hatte, aber ihre Heirat mit Alfred St John fand erst im Winter 1871 statt, als sie siebzehn war. Die Begleitumstände waren allerdings nicht weniger romantisch, als in ihrer Version dargestellt; denn ihr Mann war ein begabter Pianist und Dirigent, der ihren Gesang oft begleitete. Nach Florences Darstellung bemühte sie sich, ihren an Tuberkulose erkrankten Mann zu unterstützen, wobei sie oft gar nichts aß, um ihm während der langsamen und schmerzhaften Verschlechterung seines Gesundheitszustandes Annehmlichkeiten zukommen zu lassen. In Wirklichkeit scheinen beide Künstler seit ihrer Heirat zunehmend Erfolg gehabt zu haben. Einige Monate lang wirkte Alfred als musikalischer Begleiter eines der Top-Stars der Music Hall, des »Großen Vance« (»The Great Vance«), während seine junge Frau, angekündigt als Florence Leslie, wegen ihres vielseitigen Gesangs, ihres ele-

Abb. 25: Florence St John

ganten Tanzes und ihrer auffallend guten Erscheinung weithin ge-
rühmt wurde.

Als Alfred im September 1875 starb, hatte Florence gerade ein
Dreimonatsengagement als Balladensängerin an einer von Londons
angesehensten Music Halls, der Oxford Music Hall in der Oxford
Street, beendet. Nach nur einem Jahr heiratete sie einen anderen
Künstler, den Opernbariton James Lithgow Smith, obwohl sie in-
zwischen den Namen ihres verstorbenen Mannes benutzte und als
Florence St John auftrat. Für den Rest der 1870er Jahre blieb sie der
Welt der Oper verbunden und spielte viele Hauptrollen in Theater-
ensembles, die ein umfassendes Repertoire auf Englisch aufführ-
ten. Zwischen langen Tourneeperioden lagen auch gelegentliche
Auftritte in London, wobei allein im August 1877 zehn Opern von
der Rose Hersee Company im Crystal Palace aufgeführt wurden.
Florences stimmliche Fähigkeiten wurden stark strapaziert, da sie

manchmal zu Lasten ihres natürlichen Mezzosoprans auch Altrollen übernehmen musste.

1878 engagierte sie der Impresario James Henderson für die Tourneeversion seiner sehr erfolgreichen Operette *Les Cloches de Cornville*, komponiert von Robert Planquette nach dem englischen Libretto von H. B. Farnie. Henderson und Farnie waren die führenden englischen Vertreter der Opera buffa, einer Gattung, die zwischen dem unermüdlich Komischen der Burleske und dem ernsteren Dramatischen der Oper schwankte. Florence, die inzwischen recht bekannt war, etablierte sich schließlich als Star der Londoner Bühne, als sie am 12. April 1879 in Farnies englischer Version von Jacques Offenbachs *Madame Favart* am Strand Theatre auftrat. Sie war die ideale Besetzung für die temperamentvolle französische Schauspielerin aus dem 18. Jahrhundert und teilte sich die oberste Position mit dem charismatischen französischen Schauspieler und Sänger, Claude Marius Duplany, oft kurz »Mons« Marius genannt. Florences Auftritte zählten zu den Höhepunkten des viktorianischen Theaters:

> Was für ein Abend für den Autor, den Komponisten, die Künstler – jener Abend, an dem *Favart* zuerst in London aufgeführt wurde! Es war wunderbar. Wer könnte je die märchenhafte Gestalt der Florence St John vergessen, wie sie durch den Abend schwebte und wie eine Nachtigall sang? Dies war einer der großen Abende auf der Bühne, obwohl man etwas, was keine Tragödie ist, eigentlich nicht so bezeichnen soll.[1]

Kritiker des moralisch schlechten Einflusses des Theaters müssen sich durchaus gerechtfertigt gefühlt haben, als diejenigen, die in der Bühnenhandlung Mann und Frau darstellten, auch im Leben ihre jeweiligen Partner verließen. James Lithgow Smith, der Florences Temperament kannte, war dagegen gewesen, dass sie sich den Versuchungen der Londoner Theaterwelt aussetzte. Er lag mit seiner Einschätzung völlig richtig, denn innerhalb weniger Monate verließ sie ihn. Laura Gerrish, Marius' junge Frau, eine Tänzerin, die zusammen mit Sarah Wright den Cancan in *The Parisian Quadrille* aufgeführt hatte, kämpfte verzweifelt darum, ihren Mann zu halten, wobei sie ihm am Theater und auf einem Ausflug nach Richmond in Surrey wütende Szenen machte. Aber ohne große Rücksicht auf die öffentliche Meinung zogen Florence und Marius zusammen in die Sion Road, Twickenham, Surrey, und später in die New Bond Street, London. Obwohl ihre Beziehung spätestens im Juni 1879 begonnen hatte, konnte das Paar nicht heiraten, ehe über ihre öffentlich vieldiskutierten jeweiligen Scheidungsanträge 1882 und 1883 entschieden worden war. Dann aber heiratete Florence Marius, dessen vollständiger Name Claude Marius Duplay war, am Weihnachtstag 1885, als sie schon mit ihrem Sohn Reginald schwanger war.

Die gute persönliche Chemie zwischen den beiden Stars trug wesentlich zu dem außerordentlichen Erfolg von *Madame Favart* bei. Nach 502 Vorstellungen wurde die Produktion am 18. Dezember 1880 am Strand Theatre durch *Olivette* ersetzt; die Musik stammte von Edmund Audran, das Libretto von Farnie. Die Geschichte von Liebe und Freibeuterei in Südfrankreich, in der wiederum Florence und Marius auftraten, war fast genauso erfolgreich wie der Vorgänger und lief mehr als ein Jahr. Marius hatte nun zwei größere Erfolge gefeiert und erwarb ein brandneues Theater, das in der Northumberland Avenue in der Nähe von Charing Cross Station erbaut worden war. Nur die Entscheidung, das Avenue Theatre mit einer Wiederaufnahme von *Madame Favart* zu eröffnen, erwies sich nicht als klug. Trotz der Anwesenheit des Prince of Wales bei der Premiere am 11. März 1882 hatte sich das öffentliche Interesse an der Oper erschöpft. Da die Einnahmen an der Theaterkasse schlecht waren, konnte die Direktion die Kostümschneider nicht bezahlen; und nachdem die neuen Kostüme beschlagnahmt worden waren, mussten die Darsteller die schäbigen Kostüme der ursprünglichen Produktion tragen. Diese Notlage wurde noch dadurch verschlimmert, dass einige der Hauptdarsteller an Gewicht zugelegt hatten. Florence erinnerte sich:

Unsere alten Kleidungsstücke passten uns nicht mehr [...]. Mein Kleid war aus einem recht robusten Material, allerdings uralt, und da ich mich bemühte, es nicht zu sehr zu strapazieren, ging alles sehr gut. Aber im letzten Akt, in dem ich als Hausiererin gekleidet war, musste ich mich bücken, um meine Waren zu verkaufen; dabei krachte es, und jeder um mich herum wusste, was passiert war. Zum Glück konnte ich mit dem Gesicht zum Publikum stehen, hatte aber eine Heidenangst vor dem Hinausgehen, bei dem ich mich ja umdrehen musste. Aber Fred [Fred Leslie] kam mir zu Hilfe, nahm seinen Umhang ab und warf ihn ausgelassen über mich, sodass ich mich ehrenhaft zurückziehen konnte.[2]

Abgesehen von Unglücken mit den Kostümen war der Rest der 1880er Jahre für Mr. und Mrs. Duplany ein dauerhafter Erfolg. Marius wurde ein perfekter Regisseur sowie auch ein beliebter Schauspieler, während Florence eine Reihe von Charakterdarstellungen schuf, die im Gedächtnis des Theaterpublikums haften blieben. Mehrere ihrer Rollen spiegelten ihren eigenen Berufsstand wider. Sie spielte sowohl Marie Justine Duronceray, bekannt als Madame Favart, als auch im Jahre 1884 Nell Gwynn, die Schauspielerin und Kurtisane, die sie einfühlsam auf die Bühne brachte. Es gab Zeiten, in denen ihre Kühnheit sowohl Kritiker als auch ihre Kollegen schockierte. In *The Grand Mogul* von Audran und Farnie spielte sie die Rolle der Djemma, eines »offenherzigen, vulgären englischen Mädchens, das ›nur aus Liebe‹ als Schlangenbeschwörerin auftritt«.[3] Das Publikum war entsetzt, Florence mit zwei lebenden Boa-constrictor-Schlangen um ihre Arme und ihren Hals tanzen zu sehen.

Florence wurde allmählich zu einer der populärsten Pin-up-Künstlerinnen der Bühne – besonders wenn sie enganliegende Hosen oder Strumpfhosen trug – und zu einem Schwarm, der Jung und Alt gleichermaßen bezauberte. Sie selbst machte sich in Erinnerung an ein Zusammentreffen mit einem weltfremden Bewunderer lustig über die Verführungskraft, die sie über einige Männer ausübte:

Der junge Kerl war wirklich ziemlich schlimm. »Stehe ich«, sagte er mit schmachtendem Blick, »tatsächlich der Unvergleichlichen gegenüber?« etc. Ich habe seine genauen Worte vergessen. »Das tun Sie«, antwortete ich, »wenn sie all das denn ist.« »Oh«, rief er mit einem tiefen Seufzer aus, »darf ich Ihre Hand küssen?« »Sie können meine Wange küssen, wenn Sie möchten«, sagte ich und hielt ihm meine Wange hin.[4]

»Mons« Marius galt auch als charismatischer Darsteller. Auf der Bühne war er ein begabter Sänger und Schauspieler; außerhalb der Bühne trat er höflich, charmant und als lustiger Erzähler auf. Sein Geschäftssinn mag fragwürdig gewesen sein, jedoch glich Florence diesen Mangel durch eine umsichtige Investition aus, indem sie zwei große Häuser – Wellington Road 55 und 57 – in St. John's Wood, der Heimat der Halbweltdamen, kaufte. Vielleicht hätten Florence und Marius getrennt je ein Haus bewohnen sollen, denn ihre jeweiligen Persönlichkeiten waren zu dominant, als dass sie friedlich unter einem Dach wohnen konnten.

Es hatte einen Streit gegeben, nachdem Marius am Tag von Königin Victorias Goldenem Jubiläum (21. Juni 1887) vom Abend an bis vier Uhr morgens mit der Schauspielerin Maude Williamson »aufgeblieben« war. Einige Monate später zeigte sich bei Florence eine ernste Lungenerkrankung, sie fuhr für einige Zeit zu einem Kuraufenthalt ins Seebad Brighton; der Aufenthalt sollte für ihre Ehe aber verhängnisvoll werden. Während sie sich dort aufhielt, wurde sie von einer Miss Isaacson gepflegt, die sie ihrer großen Familie, den Cohens, vorstellte. Jacob Cohen, Lehrer an einer Schule am Ort, hatte mehrere Söhne und Töchter, von denen einer ein besonderes Interesse an dem bezaubernden Londoner Star zeigte. Es ist freilich etwas merkwürdig, dass die Tätigkeit des zwanzigjährigen Arthur Cohen als Redakteur der *Financial News* es ihm offenbar ermöglichte, sehr viel Zeit mit seiner neuen, älteren Freundin zu verbringen und sie auch mit Geld verschwenderisch zu verwöhnen. Obwohl sie sich in Brighton nur kurz getroffen hatten, war er bald zur Stelle, als sie auf dem Weg zur Riviera war. Und als sie nach

London zurückfuhr, war er auch wieder da und begleitete sie durch die Stadt.

Im Dezember 1887 reiste Florence nach Monte Carlo, um sich bei ihren Freunden, Kate Walsh Fitzroy, bekannter als Lady Euston, und Mr. George Haughton, einem Rennpferdbesitzer, aufzuhalten. Ein flüchtiger Beobachter hätte ihre Gastgeber für ehrenhafte Leute halten können. Haughton jedoch verdiente seinen Lebensunterhalt als großspuriger Buchmacher, und Kate war niemand anderes als jene Prostituierte, die sich damals davor gedrückt hatte, Madame Ochse eine größere Summe für spitzenbesetzte Unterwäsche und überteuerte Sonnenschirme zu bezahlen. 1884 war Kate (samt George) in einen der ungewöhnlichsten und verworrensten Fälle verwickelt, die je vor einem Scheidungsrichter verhandelt worden waren. Als Kate 1870 Captain Henry James Fitzroy von der Rifle Brigade kennenlernte, bestritt sie noch als Kate Cooke ihren Lebensunterhalt als Darstellerin in Nebenrollen sowie als bekannte Kurtisane. Als Earl of Euston und Erbe des 7. Duke of Grafton war Fitzroy kein einfacher untergeordneter Offizier, und Kate war als eine der berühmtesten Kurtisanen Londons keine gewöhnliche Hure. Captain Fitzroy war recht bald ganz vernarrt in die schöne blonde »Zypriotin« und besuchte sie oft in ihrer Wohnung in Montpelier Terrace, Knightsbridge. Gegen die einmütige Opposition seiner Freunde und seiner Familie heiratete Fitzroy Kate am 29. Mai 1871 in der St. Michael's Church in Worcester. Sie war etwa sechs Jahre älter als ihr 22jähriger Mann und behauptete, die Witwe von George Manley Smith zu sein, der bei dem Unglück der *London* mit 269 anderen Passagieren im Januar 1866 in der Bucht von Biscaya umgekommen war.

Kate und Henry hielten sich von der Londoner Gesellschaft fern und wohnten zuerst in Richmond, Surrey, später in Rose Cottage in Teddington, das in der Nähe lag. Wie Captain Hawtree aus dem Stück *Caste* hätte vorhersagen können, gab es in der Ehe recht bald Schwierigkeiten. Obwohl sie eher eine einfache Darstellerin war, die ein Mitglied der Aristokratie geheiratet hatte, besaß Kate nichts von der Bescheidenheit und dem Charme von Esther Eccles.

Sie war schroff, schnodderig und anzüglich und entfremdete sich damit immer mehr von Fitzroys Freunden und Verwandten, die nach der unklugen Eheschließung mit ihm in Kontakt geblieben waren. Nach mehreren Trennungen verließ Fitzroy 1875 Kate endgültig und reiste nach Australien, um eine weniger bedeutende Stellung in der Verwaltung anzunehmen. Als er 1881 zurückkam, erfuhr er, dass Kates erster Ehemann nicht auf See umgekommen war, sondern sogar vielleicht noch lebte, und zwar in Neuseeland. Der George M. Smith, der bei dem Untergang der *London* umkam, war nämlich nicht der George M. Smith, der Kate geheiratet hatte. Im April 1884 beantragte Fitzroy die Annullierung der Ehe, da seine Frau schon verheiratet gewesen war, als er die Ehe mit ihr einging. Die Anschuldigung bekräftigte er dadurch, dass er einen sehr lebendigen George M. Smith präsentierte. Obwohl ihre beständigen Versuche, den Titel Lady Euston beizubehalten, immer schwächer wurden, erstaunte Kate die Zuhörer in dem Scheidungsfall durch ihre außerordentliche Selbstsicherheit. Sie besaß nämlich einen ungeahnten, fast unvorstellbaren Trumpf – nämlich den Beweis, dass bei ihrer Eheschließung mit Smith *er* bereits verheiratet gewesen war. Da ihre erste Eheschließung ungültig war, musste der Richter wohl oder übel zu der Entscheidung finden, Kate sei noch mit Lord Euston verheiratet. Ein aufgebrachter Fitzroy reichte aufgrund ihres Ehebruchs mit George Haughton einen zweiten Antrag ein, aber angesichts der Tatsache, dass er Kate verlassen hatte, und da ihm vorgeworfen wurde, seinerseits mit Mesdames Ellen Snow und Georgina Sheridan Ehebruch begangen zu haben, hielt er es für klug, die Angelegenheit schließlich fallen zu lassen.

Trotz der Versuche, sie finanziell abzufinden, bestand Kate auf ihrem Recht, den Namen Lady Euston zu führen. Sie nahm den Verlust von Fitzroys Abfindungsbetrag in Höhe von 10 000 Pfund, der von einem Rechtsanwalt veruntreut worden war, gelassen hin und kompensierte ihr Schicksal, indem sie mit dem wohlhabenden George Haughton anbandelte. Mehrere Jahre lang zeigte sich das Paar bei bedeutenderen Pferderennen und in eleganten Orten wie Monte Carlo auffallend wohlhabend. Nachdem Henry Fitzroy,

Earl of Euston, bereits in einem der sensationellsten Scheidungsfälle des 19. Jahrhunderts eine Rolle gespielt hatte, wurde er nun in
einen gleichermaßen berüchtigten homosexuellen Skandal verwickelt. 1889 zeigte er den Journalisten Ernest Parke wegen Verleumdung an, da dieser behauptet hatte, Fitzroy habe ein Homosexuel-
lenbordell in der Cleveland Street 19 besucht. Fitzroy machte geltend, er habe das Etablissement nur einmal in dem Glauben
besucht, dass dort weibliche Nacktheit in der Form von *poses plastiques* zu sehen sei. Der berühmte Anwalt Sir Charles Russell diskreditierte gründlich die Aussagen von vier Strichjungen, denen
zufolge Fitzroy das Etablissement regelmäßig besucht habe, darunter Jack Saul, der behauptete, 1887 sexuelle Beziehungen mit Euston gehabt zu haben.

Nach der Rückkehr nach Monte Carlo 1888 schloss sich Arthur
Cohen Anfang Februar Euston und Haughton an und blieb neun
Tage bei ihnen. Später wurde er bekannt mit George Edwardes am
Gaiety Theatre; die Schauspielerin Jessie Millward beschrieb ihn als
»einen der bestangezogenen Männer Londons«.[5] Während seines
Aufenthalts in Monte Carlo traf er Florence oft an den Spieltischen
des berühmten Kasinos, besuchte aber auch mit ihr und einigen anderen die Blumenparade und den Karneval im nahegelegenen Niz-
za. Marius behauptete derweil, dass er in Bezug auf das Verhalten
seiner zweiten Frau keinen Argwohn hegte, bis er Maurice Moser
wegen einer anderen Sache aufsuchte – nämlich wegen des Argwohns, den er in Bezug auf das Verhalten seiner ersten Frau hegte.
Er kannte den Detektiv bereits gut und bat ihn zu beweisen, dass
seine frühere Frau als Mutter ihrer elfjährigen Tochter ungeeignet
sei. Während ihrer Unterhaltung kamen sie auf Florence zu sprechen. Moser bemerkte:

»Ich nehme an, Sie haben gehört, was in Monte Carlo vor sich
geht?«
»Ich habe gehört, dass sie sich ungeheuer amüsiert.«
»Das ist es nicht, was ich meine. Aber Sie haben doch gehört,
dass sie mit vielen Leuten verkehrt, unter anderen mit Arthur

Cohen. Ich gebe Ihnen einen Rat: Lassen Sie ihre Frau überwachen, und wenn Sie mir 30 Pfund geben, will ich die Aufgabe übernehmen.«[6]

Da der Bericht über die Kontakte seiner Frau von Bekannten bestätigt wurde, die kürzlich Monte Carlo besucht hatten, entschied sich Marius dafür, Mosers Vorschlag anzunehmen. Ein finanzieller Engpass, der durchaus nicht ungewöhnlich war, zwang ihn zu dem Vorschlag, für seine Dienste in Raten zahlen zu dürfen. Er schrieb:

Mein lieber Moser – Wenn ich meine Lage überblicke, dann zeigt sich, dass ich Ihnen das Geld morgen nicht zukommen lassen kann. Aber wenn Sie mir in dieser Angelegenheit helfen wollen, dann verspreche ich Ihnen 10 Pfund für nächsten Samstag, den 3. März, weitere 10 Pfund am 10. März und die letzten 10 Pfund am 17. März; Sie können sicher sein. Wen auch immer Sie schicken wollen, derjenige muss sich unverzüglich aufmachen. Zwei Gründe: Erstens, ich habe erfahren, dass Sie in der nächsten Woche nach Neapel und dann nach Rom gehen. Zweitens: Wir dürfen keine Zeit verlieren. Sagen Sie dem, den Sie schicken, dass ich nur die Wahrheit will und nichts als die Wahrheit. Wenn wir uns alle geirrt haben sollten, umso besser, und das Leben wird ganz normal weitergehen wie vorher. Aber wenn wir uns nicht geirrt haben, dann muss ich die Wahrheit wissen; denn es ist schon eine ernste Sache, ein Heim aufzugeben [...]. Wenn sie meinen Namen entehrt hat, dann sagen Sie Ihrem Agenten, dass er nicht zögern soll, es mir zu sagen.[7]

Nachdem Marius sich mit Mosers Plan einverstanden erklärt hatte, brachte er jedoch die ganze Nachforschung dadurch in Gefahr, dass er Florence schrieb, dass sie beobachtet worden sei, wie sie zusammen mit Cohen gefahren sei. »Jede Frau ist im Grunde eine Hure«, bemerkte er und behauptete, damit Voltaire zu zitieren.[8] Anscheinend wollte Marius Mosers Plan gar nicht weiter verfolgen, sondern das Geld, das er zusammenkratzen konnte, dazu benutzen, sich selbst nach Monte Carlo zu begeben. Nach einem Streit mit Florence überredete er sie, mit ihm nach Hause zu kommen.

Florence, unbeeindruckt von Marius' Eifersucht und Verärgerung, traf sich weiterhin mit Cohen in London. Manchmal aßen die drei – in unbehaglicher Atmosphäre – sogar zusammen oder besuchten das Theater; bei anderen Gelegenheiten gingen Arthur und Florence allein aus oder mit Lady Euston und George Haughton. Wieder in ihrer Wohnung in Wellington Road angelangt, machte Marius Arthur Vorwürfe und sagte, dass ein Ehrenmann nicht die Frau eines anderen Mannes zum Essen ausführen würde. Daraufhin wurde Florence wütend und sagte, zu ihrer Mutter gewandt: »Jetzt siehst du, wie er mich behandelt, er tut so, als ob ich eine Prostituierte wäre.«[9] Danach ging sie mit ihrem Verehrer zum Essen aus, ohne Marius' Wünsche zu beachten. Arthur schürte die ohnehin hochexplosive Situation noch dadurch, dass er Florence teure Geschenke machte – eine goldene Geldbörse, ein mit Diamanten und Perlen besetztes Armband, eine Brosche mit Diamanten, einen Smaragdring, einen Fächer, sogar einen Hund.

Da London allmählich von der »Jack the Ripper«-Paranoia ergriffen wurde, machten sich Lady Euston, George Haughton und die Duplanys in den ruhigen deutschen Kurort Baden-Baden auf. Mit sich brachten sie einige ihrer eigenen Lieblingsneurosen: Marius befürchtete, dass Arthur Cohen sich ebenfalls für eine Wasserkur entscheiden könnte, während Florence durch das unkontrollierte Verhalten ihres Mannes und seine dauernden Bitten um Geld gekränkt war. Ihre endlosen Zankereien erreichten den Höhepunkt, als sie sich über das Eigentum an einer Uhr stritten, die Marius aus Florences Safe genommen hatte. Sie beschuldigte ihn des Diebstahls, und als er erwiderte, dass sie ihn schwerlich beschuldigen könne, sein Eigentum zu entwenden, antwortete sie höhnisch: »Etwas geben und wieder nehmen, das würde Cohen nicht tun.« Er nannte daraufhin Cohen einen »verdammten Juden«, worauf sie entgegnete: »Cohen ist ein Ehrenmann, und du bist ein verdammter französischer armer Schlucker!« Marius warf die umstrittene Uhr gegen die Wand und sagte, dass er, wenn Florence ihm nur etwas Geld geben würde, »gehen und sich irgendeine Frau nehmen würde«.[10]

Bei ihrer Rückkehr nach London sahen sich Florence und Marius neuen beruflichen Schwierigkeiten gegenüber. Florence war von George Edwardes engagiert worden, von September 1888 bis Ostern 1889 in einer Burleske am Gaiety Theatre aufzutreten. Nachdem Marius eine Zeit lang nicht mehr als Schauspieler aufgetreten war, hatte er die Leitung einer Firma übernommen, die die Tivoli Music Hall auf dem Strand gründen sollte. Obwohl er sich der Schaffung von Eigentum im Theaterbereich zugewandt hatte, hatte er immer noch mit Geldproblemen zu kämpfen. Am 26. September erschien er bei den Proben zu *Faust Up to Date* und bat Florence, ihm 100 Pfund zu leihen, damit er seinen Schmuck vom Pfandleiher auslösen könnte. Sie lehnte ab und warf ihm vor, früher ihm geliehene Geldbeträge mit anderen Frauen durchgebracht zu haben. Während des ganzen Tages lagen sich die beiden in den Haaren – während der Proben und beim Mittagessen; beim Theaterbesuch und beim Abendessen. Marius sprach immer mehr dem Alkohol zu, bis sich seine Stimmung von beschwipsten Flirts mit den Chormädchen vom Gaiety zu betrunkener Aggressivität seiner Frau gegenüber gewandelt hatte. Bei der Rückkehr nach St. John's Wood beschloss Marius, sich zur Wehr zu setzen – ein Versuch, der bei einem betrunkenen Mann selten vernünftig ist. Er hinderte Florence daran, sich in ihr Zimmer zurückzuziehen, und sagte in Gegenwart ihres Vetters, dass er »auf seinem Recht als Ehemann bestehen müsse«.[11] Als seine Frau mit verächtlicher Miene versuchte, an ihm vorbeizukommen, schlug Marius ihr mehrere Male gegen die Brust und stieß sie zu Boden. Dabei fiel sie mit dem Rücken gegen einen Tisch, was ihr große Schmerzen zufügte. Donald, Florences Bruder, hörte den Tumult, stürzte in das Zimmer und bedrohte Marius mit einem kleinen Messingschürhaken, den er vom Kamin genommen hatte. Marius tobte und forderte ihn, vielleicht inspiriert von Donalds winziger Waffe, zum Duell in Belgien. Florence verließ zusammen mit ihrem Bruder unverzüglich das Haus und ließ Marius mit einer Flasche Weinbrand zurück.

Am nächsten Tag schrieb Marius kläglich an Florence:

Meine liebe Frau – Als ich heute Morgen aufwachte, sah ich dich nicht an meiner Seite [...] Ich gestehe, dass ich gestern Abend sehr betrunken war. Was auch immer ich dir gesagt habe, ich bitte dich um Verzeihung. Ich erinnere mich an nichts mehr. Dein dich liebender Mann, Marius.[12]

Florences Antwort an ihren sie liebenden Mann bestand in der Aufforderung, ihr Haus unverzüglich zu verlassen. Am nächsten Abend besuchte sie eine Dinnerparty bei Lady Euston, bei der auch Cohen anwesend war. Man diskutierte die Marius betreffende Angelegenheit, und nach dem Essen ging die Gruppe zu einer Aufführung des Gaiety. Ihre Verletzungen waren so gravierend, dass sie eine ganze Woche nicht an den Proben teilnehmen konnte; dadurch wurde die Produktion bis Ende Oktober verschoben. Als die Aufführungen der Burleske schließlich begannen, wurde Florence mit Geschenken und Blumen überschüttet; dabei war auch ein Blumenbouquet von ihrem Mann – »Von Herzen wünsche ich dir viel Erfolg«. Sie gab die Blumen jemand anderem.

Trotz Mrs. Fawcetts Klagen über »die neuesten hässlichen Vorgänge des Scheidungsfalles« war *Faust Up to Date* ein beachtlicher Erfolg und lief bis August 1889. Florences Eheprobleme waren der Allgemeinheit vermutlich nicht bekannt, außer denen, die mitbekamen, dass sie mit Arthur Cohen wegfuhr oder zum Essen ausging.

Florence war der Star eines Ensembles des Gaiety Theatre, das im November 1889 mit *Faust Up to Date* eine Tournee durch die Vereinigten Staaten unternahm. Cohen war am Hafen, um sie zu verabschieden, wie er sie auch sieben Monate später wieder zu Hause willkommen hieß. Während ihres Aufenthaltes in Amerika hatte er ihr Briefe geschrieben sowie über das Unterwasserkabel telegrafiert. Nach ihrer Rückkehr hatte sie einen weiteren triumphalen Auftritt am Gaiety in der Titelrolle von *Carmen Up to Data*; das Libretto stammt von denselben Autoren wie *Faust Up to Date*, nämlich von Henry Pettitt und George R. Sims. Obwohl Florence die Figur mit ihrer gewohnten Souveränität spielte, war ihre Darstellung der sinnlichen *femme fatale* vermutlich nicht gerade geeignet, ihren Ruf außerhalb des Theaters zu verbessern.

Florence und Cohen verfielen schnell wieder in ihre alte Routine mit Partys, Bällen, Einladungen zum Dinner und mit Theaterbesuchen, obwohl sie sich nicht mehr mit den Wutanfällen von Marius herumschlagen mussten. Marius hatte die Angelegenheit jedoch keineswegs aufgegeben und sich entschlossen, eine Detektei, Shrives and Lawson, auf Florence und Cohen anzusetzen. Am späten Abend des 20. Mai 1891 verfolgte der Agent Rodney Loxton das Paar auf seinem Weg von der Bühnentür des Gaiety zu den in der Nähe gelegenen Gow's Supper Rooms, Strand 357, und danach bis zu Florences Appartement, Oxford Street 111, wo sie sich zwanzig Minuten aufhielten. Hinter den Kulissen des Gaiety kam Cohen oft in Florences Garderobe, dort war er jedoch nur einer von einer Vielzahl anderer Freunde und Bewunderer. Obwohl Marius Detektive beschäftigte, die irgendwelche Ungehörigkeiten im Lebensstil seiner Frau aufspüren sollten, hatte er sich offenbar keine Sorgen gemacht, dass sie eine ähnliche Taktik ihm gegenüber benutzen könnte. Ein Jahr nach ihrer Trennung wurde er näher bekannt mit einer jungen verheirateten Schauspielerin namens Marie Luella, wobei er sich nicht sonderlich bemühte, die Affäre geheim zu halten. Am 5. Dezember 1890 schrieb Florence ihm:

Wie ich erfahren habe, lässt du mich die ganze Zeit überwachen. Mach das ruhig so weiter; es kann mir keinen Schaden zufügen. Da du so viel Geld hast, wirst du mir vielleicht etwas von dem zurückzahlen, was du dir unter Vorspiegelung falscher Tatsachen von mir geliehen hast? Dem Dokument nach, das du heute bekommen hast, wird es dir möglich sein, diese Frau, deine Mätresse, glücklich zu machen. Das heißt, wenn ihr unglücklicher Mann dieselben Schritte auf eine Scheidung hin unternimmt und solch ein Vieh loswerden will.[13]

Florence beantragte Ende 1888 die Scheidung. Sie beschuldigte Marius der Grausamkeit und des Ehebruchs, während er seinerseits eine Gegenbeschuldigung vorbrachte, wonach sie mit Arthur Ehebruch begehe. Die Verhandlung (5. bis 11. Dezember 1891), während der Florence durch die einflussreichen Anwälte Sir Charles Russell und Frederick Inderwick vertreten wurde, wurde von der Presse intensiv diskutiert. Am ersten Tag erschien Florence früh an den Royal Courts of Justice, Strand, wobei sie »ein schokoladebraunes Kleid, am Hals tief ausgeschnitten, mit einer seidenen Front im Schottenmuster, und einen kleinen modischen Hut trug«.[14] Sie wurde von Marius' Verteidiger als eine »rachsüchtige und skrupellose Frau« geschildert und, schlimmer noch, als eine, die im Umgang mit ihren Finanzen erfolgreicher war als ihr Mann. Ihr Lebensstil, so die Schilderung weiter, war einer Dame nicht würdig. Sie sang und tanzte auf der Bühne (manchmal sogar mit Schlangen) und stellte nicht nur ihre Emotionen öffentlich zur Schau, sondern auch etliche Teile ihres Körpers. Es wurde auch angedeutet, dass sie fluchte und blasphemische Äußerungen von sich gab, obwohl sie nur einräumte, dass sie manchmal »das böse D-Wort« *damn* verwende. Bei Marius' Verteidigung gab es vielleicht größere Schwierigkeiten. Er war ein betrogener Ehemann, ein Schürzenjäger, einer, der seine Frau schlägt, und – am allerschlimmsten – ein Franzose, dessen komisches Stereotyp er selbst miterschaffen hatte. Der ebenfalls angeklagte Arthur Cohen war praktisch schon verurteilt. Als Jude im, was Rassefragen angeht, intoleranten viktorianischen England wurde er sogar noch mehr verachtet als ein Franzose.

Nachdem fünf Tage lang bravouröse Darbietungen von einer eleganten Zuhörerschaft aufmerksam beobachtet und manchmal beklatscht worden waren, wurde Marius des Ehebruchs für schuldig befunden, nicht aber wegen Grausamkeit. Obwohl Florence vom Vorwurf des Ehebruchs entlastet wurde, lehnte der Richter die Scheidung ab. Stattdessen wurde ihnen eine gerichtliche Trennung auferlegt mit der Maßgabe, dass beide Parteien für ihre eigenen Kosten aufkommen mussten. Florence brach am Ende der Verhandlung in Tränen aus, während Marius beim Verlassen des Gerichtssaals von einer großen Menge bejubelt wurde.

Als die ursprüngliche Tivoli Music Hall Company zerfiel, ging

Marius zurück zum Theater, wobei er sich eher auf Theaterrollen als auf die Operette konzentrierte. Er ging mit auf Tourneen in den Vereinigten Staaten und Australien, erkrankte danach aber an der Lunge und musste deshalb vorübergehend mit seiner Berufstätigkeit aufhören. Obwohl er ernstlich krank war, nahm er ein Engagement an, um mit dem Ensemble des Gaiety Theatre in Südafrika aufzutreten, weil er hoffte, eine Klimaveränderung würde seiner Gesundheit guttun. Das aber waren seine letzten Auftritte, denn unmittelbar nach seiner Rückkehr nach England im Januar 1896 starb er an Krebs. Die Versöhnung zwischen den Duplanys, die von vielen ihrer Freunde prophezeit worden war, trat nie ein. Florence, nun wieder von ehelichen Bindungen befreit, heiratete am 13. Februar 1897 Arthur Cohen. Dies war eine kurze und unglückliche Ehe, die 1902 geschieden wurde.

Die komplizierten Verwicklungen in ihrem Privatleben hielten Florence nicht davon ab, nach wie vor eine der beliebtesten Figuren der Londoner Bühne zu sein. Während der 1890er Jahre wandte sie sich wieder etwas Neuem zu und trat mit der D'Oyly Carte Opera Company am Savoy Theatre auf sowie auch in mehreren der ersten Musical Comedies. Im Jahre 1900 machte sie für die Gramophone Company in Maiden Lane sogar eine Aufnahme eines Liedes aus Leslie Stuarts *Floradora*. In dem Jahr galt sie als eine der vielseitigsten Schauspielerinnen:

In ihrem Bereich ist Miss Florence St John eine große Künstlerin. Sie hat sich eine absolut unangefochtene Position erarbeitet. Es gab Operettensängerinnen, die genauso wunderbar gesungen haben wie sie, Operettendarstellerinnen, die genauso faszinierend gespielt haben wie sie; aber in unserer Zeit hat es keine gegeben, die den Zauber und das Talent von Miss Florence St John in sich vereinigt hätten: eine so samtweiche Stimme, ein solches Einfühlungsvermögen, eine solche Ausdruckskraft, eine solche Begeisterung und eine solche Spitzbüberei; eine unbekümmerte Art, keck, reizend und ganz weiblich; eine Komödiantin, die in ihrem eigenen Stil unerreicht war; in ihrer Darstellungsweise so lebhaft, sensibel, humorvoll und ergreifend. Selbst wenn sie keine Sängerin gewesen wäre, so wäre sie doch als Schauspielerin in vorderster Reihe gewesen – Miss St John hat in so verschiedenen Bereichen so viele Triumphe gefeiert, dass man sich fragt, ob es überhaupt noch Bereiche gibt, die sie erobern könnte.[15]

Während des ersten Jahrzehnts des 20. Jahrhunderts wechselte Florence zwischen Konzertauftritten und richtigen Theaterrollen, wobei sie zum zweiten Mal als Nell Gwynn, die Schauspielerin des 17. Jahrhunderts, in *English Nell* auftrat. Der Höhepunkt ihrer späteren Karriere kam am 4. Juli 1903, als sie die Hauptdarstellerin in einer Aufführung mit Starbesetzung sein durfte – eines Stückes, das eigens geschrieben worden war, um die Schließung des Gaiety würdig zu begehen. Ganz in der Nähe, auch auf dem Strand, stand ein neues Gaiety kurz vor der Eröffnung, als die Rollenbesetzung für *The Linkman* denkwürdige Augenblicke aus der 35jährigen Geschichte des alten Theaters wiederaufleben ließ. Mehrere eng mit dem Theater verbundene Künstler waren inzwischen gestorben und wurden von anderen Schauspielern ersetzt, aber Florence erschien kurz in ihrer eigenen Rolle als Marguerite in *Faust Up to Date*. Am Ende des emotionsgeladenen Abends sang sie zusammen mit Hayden Coffin »Auld Lang Syne«, das letzte Lied, das in diesem Theater zu hören war.

Nachdem Florence das Ende des Gaiety erlebt hatte, verlor sie später im selben Jahr einen weiteren Bezug zu ihrer Vergangenheit, als Kate Cooke, die sich immer noch an den Titel Lady Euston geklammert hatte, an Bronchitis starb. Sie war eine verwirrte und einsame Invalidin geworden, die dazu neigte, Teile von ihrem schwindenden Vorrat an Luxusgütern wegzugeben. Von 1906 an trat Florence mit ihrem eigenen Sketchensemble in Music Halls an verschiedenen Orten des Landes auf und zog sich zwei Jahre vor ihrem Tod im Jahre 1912 von ihrer Bühnentätigkeit zurück. Obwohl sie nur 56 Jahre alt wurde, hatte sie doch die meisten ihrer Künstlerfreunde überlebt.

16 Der Hinterhof von St. Clement's

Als ein Zentrum des Verlagswesens und der Unterhaltung war der Strand sehr geeignet, seine eigene Geschichte zu erzählen. An dieser anspielungsreichen und üppig wuchernden Erzählung arbeiteten sich Lohnschreiberlinge, Gelegenheitsdramatiker, marktschreierische Händler, Journalisten mit unkonventionellem Lebensstil und prinzipienlose Verleger ab. Trotz ihrer oft engen Vertrautheit mit dem Strand waren die Chronisten selten ehrlich, akkurat oder konsequent. Einige hatten ein persönliches Interesse daran, die Gegend als eine Erwachsenenspielwiese zu beschreiben, auf der die auffällig herausgeputzten Prostituierten immer eine Wucht, die schmutzigen Lieder erstklassig und die Spelunken die tollsten waren. Andere hatten eine scheinbar andere Einstellung; sie brachten Leitfäden mit Warnungen heraus, deren herumdrucksende Beschreibung der Details kaum jemanden davon zu überzeugen vermochte, dass sie als wirkliche Warnungen für den unvorsichtigen Besucher gedacht waren. Durch das ganze viktorianische Zeitalter hindurch ritten Reformer und Sozialkommentatoren Attacken gegen das Frevelhafte und das Elend dieser Gegend, aber spätestens Anfang des 20. Jahrhunderts hatten Veränderungen im physischen und gesellschaftlichen Charakter des Strand bewirkt, dass es nur noch sehr wenig gab, worüber man sich beklagen oder für das man sich hätte einsetzen können.

Ehe das Parlament 1870 ein Gesetz über die allgemeine Schulpflicht einführte, hatte ein großer Teil der städtischen arbeitenden Bevölkerung dank sogenannter Lumpenschulen für verarmte Kinder, karitativer Einrichtungen und Selbsthilfegruppen bereits eine rudimentäre Fertigkeit im Lesen erworben. Der Bedarf an in Massen produzierter Literatur wurde durch eine rasche Expansion kleiner Verlagshäuser gedeckt, die seit den 1820er Jahren in der Lage waren, den günstigen Preis von maschinell hergestelltem Papier mit der Effizienz von dampfbetriebenen Druckerpressen zu vereinen. In London begann sich eine wachsende Anzahl von Buchhändlern in einem schmuddeligen Stadtteil zu etablieren, der im

Abb. 26: Holywell Street, Strand

18. Jahrhundert als »der Hinterhof von St. Clement's« bekannt gewesen war; diese Gegend war geprägt durch die dunkel bedrohlichen, immer mehr verfallenden Häuser der Wych Street und der
Holywell Street.

Viele Buchhändler, Zeitungsverkäufer und Verlage (häufig syno-
nym verwendet), deren Unternehmen zur Zeit des Reform Act von
1832 und auf Betreiben der Chartisten in den 1840er Jahren entstanden waren, waren oft für die Produktion politischer Werke verantwortlich, die heimlich erschienen. Bücher und Zeitschriften heimlich zu verkaufen wurde zur Gewohnheit, die auch zur Vermark-
tung von Pornografie und melodramatischer Prosaliteratur führte,
in der kriminelle Protagonisten als Menschen geschildert wurden,
die fröhlich die Autorität eines moralisch bankrotten Establish-
ments unterliefen. Von den neunzig Verlagshäusern billiger Literatur, die zwischen 1830 und 1850 tätig waren und in der Liste von
Louis James in *Fiction For the Working Man* enthalten sind, hatten
neun ihren Sitz in der Holywell Street, und weitere dreißig auf dem
Strand oder in den angrenzenden Straßen.

Welche Einflüsse auch immer den Verleger William Dugdale an-
trieben, eine Karriere in Pornografie zu verfolgen, sie waren jedenfalls so stark, dass er trotz mehrerer Freiheitsstrafen durchhielt und
seine große Familie dazu animierte, derselben Tätigkeit nachzugehen. Im Lauf von fast fünfzig Jahren wurde er der Hauptlieferant
des Landes von (erotischen) »Kuriositäten«, wobei sein überreicher
Ausstoß von »schmutzigen« oder »unflätigen« Büchern und sonstigen Druckerzeugnissen zum großen Teil dafür verantwortlich war,
dass das Parlament ein wichtiges Gesetz verabschiedete. In seiner
Untersuchung der viktorianischen Sexualität, *The Other Victorians*, erklärt Steven Marcus, dass Dugdale gekennzeichnet war durch

eine Manie für Gedrucktes verbunden mit einer Manie für das
Verbergen [...]. Er veröffentlichte alles, was ihm in die Finger
kam, von zotigen Liedern von Sängern zu 6 Pence oder 1 Shilling
bis hin zu den geschmacklosesten, knalligsten Bänden – so viel
er durch Bequatschen bekommen konnte. Er druckte die Porno-

grafie anderer pornografischer Verleger nach, wobei er manchmal den Titel änderte, sich manchmal aber nicht einmal diese Mühe machte. Und er fertigte Nachdrucke seiner eigenen Veröffentlichungen in so vielen Größen und Formen an, wie er sie nur erfinden konnte – ein ausgesprochener Pirat, da er sogar sich selbst zu bestehlen versuchte.[1]

Gebürtig aus Stockport, Lancashire, kam Dugdale als junger Mann nach London. Er war ein politisch Radikaler und soll eine gewisse Nähe zu den Verschwörern der Cato Street von 1820 gehabt haben, die Lord Liverpool und sein Kabinett ermorden wollten. Ein solch revolutionärer Eifer wich einer bibliografischen Besessenheit, als er 1822 ein unabhängiger Verleger wurde. Innerhalb kurzer Zeit geriet er in Konflikt mit der Gesellschaft für die Bekämpfung des Lasters, die gegen Buchhändler vorging, die pornografische Publikationen vermarkteten. Gemäß dem neuen Vagrancy Act von 1824, das das Auslegen von obszönen Büchern und sonstigen Druckerzeugnissen untersagte, wurde er bei den richterlichen Beamten in Middlesex angezeigt und erhielt 1825 eine viermonatige Haftstrafe. Es folgten viele weitere Anklagen, von denen ihm die meisten maximal zweijährige Gefängnisstrafen einbrachten. War er einmal nicht im Gefängnis, führte er seinerseits Prozesse gegen die Gesellschaft für die Bekämpfung des Lasters, in denen er ihr Hausfriedensbruch, Diebstahl und Erpressung vorwarf.

Dugdale, der angeblich ein »aufgedunsenes und sinnliches Gesicht«[2] hatte, wurde inmitten der alten und grotesken Gebäude der Holywell Street allmählich zu einem alten, grotesken Kauz. Die Straße, die parallel zur Nordseite des Strand lief, zwischen den Kirchen St. Mary le Strand und St. Clement Danes, war nach einer von Londons verborgenen Quellen benannt worden, einem Brunnen, der sich hinter der Spotted Dog Tavern befunden haben soll. Während des 17. und 18. Jahrhunderts wurden die schmalen Bürgersteige und das Kopfsteinpflaster der Straße von Gebäuden gesäumt, die achtbaren Tuchhändlern gehörten. Spätestens zu Beginn des viktorianischen Zeitalters war der gesellschaftliche Status der Straße aber rapide gesunken. Viele Prostituierte lebten dort; alte Kleidungsstücke und sonstige gebrauchte Waren sowie zunehmend anstößige Bücher wurden in den Läden zum Verkauf angeboten. Von 1839 bis 1854 hatte Dugdale Holywell Street 37 angemietet, ein hohes Gebäude, wohl aus der elisabethanischen Zeit, mit einem spitzen Giebel und auskragenden Geschossen sowie einem aus Holz geschnitzten Löwen, der in die Ladenmauer eingelassen war. Nebenan, in Haus Nr. 38, hatte ein gemaltes Schild mit der Aufschrift »The Indian Queen« einst das Geschäft eines Stoffhändlers gekennzeichnet. Am Haus Nr. 36 hing ein vergoldeter Halbmond, phlegmatisch über die Verwahrlosung lächelnd, die sich seiner bemächtigt hatte. Zwischen den Häusern 37 und 36 befand sich – kaum wahrnehmbar – ein schmaler Durchgang, der geradewegs zum Strand führte. In späterer Zeit war der Gang als Half Moon Alley bekannt, vorher aber als Pissing Alley.

1851 kamen über 6 Millionen Besucher zur Londoner Industrieausstellung und ersten Weltausstellung, die im Hyde Park stattfand. Nicht alle von ihnen beschränkten ihr Interesse auf die aufschlussreichen und künstlerischen Exponate, die im so glänzenden wie durchscheinenden Crystal Palace ausgestellt waren, sondern eine größere Anzahl von Besuchern fand zweifellos den Weg zu Dugdales nicht besonders durchsichtigem Haus; ein Zustrom von Auswärtigen, die ihn möglicherweise zu seinem schlüpfrigen Leitfaden inspiriert hatten: *The Yokel's Preceptor* oder *More Sprees in London; Being a Regular and Curious Show-Up of All the Rigs and Doings of the Flash Cribs in the Great Metropolis* (etwa: *Der Lehrer des Bauerntölpels; Noch mehr Vergnügenstouren in London; Wie man als regelmäßiger und neugieriger Besucher alles, was sich in den grell aufgemachten Spelunken der großen Metropole abspielt, sehen kann*). Am Spätnachmittag des 2. September bekam Dugdale unwillkommenen Besuch. Die Polizei leitete auf Antrag der Gesellschaft für die Bekämpfung des Lasters eine Razzia in seinen beiden Geschäften in die Wege. Zunehmend war nämlich öffentliche Kritik an Holywells Hauptgeschäftsbereich aufgekommen, und die Gesellschaft hatte schließlich mit dem Hauptschuldigen die Geduld verloren, der ja bei seinem letzten Prozess versprochen hatte, keine pornografischen Werke mehr zu publizieren. Die Polizei verschaffte sich Zugang zu Haus Nr. 16, aber direkt gegenüber, im Haus Nr. 37, machte Sharp, Dugdales Assistent, seinem Namen alle Ehre, denn er schlug sofort Alarm. Da er die Tür zugeschlagen und verriegelt hatte, war die Polizei gezwungen, draußen zu warten, bis Dugdale aus einer praktisch gelegenen Seitentür in die so anrüchig benannte Gasse heraustrat. Der Geschäftsinhaber hatte inzwischen das aus seiner Sicht belastendste Material entfernt und sagte zu dem Police Inspector: »Nun können Sie hereinkommen, Chadwick.« Er hätte aber Inspector Chadwick und seine Leute etwas länger warten lassen sollen, denn in einem Kamin in einem nach hinten gelegenen Empfangszimmer entdeckten sie einen Haufen schwelender Bücher und Papiere.

Während die Polizei Dugdales Haus durchsuchte, räumten andere Buchhändler in dieser Straße jede Art von Literatur oder Werbung, die Aufmerksamkeit erregen konnte, aus den Schaufenstern. Die große Menschenmenge, die sich inzwischen angesammelt hatte, mag in Teilen die Razzia gutgeheißen haben oder auch nicht. Die Zeitung *Lloyd's Weekly Newspaper* jedenfalls, die eine Kampagne gegen die Verkäufer von Pornografie in der Holywell Street geführt hatten, berichtete, dass die »von Herzen kommenden Wünsche« der Öffentlichkeit »die Polizei in ihrem Bestreben begleiteten, eine Menge von Reptilien auszumerzen, die der Gesellschaft so sehr schaden, und deren schamlose Anstößigkeit in diesem verpesteten Teil der Metropole seit Jahren offen zutage tritt, und zwar unter den Augen unserer Hauptpolizeistelle«.[3] Aber als die Träger der Society zwei große Karren mit konfisziertem Material beluden (882 Bücher, 3870 sonstige Druckerzeugnisse und 16 Zentner ungebundene Texte), wurde der Assistent eines Buchhändlers namens Henry May wegen Behinderung der Maßnahmen und wegen Tätlichkeiten festgenommen.

Vor dem Bow Street Police Court und später vor den Middlesex Sessions verteidigte Dugdale energisch seine Position. Es gab keine rechtliche Handhabe für das Betreten des Gebäudes, solange die

Bücher und sonstigen Druckerzeugnisse, die in dem hinteren Raum gefunden wurden, nicht öffentlich sichtbar auslagen. Viele der beschlagnahmten Bücher waren regelmäßig in Anzeigen in der Presse erschienen, und eines der konfiszierten Werke, *The Confessions of Harriet Wilson*, war in einem früheren Prozess freigegeben worden. Stiche des unbekleideten Körpers konnten kaum als unanständig angesehen werden; sonst wären die Eigentümer von *The Illustrated London News* und die »Verkäufer von modischen Druckerzeugnissen im Westend«[4] angeklagt worden, weil sie Abbildungen des »Griechischen Sklaven«, einer Skulptur, die zu der Zeit auf der Weltausstellung zu sehen war, gedruckt hatten. Solche Überlegungen wurden jedoch beiseitegeschoben. Richter Adams verurteilte Dugdale zu einer Haftstrafe von zwei Jahren mit Zwangsarbeit und kritisierte auch die Pfarrei von St. Clement Danes dafür, dass sie nicht gegen eine »so große Abscheulichkeit« vorgegangen war.

Während Dugdales Inhaftierung wurden seine Geschäfte effizient weitergeführt: Von seinen Brüdern Thomas und John, seinem Sohn William und seinen Töchtern Jessie und Frances. Wie Marie Elliot, der man 1857 nachsagte, seit den 1820er Jahren in der Holywell Street 14 obszöne Bücher verkauft zu haben, hatte auch Frances Thornhill, geb. Dugdale, keine Skrupel bezüglich ihrer ungewöhnlichen Tätigkeit. In ihrer Zeugenaussage in einem Prozess, den ihr Vater gegen den Beauftragten der Gesellschaft für die Bekämpfung des Lasters angestrengt hatte, gab sie zu Protokoll:

Ich bin verheiratet. Ich habe drei Kinder. Ich verkaufe tatsächlich das, was »Sie alle« obszöne Bücher nennen. Ich habe ein Buch mit dem Titel *Fanny Hill* verkauft. Mein Vater ist fünfmal verurteilt worden wegen des Verkaufs von obszönen Büchern und Bildern. Ich halte *Fanny Hill* nicht für obszön. In dem Buch befinden sich zwar kolorierte Illustrationen nackter Männer und Frauen, aber solche kann man auch im Crystal Palace sehen.[5]

Obwohl die Behörden den Dugdale-Clan nicht aus seiner Hochburg in der Holywell Street vertreiben konnten, machten extreme

Witterungsbedingungen eine vorübergehende Räumung von Haus 37 erforderlich. In der Frühe des 27. Dezember 1852 traf ein Wirbelsturm das Zentrum von London. Sein zerstörerisches Epizentrum konzentrierte sich offenbar unmittelbar über Dugdales Geschäft. Der starke Wind schleuderte einen doppelten Schornstein durch das Dach hindurch, zerstörte den Putz samt dem Putzträger des Gebäudes und verschob mehrere Stockwerke.[6]

Mehrere Male während des Winters 1856/57 besuchten Henry Dodgson, ein Hersteller von Elfenbeinbürsten, und J. G. Eaton, ein Maler, Dugdales Geschäft in der Holywell Street 5, in dem sie diverse Druckerzeugnisse und ein Buch kauften. Die Exemplare waren nicht zur persönlichen Erbauung gedacht, sondern als Beweisstücke für die Gesellschaft für die Bekämpfung des Lasters, die beiden Männern für ihre Dienste 5 Shilling die Stunde zahlte. Die Information wurde der Polizei übergeben, und prompt wurde erneut eine Razzia in Dugdales Geschäft durchgeführt; der Buchhändler wanderte für vierzehn Wochen ins Coldbath-Fields-Gefängnis. Am Samstag, dem 9. Mai 1857, trat ein zutiefst unglücklicher Dugdale vor den Lord Chief Justice Campbell am Court of Queen's Bench. Er wurde rasch für schuldig befunden, aber er musste auf das Urteil warten, bis ein anderer Fall verhandelt worden war. William Strange, ein Zeitschriftenhändler aus der Fleet Street 183, wurde beschuldigt, eine obszöne Wochenzeitschrift, *Paul Pry*, sowie eine andere ähnlicher Art mit dem Titel *The Women of London* verkauft zu haben. Der Lord Chief Justice wandte sich mit seiner Zusammenfassung an die Geschworenen und brachte sein Erschrecken darüber zum Ausdruck, dass *Paul Pry* eine so weite Verbreitung hatte:

Man hatte von Geschäften in der Holywell Street gehört, in denen man unter irgendeinem trickreichen Vorwand unmoralische Bücher kaufen konnte. Hier aber erschien eine Zeitschrift regelmäßig und wurde für 1 Penny öffentlich auf den Straßen sowie in Geschäften verkauft, die sich seriös gaben; in die Zeitschrift hatte sich angeblich durch Zufall ein unmoralischer Absatz eingeschlichen. In Wirklichkeit aber war sie voll von Texten außerordentlich obszöner und abstoßender Art [...]. Bis dahin hatte es eine gewisse Einschränkung bei der Auflagenhöhe von demoralisierenden Veröffentlichungen gegeben, und zwar durch den hohen Preis, der für sie verlangt wurde; zum Beispiel kostete eines der Bücher, die Dugdale, der andere Beklagte, verkauft hatte, 1 Guinee. Hier aber wurde dieses Gift – denn so müsse er es nennen – für 1 Penny verkauft und konnte jederzeit neu beschafft werden.[7]

Vor der Urteilsverkündung bat Dugdale um die Erlaubnis, »ein paar Worte zu sagen«. Aus den paar Worten wurden aber recht viele, während er im Gerichtssaal herumging und lange Tiraden an den Richter, die Geschworenen und die zahlreichen Zuhörer richtete. Es war eine Vorstellung, die den Seiten billiger Melodramen hätte entstammen können, vorgetragen mit deklamatorischen Gesten und angefüllt mit Vorwürfen von Verschwörung und Ungerechtigkeit. Alles erreichte einen Höhepunkt leidenschaftlicher Entrüstung, als er erklärte, dass sein Leben nicht länger zu ertragen sei. Damit holte er, vermutlich um die Rede zu einem dramatischen Ende zu bringen, ein Federmesser hervor, wurde aber sogleich entwaffnet. Er verlangte dann ein Glas Wasser und wechselte auf die sentimentale Seite seines Repertoires, indem er um Gnade bat, und wenn auch nur um der »beiden schönen und unschuldigen Wesen« willen, vermutlich seine Töchter, die damals an seiner Stelle sein Pornoimperium führten.

Während der Angeklagte aufgeregt herumstolzierte, saß Richter Campbell ganz ruhig da und verglich den Charakter der beiden Fälle. Er kannte Dugdale als einen unverbesserlichen Taugenichts, als einen Wiederholungstäter, der offensichtlich unzugänglich war für die begrenzten Strafen, die man ihm vielleicht auferlegen würde. Der jüngere Mann jedoch, Strange, brachte eine neue Herausforderung mit sich, nämlich die, dass er Pornografie einer breiteren und vermutlich noch korrumpierbareren Öffentlichkeit verfügbar machte. Campbell brachte die Angelegenheit zum Abschluss – ein Jahr

Abb. 27: Alte Häuser auf dem Strand, Nr. 413–417, in einer Zeichnung von 1898

mit Zwangsarbeit für Dugdale und drei Monate ohne für Strange – und überlegte dann, welche Maßnahmen ergriffen werden könnten, um den Handel mit Pornografie einzudämmen, der »für die Gesellschaft verderblicher war als Gift«.[8] Zwei Tage später hielt er eine Ansprache im House of Lords, in der er vor den Gefahren der Pornografie warnte und die Schaffung einer Rechtsgrundlage forderte, um gegen die Verleger vorzugehen. Während des Sommers brachte Campbell eine Gesetzesvorlage durch das Parlament, die im

September 1857 das erste Obscene Publications Act wurde. Obwohl das Gesetz die Definition dessen, was obszön sei, den Gerichten überließ und die Kontroverse damit nicht beilegte, verschärfte es den Verkauf von pornografischem Material von einem Verstoß gegen das Gewohnheitsrecht zu einem Verstoß gegen bestehende Gesetze und ermöglichte es so der Polizei, verdächtige Gebäude zu durchsuchen und letztlich anstößiges Material zu vernichten. In der Praxis war dies aber nur eine geringfügige Anpassung an die vor Inkrafttreten des Gesetzes ohnehin bestehende Situation und stellte ein nur teilweise wirksames Gegenmittel gegen das »Gift« der Pornografie bereit. Kurz nach Inkrafttreten des Gesetzes kam Dugdale, der im Coldbath-Fields-Gefängnis einsaß, erneut vor Gericht, und zwar im Zusammenhang einer Anklage gegen Frances Thornhill und ihren Mann, die sein Geschäft in der Holywell Street 5 führten. Wie immer trat er in einer streitlustigen Stimmung auf und versuchte, lange Passagen aus seinen Veröffentlichungen vorzulesen, wobei er das Gericht aufforderte, die Textteile, die als obszön aufgefasst wurden, anzugeben. Einem zeitgenössischen Bericht nach »zeigte er sich entschlossen, den Fall so lange wie möglich hinauszuziehen, wobei er erklärte, dass ›er ja selten mal rauskomme‹«.[9]

Gegen Ende seines Lebens verlagerte Dugdale seine Geschäftstätigkeit in die Wych Street. Er starb am 11. November 1868 im Clerkenwell-Gefängnis, in dem er eine 18-monatige Strafe verbüßte, die ihm nach Maßgabe des Gesetzes auferlegt worden war, das er so sehr provoziert hatte. Seine Tochter schrieb sein Ableben dem Mangel an geistigen Anreizen zu: »Ich glaube, dass sein Leben, wenn er Bücher über Geschichte und Geografie gehabt hätte, gerettet worden wäre. Er hatte nur die Bibel und Traktate zum Lesen, die er alle auswendig kannte.«

Während der 1840er Jahre war George Vickers sen. sein unmittelbarer Nachbar in der Holywell Street 28, ein weiterer Anhänger der radikalen Bewegung. Obwohl er kein Verleger von ausgesprochen pornografischen Werken war, hatte er doch einige Jahre lang zügellose und unanständige Literatur für die Massen herausgegeben. Nach seinem Tod im Jahr 1848 führte seine Witwe Anne das

Geschäft weiter und übergab es 1851 ihrem Sohn George Vickers jun., der weiterhin eine Mischung aus allgemeiner Literatur, ernstzunehmenden medizinischen Werken, aber auch Schund- und Sensationsliteratur aus verschiedenen Quellen in der Nachbarschaft des Strand verkaufte. Von der Holywell Street zog er zum Strand 334, und spätestens bis 1860 befanden sich seine Geschäftsräume in Angel Court, einer schmalen und schmuddeligen Passage parallel zur Catherine Street.

1846 war Vickers' Bestseller George W. M. Reynolds' *Mysteries of London*, ein episches Werk in Fortsetzungen, das für 1 Penny für die wöchentliche Ausgabe verkauft wurde. Reynolds (1825–1879), einer der populärsten und produktivsten Autoren des viktorianischen Zeitalters, gab eine militärische Karriere auf, um in Paris als Journalist zu arbeiten. Während seines Aufenthalts in Frankreich wurde er von republikanischen Idealen durchdrungen, weshalb er später in vielen seiner Romane die britische Monarchie und Aristokratie angriff. Seine komplizierten Handlungsstrukturen und seine überladene Prosa ergänzten oft Seiten mit Tatsachen und Statistiken, die die gesellschaftliche Ungerechtigkeit hervorheben und die »in der Industrie tätigen Klassen« gegen ein sich selbst bedienendes Establishment aufstacheln sollte. Als engagierter Chartist leitete er im März 1848 auf dem Trafalgar Square eine illegale Massendemonstration und führte seine Anhänger den Strand entlang, um vom Balkon seines Hauses in der Wellington Street zu ihnen zu sprechen. Trotz seiner häufigen radikalen Äußerungen waren Reynolds' Bücher bei einer Massenleserschaft vielleicht populärer aufgrund ihrer melodramatischen Handlung, ihrer unbegründeten Gewalt und ihrer reißerischen Schilderungen sexueller Liaisons. Reynolds, oft als politischer Agitator angeprangert, wurde auch kritisiert, weil er einen unmoralischen Lebensstil verherrlichte:

Die Kunst, die das Leben einer Kurtisane oder einer Schauspielerin zu einem Leben der Lockerheit, des Vergnügens und der unbekümmerten Fröhlichkeit macht, ist eine Kunst, die nur mit der äußersten Vorsicht ausgeübt werden kann [...]. In zu vielen Fällen hat dieser schlaue Autor – und das bedauern wir, sagen zu müssen – das Gift verabreicht und das Heilmittel vergessen.[10]

In Reynolds' Romanen kommen neben Beschreibungen der Londoner Slums und Nachtclubs manchmal öffentlich bekannte Personen vor wie etwa Renton Nicholson und W. G. Ross. Eine erheblich entschärfte Beschreibung der Holywell Street verdankt vielleicht einiges der Anwesenheit seiner Verleger dort:

> Die Zeit hat jedoch die Holywell Street im Zuge der Reform Bill nicht schlecht behandelt. Mehrere hochangesehene Buchhändler und Verleger haben sich an diesem Ort eingerichtet, der einst keine bessere Bezeichnung verdiente als Lumpenjahrmarkt. Die prinzipienlosen Örtlichkeiten von demoralisierenden Büchern und Bildern sind mit wenigen Ausnahmen in die Wych Street oder Drury Lane umgezogen. Und selbst den zwei oder drei, die hartnäckig ihrem alten Tempel der Schande in der Holywell Street anhängen, scheint bewusst zu sein, dass Wohlanständigkeit in die einst berüchtigte Durchgangsstraße Einzug gehalten hat, und sie vermeiden es nun, das Anstandsgefühl durch Schaufensterauslagen von schmutzigen Obszönitäten zu verletzen.

Die Vermischung von Tatsachen und Fiktion, die ein Standardelement in den Werken seichter Literatur aus dem Hause Vickers' und anderer Verleger geworden ist, wurde oft als dokumentarisches Genre beworben. 1860 wurde Vickers' Veröffentlichung, *The Career of an Artful Dodger; His Art and Artfulness*, angepriesen als ein Werk, das »voller erschreckender Schwindeleien sei und der einen Hälfte der Welt zeige, wie die andere Hälfte lebt«, während ein Begleitband, *Tom Fox; or, The Revelations of a Detective*, Schilderungen enthielt über »Abenteuer, Verkleidungen, Gefahren, Flucht, Gefangennahme, Intrigen, Spieler, Liebhaber von Pferderennen, Einbrecher, Mörder, Entführungen« und Dutzende anderer illegaler Aktivitäten.[11]

Während der Mitte der 1860er Jahre stieß George Vickers mit seiner Herausgabe einer Folge von Romanen über Prostituierte und Prostitution an die Grenzen dessen, was noch akzeptabel war. Obwohl knapp im Detail und ausführlich in Andeutungen, schockierten Werke wie *The Soiled Dove; a Biography of a Fast Young Lady Formerly Known as ›The Kitten‹* (»Die befleckte Taube, eine Biografie einer jungen Dame, die nichts anbrennen lässt, alias ›Das Kätzchen‹«) viele zeitgenössische Kritiker mit einer toleranten, ja sogar heiteren Haltung gegenüber dem Thema. Um den Verkauf der Bücher zu fördern, wurden für einige Titel die Namen von bekannten Kurtisanen verwendet. Drei Romane, *Anonyma; Skittles* und *Skittles in Paris,* wurden von einer der berühmtesten Halbweltdamen, Catherine Walters, inspiriert. Obwohl der Verfasser der Trilogie (wahrscheinlich William Stephens Hayward) sich nicht verpflichtet fühlte, sich auf das zu beschränken, was in irgendeiner Hinsicht einer genaue Darstellung des Werdegangs von Skittles entsprach, spiegelten seine langen Dialogpassagen überzeugend die »smarte« Konversation:

Ich kannte einmal einen Mann, der für ein widerwärtiges Groschenblatt schrieb, das von Kahnführern und Busschaffnern gelesen wurde, und weil ich nicht mit ihm im Park gesehen werden wollte – das war nicht passend, wissen Sie –, ging er nach Hause und schrieb einige bösartige Artikel, die nur voll von Mord und Totschlag waren. Er sagte, dass ich elend sterben und in einem Massengrab beerdigt werden sollte, und redete ähnlichen Mist; und das alles nur, weil ich ihn neckte und Wein auf seine Kosten in einem Nachtclub trank. Aber ich wollte eben nicht wie sein siamesischer Zwilling im Park an ihm kleben. Ich konnte es mir nicht vorstellen. Man muss schon wählerisch sein, oder aus die Maus. Anständige Leute möchten nicht gern mit ungehobelten Kerlen gesehen werden, und wenn eine Frau einer guten Gesellschaftsschicht angehören will, dann muss sie die gesellschaftlichen Grundregeln studieren.[12]

Vickers' berüchtigteste Veröffentlichung erschien 1865, eine Neuausgabe eines Werkes, das ursprünglich fünf Jahre zuvor von der United Kingdom Press, Brydges Street 28, herausgebracht worden war: *Charley Wag, the New Jack Sheppard; a New and Intensely exciting Real Life Romance*, anonym geschrieben von Charles H. Ross, der später verantwortlich war für das Bühnenmelodrama *Clam* (eine Figur namens »Clam« erscheint in *Charley Nag*) über das Londoner Leben. Das in Fortsetzungen erschienene Werk, das angepriesen wurde als »in strenger und wahrheitsliebender Sprache geschrieben von jemandem, der die geheimen Verbrechen in all ihrer düstersten Ungeheuerlichkeit studiert hat«, bot seinen zahlreichen jugendlichen Lesern ein durch und durch schlechtes Beispiel. Der junge Charley trank, rauchte, gab sich mit Prostituierten ab und beging einen ganzen Katalog von Verbrechen, ehe er einen Mord beging, bei dem er aber ungestraft davonkam. Autoritätspersonen wie Richter, Geistliche und selbst ein früherer Premierminister wurden als sittenlos und korrupt dargestellt, während die Polizei inkompetent und dem cleveren Charley nicht gewachsen war. Der Beginn des Romans spielt nicht weit von der Brydges Street und dem Angel Court, nämlich in der Villiers Street, die in der Zeit vor der Erbauung des Thames Embankment direkt auf die Themse zulief:

> Eine Frau rannte wie wild eine der vielen steilen Treppen hinunter, die von Hungerford Market zu dem Kai unten führte; sie kroch auf dem rutschigen Mauerwerk entlang, das über das Wasser vorsprang, hielt einen Augenblick am Ende des Mauerwerkes inne, blickte ängstlich und mit Schaudern um sich und WARF IHR KIND IN DEN FLUSS.[13]

Der kleine Charley, der Sohn einer vergewaltigten Herzogin, wurde von einem verrufenen alten Säufer, Mr. Toddleboy, aus dem Wasser gefischt und aufgezogen. Er wurde zur Inspiration für alle Möchtegernkriminellen Londons. Zu seinem anfänglichen Fehlverhalten, dem Diebstahl einer Gans und einer Flasche Rum, gehörte auch die erste von vielen aufregenden Verfolgungsjagden:

Seine Kraft begann, ihn zu verlassen. Er konnte nicht immer so weitermachen. Seine einzige Chance lag in der Hoffnung, dass er irgendwo aus ihrem Sichtfeld verschwinden könnte und dass sie an ihm vorüberlaufen würden.

Ah, ein glücklicher Gedanke.

Die Dunklen Bögen!

Er war jetzt auf dem Strand, rannte plötzlich über die Straße, unter den Köpfen von Pferden und vor galoppierenden Omnibussen her, rannte die Durham Street entlang und stürzte in die gähnende Öffnung.[14]

Wenn er sich nicht in den Bordellen von Clements Lane aufhielt, hatte Charley eine temperamentvolle Mätresse, die ihn bei seinen aufregenden Taten oft in Männerkleidung begleitete. Julia Jenkins hatte viel vom Leben gesehen, und das Leben hatte viel von Julia Jenkins gesehen. Sie beglückte Charley mit einer kurzen Autobiografie:

Ich fing mein Leben als Hemdennäherin an, und ich verdiente 3 Pence am Tag, wenn ich mich sehr dabei anstrengte. Dann ging ich dazu über, Umhänge herzustellen, womit ich etwa 9 Pence am Tage verdiente […] Dann kam mir der Gedanke, ich könnte es noch besser haben, und ich ging zu den Fotografen, um ihnen als Modell zu sitzen, und bekam 18 Pence die Stunde, wobei ich meine Stiefel zuschnürte oder mich auf dem Sofa räkelte und meine Fußknöchel sehen ließ. Als ich etwas mehr Mut hatte, verdiente ich noch etwas mehr Geld. Es ist wirklich so: Je weniger Kleidung man anhat, desto mehr ist man wert. Ich kam dabei auf bis zu 3 Shilling. Und ich könnte mir denken, dass du mich in vielen stereoskopischen Lichtbildern gesehen hast. Man hat mehrere Tausend Bilder von mir in der Holywell Street beschlagnahmt, als Lord Campbells Gesetz vor Kurzem durchgekommen ist. Nach einiger Zeit gab ich diese Tätigkeit auf und wandte mich den Music Halls zu […]. Dann habe ich ein hohes Tier getroffen, das mich dem Herzog vorstellte; und nun bin ich bei dir.[15]

Die Firma von Vickers lieferte auch in ihren Sachbüchern Sensationsmaterial. Mitschriften von Gerichtsverhandlungen einschließlich des Prozesses gegen Boulton und Park waren populär, und ein Bestseller von 1860 war die Autobiografie einer der skandalumwitterten Figuren des Strand, des »Lord High Baron« Renton Nicholson. Die Autobiografie war zum Teil revisionistisch; sie bestätigte durchaus Nicholsons zahlreiche Gefängnisstrafen und seine Freundschaften mit Prostituierten, ignorierte aber fast ganz seine Ausflüge in das Derbe und teilweise in das Pornografische. Während des größten Teils seines Erwachsenenlebens war »Nick« ein glücklicher Heuchler; in den späten 1830er Jahren hatte er *The Crown*, »eine recht seriöse High-Church-Zeitschrift«, sowie *The Town* mit herausgegeben, eine Zeitschrift, die über »das Tun von Kurtisanen und angesehenen Halbweltdamen« berichtete. Im Werbeprospekt des letztgenannten Werkes – nicht aber des erstgenannten – kündigte er seine Absicht an, »all die Übelstände, die unsere Publikation nennen wird, an den Pranger zu stellen«, und fügte hinzu, dass er seine »Herausgeberpeitsche über die empfindlichen Stellen der mit allen Wassern gewaschenen Führer des wirklichen Lebens im Westen« schwingen würde.[16] Obwohl *The Town* sporadisch Attacken gegen die Polizei und die Gerichte enthielt, war der Herausgeber doch mehr daran interessiert, Kurtisanen und Nachtclubs in Szene zu setzen. Es gab darin auch Werbeanzeigen für Bücher, die ein erklärter Moralreformer vielleicht missbilligt hätte. Titel wie etwa *Julia; or I Have Saved My Rose*; *Onanism Unveiled*; *Nymphomania*; und *Memoirs of the Celebrated Fanny Hill* wurden von »H. Smith« veröffentlicht, dessen Adresse, Holywell Street 37, erkennen ließ, dass es sich um William Dugdale handelte, der unter einem von mehreren Pseudonymen tätig war.

Während der 1840er Jahre scheinen Nicholson und »H. Smith« auch als Herausgeber mehrerer Editionen von *The Swell's Night Guide* zusammengearbeitet zu haben; das Werk hatte folgenden umfassenden Untertitel:

Ein kurzer Streifzug durch die große Metropole, Unter der Herrschaft der Nachtgöttin (Nox): Darstellung der verschiedenen at-

traktiven Vergnügungsorte der Nacht: der Kneipen; der Liebe-
dienerinnen; der Spelunken, in denen es lustig zugeht; der Ken-
nenlernhäuser [Räume, in denen Prostituierte auf ihre Kunden
warteten]; der Spelunken mit Gesangsdarbietungen; der Komischen Clubs, der Prostituierten und ihrer Vorlieben, etc., etc.
Sorgfältig korrigiert von The Lord Chief Baron, dem Arbiter Ele-
gantiarum von Mode und Torheit.

Genauso wie *The Town* und *The Swell's Night Guide* ein grelles Bild
der nächtlichen Aufenthaltsorte der Hauptstadt zeichneten, nahm
eine Serie von billigen Broschüren für sich in Anspruch, die Texte
zu den schändlichen Liedern zu liefern, die man an diesen Orten zu
hören bekam. Unter seinem Pseudonym »H. Smith« veröffentlichte
Dugdale *The Cyder Cellars Songster* und *The Coal Hole Companion*.
In *The Sam Hall Songster* enthielten zusätzliche Verse, die zu Ross'
berühmtem Lied angeführt wurden, unanständige Ausdrücke in
abgemilderter Form:

Can't they stop that bloody bell,
Bloody bell;
Can't they stop that bloody bell
What it means I know too well,
Kick the ringer's soul to hell
Bla-st his eyes!

Können die nicht die verfluchte Glocke anhalten,
Die verdammte Glocke;
Können die nicht die verfluchte Glocke anhalten,
Was sie bedeutet, weiß ich nur allzu genau,
Tritt des Glöckners Seele in die Hölle
Verflucht sei er!

Aber andere Liederdichter behaupteten, dass Liedtexte, die offen
als pornografisch erkennbar waren, sogar bei größeren Gesangsdarbietungen in Wirtschaften vorgetragen wurden. Diese Aussage

wurde auch am ersten Tag des Jahres 1853 von *Lloyd's Weekly London Newspaper* in einer imaginären Mitteilung an den Innenminister aufgegriffen:

In der *Morning Chronicle* stand, dass die großen Gaststätten mit Gesangsdarbietungen – etwa Evans's, die Cyder-Cellars und das Coal Hole – das Geschäft der armen Straßenballadendichter allmählich zugrunde gerichtet hatten. Der Herausgeber von ordinären Liedern wird keine Originaldichter beschäftigen, weil er weiß, dass er von diesen schicken Etablissements erstklassige Ergüsse bekommen kann. Hier finden sich Lieder, in denen die niedrigsten Dinge mit Witz und Cleverness ausgedrückt werden, die dem Gift Kraft verleihen – von diesen Kneipen nämlich, in denen man die elegantesten Männer antrifft, die in Muße Sprüchen und Worten lauschen, die jedes menschliche Ohr schockieren, gehen Texte aus, die ihr Gift über das ganze Land verbreiten. Von der Holywell Street bis zum Coal Hole ist es nicht weit. Den Kunden, die beide Orte aufsuchen, muss diese Nähe sehr angenehm sein![17]

Man kann unmöglich sagen, wie »ordinär« diese Lieder wirklich waren. Als William West, Verleger in der Wych Street, behauptete, dass die »Berühmte Amouröse Parodie auf ›The Sea‹ in den Cyder-Cellars gesungen wurde«, erfüllte er da nur eine verbreitete Erwartung bezüglich dessen, was man vermutlich in solchen Örtlichkeiten zu hören bekommen würde? Oder war er in einen Konzertraum vor Ort gegangen und hatte die Texte einer wirklichen Vorstellung aufgeschrieben? »The Bride« war sicher viel expliziter als alle anderen Lieder, von denen man wusste, dass sie in den frühen Music Halls vorgetragen wurden:

My bride! My bride! My luscious bride
No other one I'll kiss beside!
With belly plump – and round and fair
And your little spot all clad with hair!

You make me queer – when I feast my eyes,
On your private charms – your ivory thighs!

Meine Braut! Meine Braut!
Meine köstliche Braut
Keine andere werd ich nebenbei küssen!
Mit rundem Bauch – und drall und schön
Und deinem kleinen Fleck unterm Haar!
Du machst mich ganz verrückt – wenn ich mich an deinem
    Anblick weide,
An dem Anblick deiner ganz geheimen Zauber – deinen
    Schenkeln aus Elfenbein!

The Rakish Rhymer oder *Fancy Man's Own Songster and Reciter*
(eine Sammlung, von der nur ein Nachdruck von 1917 überliefert
ist) hat mehrere Lieder verewigt, die dank ihrer eher zurückhalten-
den Anstößigkeit wahrscheinlich öffentlich vorgetragen wurden.
J. W. Sharp, ein populärer Komiker der Cyder-Cellars, präsentierte,
als Frau verkleidet, ein Bild von der Ehe, das in starkem Kontrast zu
dem ausgelassenen Enthusiasmus von »The Bride« stand:

I'll daily put my trust in gin, may it give me strength to bear
The trials sent us, female souls, when men go you know
    where.
So if with gals he should get a bit, and get it burnt for life,
I hope he'll keep away from home nor give it to his wife.

Täglich vertrau ich nur dem Gin, möge er mir Kraft geben, um
Die Heimsuchungen zu erdulden, die uns weibliche Seelen
    treffen, wenn die Männer losziehen, du weißt schon, wohin.
Also, wenn er sich bei den Mädchen was holt, und fürs Leben
    gebrandmarkt ist,
Dann hoffe ich, er bleibt von Zuhause weg und gibt's nicht
    seiner Frau.

Lieder über Prostitution kamen häufig bei den Sängern vor, die obszöne Texte vortrugen, obwohl »The Blowen's Ball« insofern ungewöhnlich war, als der Inhalt eher komisch als ausgesprochen sexuell
war:

Come, listen a while unto me,
You Sheena's of ev'ry degree;
I sing a bit of a rout,
To which all the motts were asked out;
Togg'd in their best clothes so grand,
At a bawdy-ken just by the Strand.
The bawd had just come to some cash;
So determined she was to be flash;
She invited the blowens so free,
To dinner and also to tea;
She searched all the streets for the gals,
And invited the whole of their pals;
And at night, what was better than all,
She gave all the blowens a ball,
All the blowens together
Were met at the bawdy-house ball![18]

Kommt, hört mir mal zu,
Ihr Hübschen jeglicher Couleur;
Ich singe euch was von 'nem Tumult,
Zu dem alle Nutten geladen wurden;
Alle in Schale geworfen in ihren edlen Sachen,
Vor einem üblen Schuppen beim Strand.
Die Kupplerin war gerade da, um Geld zu kassieren;
So scharf war sie darauf, »in« zu sein;
Sie lud jede Menge Huren ein,
Suchte in der ganzen Straße nach den Mädels,
Lud auch all ihre Kumpanen ein;
Zum Dinner und auch zum Tee;
Und abends, was könnte besser sein,

Schmiss sie für alle Nutten 'ne Party,
Alle Nutten zusammen
Traf man beim Ball im Bordell!

Obwohl die großformatigen Einblattzeitungen, die vom 17. Jahrhundert an sehr verbreitet waren, immer noch stark stilisierte Schilderungen von Morden und Exekutionen brachten, ersetzten Büch-
lein von Sängern nun großenteils die früheren Publikationen mit
Abschriften von populären und traditionellen Liedern. Im Unterschied zu ihren Vorgängern behandelten die Sänger im Hinblick auf
den Ton und das Format ähnliche Themen eher mit vorgespielter
Ironie als mit verbissener, genauer Erzählhaltung. Alte Balladen
und das Balladenformat erhielten modernen Glanz oder einen
Schuss Humor in der Absicht, die unterstellte Kultiviertheit des
Publikums anzusprechen. Nachdem die kriminelle Karriere von
Jack Sheppard, jenem berühmt-berüchtigten Bewohner aus der
Wych Street, in zahlreichen Balladen beschrieben worden war, wobei jeder Ballade eine konventionelle »Moral« beigefügt wurde, um
den Motiven des Chronisten die Absolution zu erteilen, neigte man
um die 1840er Jahre herum eher dazu, das Thema ironisch, halb-
komisch zu behandeln:

They took him three times more to prison,
'Cause three times more he got away;
Till he was tired of escaping,
And let them hang him up one day.
Ri tol, &c.

Now he lives renowned in story,
In three volumes is his life;
Ainsworth shares Jack Sheppard's glory,
Who murder makes with morals rife.
Ri tol, &c.

MORAL

Know all ye youths, who would be famous,
Don't be left here in the lurch,
But take a lesson from my ditty,
Your master stab, or rob your church.[19]

Dreimal noch brachten sie ihn in den Knast,
Denn dreimal war er ausgebrochen;
Bis er's satt hatte zu fliehen,
Und sich eines Tages von ihnen hängen ließ.

Jetzt lebt er berühmt in 'ner Geschichte weiter,
Drei Bände beschreiben sein Leben;
Ainsworth sonnt sich in Jack Sheppards Ruhm,
Der Morde begeht mit allzu viel Moral.

Ihr müsst wissen, ihr jungen Leut, die ihr berühmt werden wollt,
Man soll euch nicht im Stich lassen,
Sondern nehmt die Lektion aus diesem Song mit,
Murkst euren Herrn ab oder raubt eure Kirche aus.

* * *

Während eines erheblichen Teils des Jahrhunderts wurde die Holy-well Street doppelt verachtet: in physischer Hinsicht als ein schmutziges und immer mehr verfallendes Hindernis für den effizienten Betrieb des Strand und in moralischer Hinsicht als Quelle der Verschmutzung, die empfängliche Geister vergiftete. Schon die Gestalt der Straße – versteckt, aber doch nahe am Zentrum der Gesellschaft – hatte Bezüge zur Pornografie, wobei ihre leicht zu überwachenden Zugänge und ihr praktischer Fluchtweg durch die Pissing Alley ein Sinnbild dafür waren, wie leicht man sich der Strafverfolgung entziehen konnte. Trotz des Todes von William

Dugdale und trotz der Bekämpfung von zu offen zur Schau gestelltem anstößigem Material sorgten die Geschichte der Straße und ihr Aussehen dafür, dass sie immer einen üblen Ruf haben würde. Maurice Moser, als er einen anscheinend den Tatsachen entsprechenden Bericht über eine seiner Polizeiermittlungen verfasste, entschied sich dafür, die Holywell Street von 1881 so zu beschreiben, wie sie in Dugdales besten Zeiten in den 1840er und 1850er Jahren aussah:

Es gibt einen fast zu bekannten Teil des Strand, der seit vielen Jahren einen nicht sehr beneidenswerten Ruf hat, und es ist der ernsthafte Wunsch und die Hoffnung all derer, die am Wohlergehen der Jugendlichen im Besonderen und an der Moral im Allgemeinen interessiert sind, dass die in Aussicht gestellten Verbesserungen dieses Stadtteils durchgreifend genug werden, um diese Lasterhöhle, auf die ich Bezug nehme und die als Holywell Street bekannt ist, gänzlich hinwegzufegen.[20]

Moser präsentierte nicht nur ein Klischee der Holywell Street, sondern er scheint auch den Aufenthaltsort des Verlegers von pornografischem Material ob des dramatischen Effekts von der Drury Lane nach dort verlagert zu haben (siehe Kap. 11). Der Erwerb von anstößigen Bildern soll in einem Raum stattgefunden haben, dessen gesamter Charakter den heruntergekommenen Charakter der Transaktion noch betonte:

Schließlich brachte ich nach längerer Überredung den Mann dazu, mir einige seiner wertvolleren Waren zu geben, und ich folgte ihm nach oben in einen schmuddeligen kleinen Raum, der zum Teil Schlafzimmer, zum Teil Werkstatt, zum Teil Lagerraum und zum Teil irgendetwas war – es war ein schmutziges Loch, wie ich noch kaum eines gesehen hatte. Ich setzte mich auf einen wackligen Stuhl vor einen gleichfalls wackeligen Tisch und hatte vor mir das Fenster, während der Mann die Fotos aus einer Blechdose holte, die er unter dem Bett hervorgezogen hatte, und sie auf den Tisch legte; seine Frau blickte mir über die Schulter und beobachtete den Vorgang.

Obwohl anstößige und gewagte Fotos vermutlich immer noch weithin verfügbar waren, hatte doch der Verkauf eines großen Teils von pornografischer Literatur dadurch eine Wandlung erfahren, dass er wegen der andauernden Gefahr einer gerichtlichen Verfolgung tiefer im Untergrund abtauchte. Bücher wurden in kleinerer Auflage produziert und zu höheren Preisen auf den Markt für »Connoisseurs« gebracht. Leonard Smithers, der einmal von Effingham House aus tätig war, brachte neben ausgewählter Pornografie Werke von führenden Autoren der 1890er Jahre heraus – einschließlich einer Edition des Homosexuellenepos *Teleny* (1893) für 4 Guineen. Eines der berühmt-berüchtigsten Werke der Gattung, *The Sins of the Cities of the Plain* (1881), wurde von William Lazenby in einer Auflage von 250 Stück herausgebracht, ebenfalls für 4 Guineen. Angeblich vom Peter Pan der Strichjungen, Jack Saul, erzählt, enthielten »The recollections of a Mary-Ann« einen höchst farbenfrohen Bericht über den Ball des Amos »Charlotte« Gibbings im Haxell's Hotel, den Ernest Boulton und Frederick Park besuchten. Wie Mosers Beschreibung der Holywell Street, einer Gegend, die wie ein Giftstachel empfunden wurde, zeigte die Passage in *The Sins of the Cities of the Plain* eine fiktionalisierte Version der Realität, um beim Leser eine starke Reaktion hervorzurufen. In klassischer pornografischer Tradition stellen beide Textteile ein Paar in einem unerlaubten Akt dar, der von einem Dritten beobachtet wird:

Boulton war prächtig als schöne Dame aufgemacht, und ich beobachtete, dass Lord Arthur ganz vernarrt in sie war.
Während des Abends bemerkte ich, dass sie zusammen davonschlichen, und ich versuchte dann, mir einen kurzen Blick auf ihr Spielchen zu verschaffen. Ich folgte ihnen also so geräuschlos wie möglich und sah, wie sie einen Korridor zu einem anderen Zimmer entlanggingen. Es war nicht eine der Garderoben, von

denen ich wusste, dass sie zum Gebrauch der Partygäste vorgesehen waren, sondern eine, von der ich annehme, dass Seine Lordschaft sie sich für den persönlichen Gebrauch gesichert hatte [...]. Ich kniete mich leise nieder, hielt ein Auge vor das [Schlüssel]loch und stellte fest, dass ich alles, was sich in dem Raum zutrug, sehr gut sehen konnte. Es erinnerte mich an die Szene mit zwei jungen Leuten, von denen die berüchtigte Fanny Hill einmal erzählt hatte, dass sie sie durch ein Schlüsselloch in einer Gastwirtschaft an einer Straße gesehen hatte. Ich konnte alles sehen und hören, was sich abspielte.[21]

Die Veränderungen im Format und teilweise auch im pornografischen Inhalt, die dem Obscene Publications Act zuzuschreiben waren, waren kennzeichnend für die Art und Weise, wie der schlüpfrige, antiautoritäre, »protzige« bzw. »grelle« Lebensstil der ersten Jahrhunderthälfte beständig unterdrückt und behindert wurde. Die Gesetzgeber und die Gesetzesvollstrecker, die sich zunehmend der Position Londons als Hauptstadt eines großen Weltreiches bewusst wurden, arbeiteten darauf hin, in seinen Straßen Würde und Ordnung zu schaffen. Um die Mitte der 1880er Jahre war die Kultur des Trinkens rund um die Uhr zum größten Teil ausgemerzt. Prostitution war zwar immer noch verbreitet, wurde aber strenger kontrolliert. Das Ehemündigkeitsalter war auf sechzehn Jahre angehoben worden. Alle sexuellen Beziehungen zwischen Männern waren illegal. Der Cancan war in den Theatern verboten worden. Und Jack Sheppard war seit 25 Jahren nicht mehr auf der Londoner Bühne zu sehen. Verbrechen wurden immer weniger mit der Aura des Romantischen umgeben. Groschenromane hatten ihr Interesse von jugendlichen Gesetzesbrechern auf junge Helden wie Jack Harkaway verlegt, die Kriminelle daheim sowie Banditen, Piraten und aufsässige Eingeborene außerhalb bekämpften. Der edelmütige Harkaway erschien zuerst 1871 in *The Boys of England*, einer Zeitschrift, die – 1866 auf den Markt gekommen – den immer größer werdenden Abstand zwischen jugendlichen und erwachsenen Lesern betonte.
Ältere Leser konsumierten mit großer Wahrscheinlichkeit jetzt

Geschichten von tatsächlichen Verbrechen. In den späten 1860er Jahren übernahm George Purkess, dessen Vater in den 1840er Jahren *The Life and Surprising Adventures of Jack Sheppard* herausgebracht hatte, *The Illustrated Police News*, eine Massenzeitschrift, die sich auf die »wichtigsten Morde, Suizide, Vergehen und Todesfälle der Woche« konzentrierte. Außerhalb der Büros auf dem Strand 286 hielt sich gewöhnlich eine kleine Anzahl von Leuten auf, die vergrößerte Illustrationen mit Schilderungen von Blutvergießen und Gewalt begafften. Purkess war der Meinung, dass seine Publikation trotz ihres Sensationscharakters abschreckend wirkte, »weil sie die Leute vor den Schrecken des Verbrechens und vor dessen Folgen warnte«.[22] Über die schrecklichsten Verbrechen wurde in besonderen Zeitungsbeilagen detaillierter berichtet; einer der Berichte, die sich am besten verkauften, war *The Life and Examination of Boulton and Park: the Men in Women's Clothes.*

1877 schritt die Polizei ein und unterband die Veröffentlichung einer Serie, die lange gelaufen war; es handelte sich um eine Jugendbande, die obdachlos in der Gosse lebte und *The Wild Boys of London* oder auch *The Children of Night* hieß. Während Charley Wag und die Wild Boys verboten worden waren, erfuhr der berühmteste jugendliche Übeltäter nach und nach ein bemerkenswertes Comeback. So wie es schwierig gewesen war, Jack Sheppard in Haft zu behalten, sollte es sich auch als unmöglich erweisen, ihn vom Theater fernzuhalten. Schließlich hob der Lord Chamberlain das 1859 verhängte Embargo auf und gestattete dem Gaiety, zu Weihnachten 1885 die musikalische Burleske *Little Jack Sheppard* aufzuführen. Um Jack die Rückkehr auf die Bühne zu erleichtern, mussten sein Charakterbild drastisch rekonstruiert und die Einzelheiten seines Werdegangs vollständig ignoriert werden. In Übereinstimmung mit der Theatertradition wurde der Held von einer Frau gespielt, nämlich von der konstanten Favoritin des Gaiety und des »besten ›männlichen Hauptdarstellers‹, der je auf der Bühne zu sehen war« – von Nellie Farren. Jack wurde mit wenig Bezugnahme auf seine kriminellen Handlungen dargestellt als ein »galanter und lebensvoller junger Mann«.[23] Die Handlung, die zwischen all den

Liedern, Tänzen und dem kunstvoll gestalteten Bühnenbild kaum durchdrang, beschränkte sich auf einen Märchenkampf zwischen Gut und Böse, dargestellt von dem jungen- und zugleich mädchenhaften Jack einerseits und dem »Oberdiebfänger« Jonathan Oscar Wilde (gespielt von Fred Leslie) andererseits. *Little Jack Sheppard* war vor allem eine Karikatur des Melodramatischen auf der Bühne, eine milde Herabsetzung einer Unterhaltungsform, die rasch auf lächerliche Weise archaisch wirkte.

Dies sollte die letzte Produktion für »Honest« John Hollingshead sein, den Besitzer des Theaters, der seit der Eröffnung 1868 alles in der Hand hatte. Obwohl *Little Jack Sheppard* zu den populärsten Produktionen des Gaiety gehörte, war Hollingshead sich des Umstands sehr bewusst, dass ein Teil der Gesellschaft seinem Theater gegenüber feindlich gesinnt war. In den *Gaiety Chronicles* beklagte er sich:

Sein festlicher Name, der leider durch seine Produktionen nicht immer gerechtfertigt war, verlieh dem Theater aus der Sicht der sehr wohlmeinenden, gewöhnlichen, hochehrbaren und im Allgemeinen recht dummen Klasse, die allzu oft nonkonformistischen Grundsätzen anhängen, einen bestimmten Charakter. Bei diesen Leuten war das Theater generell nicht sehr beliebt, und dieses bestimmte Theater wurde in aller Ehrlichkeit als ein veritabler Sündenpfuhl betrachtet. Auf seiner Messingfront stand ganz deutlich »Ichabod«, illuminiert von der besten Gas- oder Elektrobeleuchtung, die die Firma Defries und Söhne liefern konnte. Innerhalb seiner vergoldeten Mauern erstanden die Sünden des antiken Babylon neu, aber die Vernichtung, die solchen Sünden in unterschiedlichen Formen von vulkanischer Aktivität auf dem Fuße folgen sollte, blieb offenbar erst einmal aus.[24]

Was die Vertreter des nonkonformistischen Gewissens störte, war nicht nur, dass man sich dem Spaß, der Frivolität oder den entblößten Beinen von Schauspielerinnen mit Freude hingab. Wie Florence St John und Claude Marius das demonstriert haben, führten Theaterschauspieler auch ein regel- und maßloses Privatleben. Wenn sie auch nicht offen Partnerwechsel betrieben, so waren sie doch häufig recht freizügig und führten eine ungeregelte Existenz, die gemeinhin als »Bohème« bezeichnet wird. Während *Little Jack Sheppard* lief, erlebte einer aus dem Ensemble geradezu eine Apotheose, die ihn von einem Komödienschauspieler mit langer Erfahrung in den ungekrönten König der »Bohème« verwandelte, eine Position, die er während der folgenden vierzig Jahre mit unerschütterlicher Entschlossenheit innehatte.

Edwin »E. J.« Odell, der 1855 im Alter von 22 Jahren debütierte, war dreißig Jahre lang in den Bereichen Drama, komische Oper und Burleske tätig gewesen. Sein eigentümlicher schauspielerischer Stil war oft exzentrisch und darstellerisch übertrieben, Odell wurde jedoch durchaus geschätzt und bekam daher Engagements an der Seite vieler bekannter Hauptdarsteller, einschließlich der Bancrofts und Henry Irvings (den er zuweilen imitierte). Gegen Ende der 1870er Jahre verbrachte er mehr Zeit damit, seine *persona* außerhalb der Bühne zu kultivieren als die auf der Bühne. Seine ungepflegte Erscheinung war »dem Publikum auf dem Strand vertrauter als den Zuschauern im Parterre, auf der Galerie oder im Parkett«.[25] *Little Jack Sheppard* sollte sich als Odells vorletztes Engagement erweisen; danach scheinen seine abendlichen Unternehmungen und seine müßigen Tage zum größten Teil durch Almosen von Schauspielerkollegen sowie das Einkommen aus gelegentlichen Benefizvorstellungen finanziert worden zu sein. Odell, den Bernard Ince als jemanden beschrieb, der »sich auf überragende Weise dadurch selbst darstellte, dass er sich selbst imitierte«,[26] gehörte bald zum festen Inventar des Savage Club, eines Clubs, dessen Mitglieder kaum weniger der Inbegriff der Bohème waren als er selbst. Vom Hauptquartier des Clubs in Adelphi Terrace zog er gewöhnlich zum Strand, wobei er durch einen breitkrempigen Sombrero, einen weißen Bart und durch die völlige Nichtbeachtung des vorbeifließenden Verkehrs auffiel. Er war bekannt für seinen beißenden Witz, seinen guten Vorrat an Anekdoten und vor allem dafür, dass er »Old Odell« war. Er kultivierte sein unansehnliches Erscheinungsbild

dermaßen, dass er fast neue Kleidungsstücke, die man ihm schenk-
te, in kurzer Zeit zerlumpte. Er starb im Alter von 93 Jahren in einem der Charterhouse Almshouses, wo er als beständig störender
Bewohner gegen jede Regel verstoßen haben soll.

Odells Anekdoten über sein Leben sind wie seine Autobiografie,
die nie erschienen ist, zum größten Teil verloren gegangen. Andere
Bohémiens jedoch haben Ereignisse ihrer Epoche durchaus detailliert aufgezeichnet. Ein Netz verschiedener exklusiver Zirkel (in
den Bereichen Theater, Music Hall, Literatur, Sport), wobei jeder
dieser Zirkel seine Lieblingsclubs, Kneipen und Restaurants hatte,
war verflochten mit Autoren und Journalisten, die die interessan-
teren Vorgänge in ihrem Milieu dokumentierten. Einige, wie etwa
George R. Sims, »Doss Chideross« (A.R. Marshall) und Henry
Leigh, verfassten sowohl komische als auch ernste Dichtung über
die eher unkonventionelle Seite des Londoner Lebens. Manchmal
wurde das Ganze auch auf sentimentale oder romantische Weise
behandelt, so etwa in Jeff Prowses Hymne auf die Bohème, »The
City of Prague« (für »Prag« lese man »London«):

How we laughed as we laboured together!
How well I remember to-day
Our »outings« in midsummer weather,
Our winter delights at the play!
We were not over-nice in our dinners,
Our »rooms« were up rickety stairs;
But if hope be the wealth of beginners,
By Jove! We were all millionaires,
Our incomes were very uncertain,
Our prospects were equally vague;
Yet the person I pity, who knows not the City,
The Beautiful City of Prague!

Was haben wir gelacht, während wir schufteten!
Wie gern denk ich heut' zurück an
Unsere »Ausflüge« bei mildem Sommerwetter,

An unsere Winterfreuden im Theater!
Wir waren nicht allzu verwöhnt bei unseren Dinnern,
Unsere »Buden« erreichte man über wacklige Treppen;
Aber wenn Hoffnung der Reichtum des Anfängers ist,
Bei Gott! Dann waren wir alle Millionäre,
Unser Einkommen war ungewiss,
Unsere Aussichten auch ziemlich schlecht;
Doch ich bedaure den, der die Stadt nicht kennengelernt hat,
Die schöne Stadt Prag!

Prowse konnte auf keine lange Vergangenheit zurückblicken; er starb im Alter von 29 Jahren an Lungenschwindsucht. Andere aber lebten lange genug, um detaillierte Schilderungen ihrer glücklichen Entbehrungen und ihrer verstorbenen Freunde zu verfassen. Das Leben der Londoner Bohémiens war sicherlich zum größten Teil weniger schwer erträglich als das der Figuren, die in Henri Murgers *Scènes de la vie Bohème* geschildert werden, doch wurde es in späteren Biografien gar als ausgesprochen behaglich geschildert. Während der 1890er Jahre wurde das städtische Leben ein bevorzugtes Thema einer Gruppe von selbstbezogenen, »dekadent« auftretenden Dichtern, die sich bemühten, der prosaischen und unattraktiven Welt um sie herum Schönheit zu entlocken. Für Richard Le Galienne, einen Möchtegern-Bohémien, der aus der wohlhabenden Vorstadt Bedford Park in die Stadt gezogen war, waren die Straßen von London mit Romantik erfüllt:

Lamp after lamp against the sky,
Opens a sudden beaming eye,
Keeping alight on either hand,
The iron lilies of the Strand.

Like dragon-flies, the hansoms hover,
With jewelled eyes to catch the lover;
The streets are full of lights and loves,
Soft gowns, and flutter of soiled doves.

Lampe um Lampe gegen den Himmel,
Öffnet schlagartig ihr leuchtendes Auge,
Beleuchtet auf beiden Seiten,
Die ehernen Lilien des Strand.

Wie Libellen schweben die Hansom Cabs,
Mit leuchtenden Augen, um den Liebhaber in ihren Bann zu
    ziehen;
Die Straßen sind voller Lichter und Liebender,
Weich fallende Gewänder, und das Flattern der »befleckten
    Tauben«.

Im Gegensatz dazu zog die Music Hall, die ebenfalls Dichtung
hervorbrachte, das Prosaische und Unattraktive dem Schönen und
Romantischen vor. Die meisten der Liederdichter, die sich in Clubs,
Bars und Kneipen entlang des Strand fanden, konnten in Minuten-
schnelle ein Stück über irgendein Thema komponieren. Ihr festes
Repertoire waren mehr oder weniger ausgeschmückte Stereotypen – eine voraussehbare Aneinanderreihung lustiger Trinker,
schnell emporgekommener Angestellter, betrogener Ehemänner,
Bescheid wissender Schulmädchen, frustrierter Jungfern und
leichtlebiger, manchmal atemberaubend leichtlebiger junger Frau-
en. Obwohl Bezugnahmen auf Prostitution niemals so offensichtlich waren wie in »The Blowen's Ball«, wurde dieses Gewerbe doch
sehr häufig angedeutet. Die Beziehung zwischen Nancy und ihrem
Verehrer, die der im Gesicht schwarz geschminkte Komiker
E. W. Mackney in einem Song vortrug, mag ganz harmlos gewesen
sein:

I wish I was with Nancy, I do, I do.
In a second floor, for evermore,
I'd live and die with Nancy.
In the Strand, in the Strand.
I wish I was with Nancy.[27]

Ich wünscht, ich wär bei Nancy, ja, das wünsch ich mir,
Im zweiten Stock, für immer,
Würd ich mit Nancy leben und sterben.
Auf dem Strand, auf dem Strand.
Ich wünscht, ich wär bei Nancy.

Aber andere von komödiantischen Sängern beschriebene Damen suchten ganz klar Beziehungen, die nur Minuten statt Jahre dauerten. In den frühen 1880er Jahren präsentierte Fred Coyne eine Serie von Situationen und Gesprächen, die »für die Veröffentlichung nicht geeignet waren«:

I met a lady t'other day while walking down the Strand, sirs,
She'd a lovely colour to her cheek and a latchkey in her hand,
              sirs,
Said she »Now ducky, stand a drink!« I declined in
              consternation,
And the language of that lady was unfit for publication.[28]

Ich traf eine Lady neulich, als ich den Strand hinunterging,
              meine Herren,
Sie hatte erfrischend rote Wangen und einen Hausschlüssel in
              der Hand, meine Herren,
Sagt sie »Nun, mein Bester, gibst du einen aus?« Ich lehnte
              entrüstet ab,
Und die Ausdrucksweise dieser Dame ist nicht für die
              Öffentlichkeit gedacht.

In den 1890er Jahren beschrieb Walter Kinos »Strolling Down the Strandity« die Probleme, die sich ergaben, wenn man eine solche Aufforderung akzeptierte:

Ev'ry nation's celebrated for the beauty of its girls –
They have ways and smiles bewitching,
Some with dark and golden curls:

See them with their baby faces
Partial to the puff and paint –
Meet them when they've miss'd the last bus,
Each one talks just like a saint.
And we meet them –

CHORUS
Strolling down the Strandity,
That's where the girls do the grandity –
Lovely dresses, golden locks,
Curls at three and six per box:
Strolling down the Strandity.
See them doing the grand,
Pretty, but naughty, from fourteen to forty,
Strolling down the Strand …

John the Master hails a cabby
When it's far too late to roam –
Couldn't think of acting shabby,
So he sees the lady home.
How he smiles – it's awf'lly jolly –
See him spooning with his Flo;
But next morn he sees his folly –
Stony-broke in Pimlico.[29]

Jede Nation wird gefeiert für die Schönheit ihrer Mädels –
Sie haben eine bezaubernde Art, ein betörendes Lächeln,
Einige haben dunkle, andere goldene Locken:
Seht nur, sie mit ihren Kindergesichtern
Haben eine Vorliebe für gebauschte Kleider und Schminke –
Man trifft sie, wenn sie den letzten Omnibus verpasst
                    haben,
Jede von ihnen spricht wie eine Heilige.
Und wir treffen sie –

REFRAIN
Beim Schlendern den Strandity hinunter
Dort bieten die Mädels einen grandiosen Anblick –
Herrliche Kleider, goldene Locken,
Locken für drei und sechs pro Kopf:
Beim Schlendern den Strandity hinunter
Seht nur, wie sie es auf die Großen abgesehen haben,
Hübsch sind sie, aber ungezogen, von vierzehn bis vierzig,
Schlendern sie den Strand hinunter ...

John der Meister ruft eine Droschke
Wenn's zu spät ist, noch herumzuziehen –
Ihm fällt's nicht ein, sich schäbig zu benehmen,
Also bringt er die Dame nach Hause.
Wie er lächelt – man ist furchtbar fröhlich –
Wie er mit seiner Flo schmust;
Aber am nächsten Morgen entdeckt er den Irrtum –
Denn er ist komplett blank in Pimlico.

Männliche Besucher des Strand wurden gewöhnlich als feine Pinkel
oder als Obdachlose dargestellt, zuweilen als beides gleichzeitig.
1880 schrieben T. S. Lonsdale und W. G. Eaton ein Lied für »The
Great Vance«, wobei sie ein kurz vorher abgerissenes Wahrzeichen
der Stadt mit der sklavischen Bindung an hautenge männliche Kleidungsstücke verknüpften:

How do you like London? How d'you like the town?
How d'you like the Strand, now Temple Bar's pulled down?
How d'you like the »La-di-da«, the toothpick, and the crutch?
           (crotch)
How did you get those trousers on, and did they hurt you much?

Wie gefällt Ihnen London? Wie gefällt Ihnen die Stadt?
Wie gefällt Ihnen der Strand, jetzt, da Temple Bar abgerissen
           wird?

Wie gefällt Ihnen das »La-di-da«, die eng geschnittene Hose und
    der Schritt?
Wie haben Sie die Hose anbekommen, und hat es sehr
    wehgetan?

Vier Jahre danach brachte Charles Godfrey, ein weiterer *Lion Comique*, ein Lied über einen Lebemann, das indirekt die Entstehung eines der größten Music-Hall-Hits inspirierte. Obwohl »The Masher
King« manchmal pleite war, stolzierte er immer in gebieterischer
Pose den Strand entlang.

I'm a strut up the Strand-ity, cane in my hand-ity,
Doing the grand-ity swellah,
Very much baron-ly, see Nellie Farren-ly,
Row with the cab-ity fellah.
Smoke a cigar-ity, with the Majah-ity,
Dwiddle and dwaddle and drawl,
I'm a rick-ity, rack-ity, trick-ity, track-ity
The finest mashash of all.[30]

Ich schreite stolz über den Strand-ity, Stock in meiner Hand-ity,
Mime den großen-ity Stutzer,
Wie ein Baron-ly, treffe Nellie Farren-ly,
Prügel mich mit dem Droschken-ity Burschen.
Rauch 'ne Zigarre-ity, mit all den andern-ity,
Faulenze und quatsche und sprech affektiert,
Ich bin wacklig-ity, wild-ity, ein Trick-ity, ein Stück-ity,
Der beste Weiberheld von allen.

Die Popularität des Liedes veranlasste George Byford, sich mit einem abgetragenen Gehrock und einem abgenutzten Zylinder zu
kleiden, um dieselbe Figur darzustellen, die nun aber schlechte Zeiten durchmachte und genötigt war, um Kupfermünzen zu betteln
und eine doppelwandige Werbetafel den Strand entlang zu tragen.
Seine Parodie auf »The Masher King« ging nach derselben Melodie:

Abb. 28: »Strolling Down the Strandity«, ein populärer Music Hall-Song aus den 1890er Jahren (mit freundlicher Genehmigung von Tony Barker)

I'm a gone to the deuce-ity, not any use-ity,
How flag of truce-ity fellah,
Crawl up the Strand-ity, matches in hand-ity,

Pipe lights, Sir? Loudly I call.
Wear shabby clothes-ity, boots without toes-ity,
Cold in my does-ty Swellah,
Wash at a pump-ity, doss in the lump-ity,
Bottles up Masher of all.[31]

Ich gehe zum Teufel-ity, bin nichts nutze-ity,
Wie ist's mit der weißen Fahne-ity, Kumpel,
Krieche den Strand hinauf-ity, Zündhölzer in der Hand-ity,

Feuer für die Pfeife, Sir? Rufe ich laut.
Trage schäbige Kleider-ity, Stiefeln fehlen die Zehen-ity,
Kalt in meinem staubigen Stutzer,
Wasch mich an einer Pumpe, mach ein Nickerchen in
                    Lumpen-ity,
Der machtloseste Weiberheld von allen.

Sechzehn Jahre später führte Vesta Tilley, Darstellerin männlicher Rollen, »Burlington Bertie« in ihre Galerie von tadellos gekleideten »feinen Pinkeln« und »Typen« ein. Die von ihr geschaffene Figur war ein geckenhafter Schürzenjäger, der »die affektierte Aussprache des Hyde Park hatte und regelmäßige Kneipentouren in der Bond Street machte«. Seinen schwachen Charakter machte er dadurch wett, dass sich freiwillig zum Burenkrieg meldete. Obwohl das Lied nicht zu Vestas eingängigsten Liedern gehörte, wurde es 1915 von dem Liederdichter William Hargreaves aufgenommen, der darin wie George Byford zum Ausdruck brachte, was im Laufe der Zeit vielleicht aus Bertie hätte werden können. Die affektierte Aussprache und die Kneipentouren blieben, aber die elegante Kleidung war längst verschwunden. In der Gesangsdarbietung durch Ella Shields wurde »Burlington Bertie from Bow« der *genius loci* des Strand, ein heruntergekommener vornehmtuender Boulevardier, der sich mit seinen unsauberen Fingernägeln an den letzten Resten seiner Würde festhielt. Mit einem uralten Gehrock angetan, kündigte er sich zu den Taktschlägen seines aufgeklappten Stockes so an:

I'm Bert, p'raps you've heard of me.
Bert, you've had word of me,
Jugging along, hearty and strong,
Living on plates of fresh air,
I dress up in fashion, and, when I'm feeling depress'd,
I shave from my cuff all the whiskers and fluff,
Stick my hat on and toddle up west.

CHORUS
I'm Berlington Bertie,
I rise at ten thirty and saunter along like a toff,
I walk down the Strand with my gloves on my hand, then I walk
                  down again with them off,
I'm all airs and graces, correct easy paces, without food so long
                  I've forgot where my face is –
I'm Bert, Bert, I haven't a shirt, but my people are well off, you
                  know!
Nearly ev'ry one knows me, from Smith to Lord Roseb'ry
I'm Burlington Bertie from Bow.

Ich bin Bert, v'leicht schon mal von mir gehört.
Bert, Sie haben schon von mir gehört,
Ich schlendere so daher, deftig und kräftig,
Ich lebe von frischer Luft allein,
Ich kleide mich nach der Mode, und wenn ich niedergeschlagen
                  bin,
Kratz' ich von meinen Manschetten alle Flusen,
Setz meinen Zylinder auf und torkele in westlicher Richtung
                  davon.

REFRAIN
Ich bin's, Berlington Bertie,
Ich steh auf um halb elf und trotte dahin wie ein feiner Pinkel,
Ich schlendere den Strand hinunter mit Handschuhen, dann
            zieh ich nochmal los ohne sie,
Ich hab meine Allüren, geh gemessenen Schrittes, so lang schon
            ohne Essen, dass ich schon nicht mehr weiß, wo
            mein Gesicht ist,
Ich bin's, der Bert, hab nicht mal ein Hemd, aber meine Leute,
            die sind betucht, wisst ihr!
Fast jeder kennt mich, von Smith zu Lord Roseb'ry
Ich bin Burlington Bertie aus der Bow Street.

Bertie bezog seine Zigarren gewöhnlich auf dem Strand, aber nicht von irgendeinem der zahlreichen Tabakläden, sondern er hob sie vom Bürgersteig auf, wo man die Stummel hingeworfen hatte. Mit seinem sorgfältig gebundenen Halstuch, das eine größere Lücke in seiner Garderobe verbergen sollte, ähnelte er sehr George Byfords »Broken Down Masher«, wenn jener lamentierte »Gussy and Bertie-ity, treat me like dirt-ity, / Minus a shirt-ity swellah«. Burlington Bertie war ganz bewusst anachronistisch in Kleidung, Sprache und Verhalten, ein Echo aus viktorianischer Zeit gegenüber einem Strand, der sich seit Beginn des 20. Jahrhunderts radikal verändert hatte. Denn die alten Gebäude der Wych Street und der Holywell Street waren nicht mehr da, das alte Gaiety war abgerissen, das Tivoli kurz vorher geschlossen worden. Mit Ausbruch des Krieges in Europa waren auch viele vertraute Gesichter verschwunden oder nur noch kurz zu sehen, wenn sie lange genug überlebt hatten, um Urlaub von der Front zu bekommen. Einer der frühesten Luftangriffe auf London führte zum Tod eines Soldaten und einer alten Frau am Eingang zum Parkett des Strand Theatre. Eine unsichere Gegenwart und eine düstere Zukunft bedeuteten, dass die Vergangenheit eine verheißungsvolle Quelle von Trost und Ablenkung geworden war.

Nach dem Ersten Weltkrieg zog der Strand einen Schlussstrich unter seine eigene Chronik. Nach dem umfassenden Abriss von überbelegten Mietshäusern und deren Ersatz durch großangelegte Geschäftsgebäude gab es weder Platz für die Autoren der Saga noch für deren Helden und Heldinnen. Eine Verminderung der Anzahl der Theater auf dem Strand und seiner unmittelbaren Umgebung hatte dazu geführt, dass das lebenspralle Vergnügungszentrum Londons sich nach Westen verlagerte; auch die Schauspieler und Music-Hall-Darsteller gruppierten sich in der Gegend der Shaftesbury Avenue und des Piccadilly Circus neu. Bohémiens der alten Schule hatten praktisch aufgehört zu existieren, sodass Odell, der »Ancient Mariner of the Strand«[32], immer weniger Anlaufstellen für seine nächtlichen Vergnügungen fand. Weniger Kneipen, Clubs und Restaurants führten zu immer weniger Nachtschwärmern; die Anzahl von Fällen öffentlichen Ärgernisses sank. Obwohl recht zahlreich, waren die Kunden des Lyons' Corner House selten so unangenehm wie die »Jolly Dogs«. Natürlich war Kriminalität immer noch weit verbreitet, aber der »Lord Chief Baron« hätte geurteilt, dass die Einfaltspinsel jetzt die Kontrolle über die »Gauner« hatten. Im November 1921 veröffentlichte das Magazin *Strand* Tracey Almoners kurzes Werk »Where was Wych Street?« Darin wurden Gäste einer verräucherten Londoner Bar geschildert, die versuchen, in ihrem kollektiven Gedächtnis die verlorene Straße ausfindig zu machen; sie hätten sich vielleicht auch angestrengt herauszubekommen, wer der Police Constable Cooke und Inspector Moser waren und was die Judge and Jury Society war und warum Lottie Collins angeblich keine Schlüpfer anhatte. In dem Maße, wie städtische Folklore und Nostalgie allmählich in Mode kamen, verschmolzen Tatsachen, Fiktion und Fantasie zu einer undurchdringlichen Einheit.

Besucher des Strand hatten schon immer nach oben auf seine hohen Gebäude geschaut. Um die späten 1930er Jahre herum reckten die Leute die Hälse, bis es nicht mehr ging, da eine ganze Reihe von gigantischen Bürogebäuden allmählich die Skyline bestimmte. Das Hotel Cecil, einst ein Wunder moderner Architektur, wurde in vier Monaten abgerissen, um für das über sechzig Meter hohe Shell-

Mex House Platz zu machen. Trotz der öffentlichen Entrüstung musste Adelphi Terrace ebenfalls den Plänen von Bauträgern weichen: Es entstand ein elfstöckiger moderner Monolith, der den Namen seines Vorgängers aus der georgianischen Zeit erbte. Am Strand 51–55 errichtete die Halifax Building Society eine hoch aufragende Hauptgeschäftsstelle, die durch ihre Strenge und die gänzliche Abwesenheit von Ornamenten auffiel. Auf der gegenüberliegenden Seite wurde das Adelphi Theatre nicht höher gebaut, sondern im Art déco-Stil neu errichtet, und bekam eine glänzende schwarze Fassade, die das sich verändernde Gesicht des Strand spiegelte. Obwohl das historische Nachbargebäude mit den Cyder Cellars schon seit vielen Jahren geschlossen war, behielt Maiden Lane 21 seinen bemerkenswert wechselhaften Charakter bei: Es diente im 20. Jahrhundert als Proberaum für Diaghilevs *Ballets Russes* und als das erste Büro der britischen Kommunistischen Partei. Ein weiteres der wenigen Überbleibsel, das berüchtigte Haus Strand 164, blieb 300 Jahre erhalten, bis 1966 das King's College das Universitätsgelände erweiterte. Das neue Gaiety Theatre diente nur 35 Jahre als Unterhaltungsort, ehe es 1938 geschlossen wurde und für weitere siebzehn Jahre als zunehmend verfallende Hülse stehen blieb.

* * *

Der moderne Strand ist kein Ort, um nach Geistern zu suchen oder Zeitreisen anzutreten. Wenige Örtlichkeiten sind geblieben, die auch nur eine schwache Vorstellung von der viktorianischen Ära vermitteln. Durch einen engen Bogen zwischen dem Adelphi Theatre und dem Vaudeville Theatre erstreckt sich Bull Inn Court, eine schmale, düstere Gasse, die von den Lichtern der Nell Gwynne Tavern nur schwach erleuchtet wird. Nahe am Ausgang des Bull Inn Court befindet sich noch der Royal Entrance zum Adelphi, an dem »Breezy Bill« Terriss von »Mad« Archer ermordet wurde. Am südlichen Ende des Strand, auf der Lower Robert Street, ist lediglich noch einer der »Dunklen Bögen« offen, der aber hauptsächlich von

Abb. 29: Östliches Ende des Strand bei Temple Bar, fotografiert von Valentine Blanchard in den frühen 1860er Jahren.

Taxifahrern benutzt wird, die die Abkürzung zum Embankment nehmen. Das Bollwerk des Strand gegen die Kriminalität – die Bow Street Police Station – wurde 1992 geschlossen, und der benachbarte Magistrate's Court verhandelte seinen letzten Fall vierzehn Jahre später. 2013 wurde mitgeteilt, dass die Zellen, die einst nur mit Mühe der erbarmungslosen Flut von Straffälligen Herr wurden, in die komfortablen Zimmer eines Boutiquehotels umgewandelt werden würden, dessen Dekoration auf das Thema Recht und Ordnung anspielen solle.

Zeittafel

1829 29. September: Die Metropolitan Police Force entsteht.

1837 20. Juni: Königin Victoria besteigt den Thron.

1839 September: Erste Fotografie von London, aufgenommen bei Charing Cross.

28. Oktober: Erste Aufführung von *Jack Sheppard* am Adelphi Theatre, Strand.

1841 6. März: Erste Sitzung der Judge and Jury Society im Garrick's Head, Covent Garden.

1849 W. G. Ross gibt die Ballade »Sam Hall« in den Cyder Cellars, Maiden Lane, zum Besten.

1851 1. Mai: Eröffnung der Weltausstellung.

1854–56 Großbritannien kämpft an der Seite von Frankreich, dem Osmanischen Reich und Sardinien im Krimkrieg gegen Russland.

1856 1. Januar: Das Metropolitan Board of Works wird ins Leben gerufen.

1857–58 Indischer Aufstand (auch Sepoyaufstand) gegen die britische Ostindienkompagnie.

1857 September: Das Obscene Publications Act wird erlassen.

1859 Mai: Lord Chamberlain verbannt sämtliche Jack-Sheppard-Stücke von den Londoner Bühnen.

1869 18. November: Erste Ausgabe von *Charley Wag; the New Jack Sheppard*.

1861 1. April: Erste Darstellung der Widow Twankey, Strand Theatre.

18. Mai: Renton Nicholson stirbt.

11. November: Das Offences Against the Person Act setzt das Mindestalter für die Einwilligung in sexuelle Handlungen auf zwölf Jahre fest; Abschaffung der Todesstrafe für analen Sexualverkehr.

1862 April: Richterliche Beamte aus Middlesex verweigern The Coal Hole und Cyder Cellars die Aufführungslizenzen.

1864 11. Januar: Eröffnung des Charing Cross Bahnhofs.

17. Oktober: Eröffnung der Strand Music Hall.

1868 11. November: Tod des Buchhändlers und Verlegers pornografischer Literatur William Dugdale im Clerkenwell-Gefängnis.

21. Dezember: Eröffnung des Gaiety Theatre.

1870 28. April: Festnahme der Transvestiten Ernest Boulton und Frederick Park im Strand Theatre.

1871 28. Januar: Paris kapituliert vor den deutschen Truppen im Deutsch-Französischen Krieg.

1872 10. August: Das Licensing Act reguliert die Öffnungszeiten der Pubs.

1874 Juni: Lord Chamberlain verbannt den Cancan von den Londoner Bühnen.

1875 Januar: Das Northumberland House, das letzte Herrenhaus aus dem 17. Jahrhundert, wird abgerissen.

13. August: Das Offences Against the Persons Act setzt das Mindestalter für die Einwilligung in sexuelle Handlungen auf dreizehn Jahre herauf.

1878 Januar: Temple Bar wird abgerissen.

1879 4. April: *Madame Favart* wird erstmals am Strand Theatre gegeben.

1881 28. Dezember: Das Savoy Theatre wird das erste öffentliche Gebäude der Welt, das vollständig elektrisch beleuchtet wird.

1882 4. Dezember: Offizielle Eröffnung des Royal Courts of Justice, Strand.

1884 30. Mai: Eine Bombe der für die irische Unabhängigkeit kämpfenden Fenian Brotherhood explodiert vor Scotland Yard.

1885 14. August: Das Criminal Law Amendment Act setzt das Mindestalter für die Einwilligung in sexuelle Handlungen von dreizehn auf sechzehn Jahre herauf. Alle sexuellen Handlungen zwischen Männern werden verboten.
26. Dezember: *Little Jack Sheppard* wird erstmals am Gaiety Theatre aufgeführt.

1888 31. August: Mary Ann Nichols wird ermordet, vermutlich das erste Opfer von »Jack the Ripper«.
17. September: Eröffnung der Parnell Commission am Royal Courts of Justice, Strand.
30. Oktober: *Faust Up to Date* wird erstmals am Gaiety Theatre, Strand, aufgeführt.

1889 16. März: Mabel Love verschwindet.
21. März: Der London County Council wird ins Leben gerufen.
26. August: Erlass des Cruelty to Children Act.

1890 24. Mai: Eröffnung der Tivoli Music Hall.

1891 25. September: Selbstmord von Alexander Woodburn Heron.
7. November: Erste Londoner Aufführung von »Ta-ra-ra-boom-de-ay«.
16. November: Charles Le Grand wird wegen Erpressung zu zwanzig Jahren Haft verurteilt.
5. Dezember: Auftakt der Verhandlungen im Scheidungsfall Florence St John.

1893 6. Juni: Maud Merton wird bei Wormwood Scrubs ermordet.
25. Juli: Police Constable George Samuel Cook wird im Newgate Prison hingerichtet.

1894 17. Oktober: Erste öffentliche Vorführung bewegter Bilder im Vereinigten Königreich.

1895 14. Februar: Erste Aufführung von Oscar Wildes *The Importance of Being Earnest*.

1896 25. Januar: Der Schauspieler Claude Marius Duplany stirbt.

1897 16. Dezember: Der Schauspieler William Terriss wird vor dem Adelphi Theatre ermordet.

1901 22. Januar: Königin Victoria stirbt.

1903 4. Juli: Das Gaiety Theatre wird geschlossen.

Anmerkungen

1 Wo ist Troja geblieben?

1   [Robert Blatchford], *Dismal England*, London 1899, S. 78.
2   Dieses Etablissement hieß in viktorianischer Zeit »Cyder Cellars« und »Cider Cellars«.
3   Die Opera Comique befand sich in der Holywell Street, der Eingang lag jedoch in Strand Nr. 299.
4   Renton Nicholson, *The Lord Chief Baron Nicholson. An Autobiography*, London [1860], S. 84.
5   Max O'Rell, *John Bull and His Island*, London [1883], S. 75.
6   »Let's All Go Down the Strand«, Text und Musik: Harry Castling und C. W. Murphy, London 1908.
7   John Hollingshed, *Gaiety Chronicles*, London 1898, S. 7.
8   »One of the Old Brigade«, in: *London in the Sixties (With a Few Digressions)*, London [1906], S. 1.

2 Die »Love« verschwindet

1   John Hollingshead, *Gaiety Chronicles*, London 1898, S. 6.
2   Mr. and Mrs. Bancroft, *On and Off the Stage*, London 1889, S. 2.
3   Emily Soldene, *My Theatrical and Musical Recollections*, London 1898, S. 64.
4   Ebd., S. 63.
5   *The Era*, 13. Juli 1889.
6   Ebd.
7   *The Penny Illustrated Paper*, 7. Januar 1888.
8   Obwohl Mabel für gewöhnlich nicht bei der Besetzung des *Pas de Quatre* genannt wird, stoßen wir bei frühen Beschreibungen des Tanzes auf ihren Namen, z. B. »Ein besonderer Erfolg des Abends war der *Pas de Quatre*, der im Zweiten Akt von den jungen Damen Lillian Price, Mabel Love, Florence Levey und Sprague aufgeführt wurde.« (*The London Standard*, 31. Oktober 1888.)
9   *The Illustrated Police News*, 30. März 1888.
10 *The Entr'acte*, Mai 1889.
11 *The Era*, 29. Juni 1889.
12 *The Pall Mall Gazette*, 16. Juli 1889.
13 Zit. in: Trewman's *Exeter Flying Post*, 19. Juli 1889.
14 George R. Sims, *My Life*, London 1917, S. 196.
15 *Birmingham Daily Post*, 17. Juli 1889.

3 Die Dunklen Bögen

1 Henry Mayhew, *London Labour and the London Poor*, Bd. IV, London 1862, S. 221.
2 *Lloyd's Weekly Newspaper*, 9. Mai 1859.
3 *The Proceedings of the Old Bailey*, www.oldbaileyonline.org (zuletzt besucht am 15. September 2017).
4 *Paul Pry*, Nummer 37 [1849?].
5 Im Kontext des Songs bedeutet *flam* entweder »Tricks« oder »wenig«.
6 *Bam* bedeutet vermutlich »Schwindel«.
7 *The Jack Horntip Collection*, www.horntip.com.
8 *Reynolds's Newspaper*, 3. Oktober 1852.
9 »One of the Old Brigade«, in: *London in the Sixties (with a Few Digressions)*, London [1906], S. 64 f.
10 *The Morning Chronicle*, 18. September 1852.
11 *The Era*, 19. November 1865.
12 *The Daily News*, 14. September 1858.
13 *Reynolds's Newspaper*, 21. Januar 1883.
14 Ebd., 11. September 1887.
15 Max O'Rell, *John Bull's Womankind*, London [1884], S. 52 f.
16 »Slap Bang, Here We Are Again, or the School of Jolly Dogs«, verfasst von Harry Copeland, veröffentlicht ca. 1885.
17 Thomas Burke, *English Night-Life*, London 1941, S. 129.
18 *The Morning Post*, zit. in: *The Penny Illustrated Paper*, 25. November 1865.
19 *Reynolds's Newspaper*, 1. September 1889.
20 *Portsmouth Evening News*, 19. September 1889.

4 Der Lord Chief Baron des Coal Hole

1 Renton Nicholson, *The Lord Chief Baron Nicholson. An Autobiography*, London [1860], S. 5.
2 Ebd., S. 7 f.
3 Ebd., S. 12.
4 Ebd., S. 97.
5 Ebd., S. 139.
6 Ebd., S. 156.
7 »A Sigh for the Sorrowful«, in: *The Era*, 24. Dezember 1842.
8 Nicholson, *The Lord Chief Baron Nicholson*, S. 227.
9 *The Town*, veröffentlicht von W. Wynn, 34 Holywell Street, London 1849.
10 *The Era*, 28. August 1842.

11 J. Ewing Ritchie, *The Night Side of London*, 2. überarb. Aufl., London 1858, S. 90 f.
12 Nicholson, *The Lord Chief Baron Nicholson*, S. 291 f.
13 Edmund Yates, *Edmund Yates: His Recollections and Experiences*, London 1885, S. 95 f.
14 Nicholson, *The Lord Chief Baron Nicholson*, S. 352 f.
15 *Reynolds's Newspaper*, 14. Dezember 1862.
16 *The Era*, 10. Januar 1869.
17 *East London Observer*, 30. Januar 1869.
18 *The Saturday Review*, 16. Januar 1869.
19 E. L. Blanchard, *The Life and Reminiscences of E. L. Blanchard*, hrsg. von Clement Scott und Cecil Howard, London 1891, S. 258.
20 *The Era*, 26. Mai 1861.

5 Ladenhüter und schicke Sachen

1 Henry Mayhew, *London Labour and the London Poor*, Bd. IV, London 1862, S. 248.
2 Max O'Rell, *John Bull and His Island*, London [1883], S. 74.
3 Mayhew, *London Labour and the London Poor*, S. 217.
4 William Acton, *Prostitution, Considered in its moral, social and sanitary aspects in London, and other large cities*, London 1857, S. 73.
5 Renton Nicholson, *The Town* [1838], zit. in: Cyril Pearl, *The Girl with the Swansdown Seat*, London 1955, S. 20.
6 *Lloyd's Weekly Newspaper*, 19. Oktober 1856.
7 *The Morning Chronicle*, 25. Oktober 1856.
8 *Old and New London. A Narrative of its History, its People and its Places*, London [1878], S. 70.
9 *Lloyd's Weekly Newspaper*, 28. September 1851.
10 John Diprose, *Some Account of the Parish of Saint Clement Danes (Westminster) Past and Present*, London 1868, S. 100.
11 *Parliamentary Papers*, 1865, zit. in: Michael Fort, »From Carey street to the Embankment and Back Again«, in: *London Topographical Record*, Bd. XXIV, London 1980, S. 169. Der heute als beleidigend empfundene Begriff *nigger minstrel* war in viktorianischer Zeit geläufig und bezog sich auf jene Künstler, die sich das Gesicht schwarz schminkten, um ein oft romantisierendes, aber herablassendes Abbild des farbigen Amerikaners abzugeben.
12 *Morning Post*, 31. Oktober 1872; *Illustrated Police News*, 14. Dezember 1872.
13 Renton Nicholson, *The Lord Chief Baron Nicholson. An Autobiography*, London [1860], S. 32 f.
14 *The Town*, Nr. 2 [1849].

15 Zit. in: W. H. Holden, *They Startled Grandfather*, London 1950, S. 84.

16 *London Daily News*, 24. Juli 1854.

17 J. Ewing Ritchie, *The Night Side of London*, S. 48 f.

18 Ebd., S. 46.

19 Mayhew, *London Labour and the London Poor*, S. 248.

20 *The Proceedings of the Old Bailey.*

21 Ebd.

22 *The Times*, 26. Januar 1870.

23 *Morning Post*, 9. Oktober 1872

24 Ebd.

25 Joseph Hatton, »On Music with a ›k‹«, in: *The Idler*, April 1892.

26 [Robert Blatchford], *Dismal England*, London 1899, S. 81 ff.

6 Ernst sein ist alles ... und Frederick

1 *The Trial of Boulton and Park with Hurt and Fiske*, London 1871, S. 6.

2 *Saturday Review*, zit. in: Cyril Pearl, *The Girl with the Swansdown Seat*, London 1955, S. 23.

3 *The Era*, 7. April 1861.

4 Ebd., 6. September 1868.

5 Ebd., 17. April 1870.

6 *The Days' Doings*, 13. Mai 1871.

7 *The Argus* [Melbourne], 19. April 1873.

8 *The Examiner*, 9. April 1870.

9 *Reynolds's Newspaper*, 10. April 1870.

10 John Hollingshead, *Gaiety Chronicles*, London 1898, S. 4.

11 Zit. in: Neil McKenna, *Fanny and Stella. The Young Men who Shocked Victorian England*, London 2013, S. 35.

12 Ebd.

13 Ebd., S. 90.

14 *The Pearl*, November 1879.

15 *The Trial of Boulton and Park with Hurt and Fiske*, S. 5.

16 McKenna, *Fanny and Stella*, S. 315.

17 Ebd., S. 36.

18 Ebd., S. 59.

19 Dt. *Die Sünde von Sodom. Erinnerungen eines viktorianischen Strichers*, hrsg. und übers. von Wolfram Setz. Charles Hirsch, ein französischer Buchhändler, der einen Laden in der Coventry Street führte, erinnerte sich, Wilde eine Ausgabe von *The Sins of the Cities of the Plains* verkauft zu haben.

20 Oscar Wilde, *The Importance of Being Earnest*, London 1909, S. 34.

7 Sam und Maud

1 Diese Behauptung wurde vehement von dem Betreiber des Peacock zurück-gewiesen; seinen Angaben zufolge sei nie eine Frau wie Maud im Pub tätig gewesen.
2 *The Proceedings of the Old Bailey.*
3 Ebd.
4 Ebd.
5 *Lloyd's Weekly Newspaper*, 16. Juli 1893.
6 *The London Standard*, 25. Juli 1893.

8 Über die Stränge schlagen

1 Henry Mayhew, *London Labour and the London Poor*, Bd. 1, London 1851, S. 12.
2 Max O'Rell, *John Bull and His Island*, S. 113 f.
3 William Acton, *Prostitution, considered in its moral, social and sanitary aspects in London, and other large cities*, S. 103.
4 Ebd., S. 105.
5 Im viktorianischen Slang bedeutet *tart* attraktive junge Frau; *bun* steht für Vagina.
6 Zit. in: Cyril Pearl, *The Girl with the Swansdown Seat*, S. 221.
7 *Reynolds's Newspaper*, 29. März 1868.
8 *The Times*, 14. Oktober 1870.
9 *The Morning Post*, 8. Dezember 1874.
10 Laut Programm des Gaiety Theatres.
11 *Pall Mall Gazette*, 12. März 1892.
12 *The Era*, 5. März 1892.
13 Zit. in: J. E. Crawford Flitch, *Modern Dancing and Dancers*, London 1912, S. 97.
14 *Black and White*, 28. Mai 1892.
15 Edward Carpenter, *Love's Coming-of-age*, London 1896, S. 57.
16 Harry Randall, *Harry Randall Old Time Comedian*, London [1931], S. 104.
17 W. R. Titterton, *From Theatre to Music Hall*, London 1912, S. 120.
18 Zit. in: D. F. Cheshire, *Music Hall in Britain*, Newton Abbot 1974, S. 69.
19 Flitch, *Modern Dancing and Dancers*, S. 91.
20 Holbrook Jackson, *The Eighteen Nineties*, London 1913, S. 35.
21 Punch, 5. März 1892.
22 *Lloyd's Weekly Newspaper*, 3. Juli 1892.
23 *Birmingham Daily Post*, 19. Juli 1892.
24 Zit. in: *The Bristol Mercury and Daily Post*, 11. Februar 1892.
25 *Pall Mall Gazette*, 12. April 1892.

26 Shaw Desmond, *London Nights of Long Ago*, London 1927, S. 112 f.

27 Sir Malcolm Morris, *The Nation's Health. The Stamping Out of Venereal Disease*, London 1917, S. 19.

28 *Pall Mall Gazette*, 16. Juli 1897.

9 Ins Unbekannte spähen

1 Mervyn Heard, *Phantasmagoria. The Secret Life of the Magic Lantern*, London 2006, S. 131.

2 Terry Ramsaye, *A Million and One Nights*, New York 1926, S. 119.

3 Ebd., S. 148.

4 *The Westminster Budget*, 17. November 1893.

5 *Fun*, 22. Januar 1895.

6 Zit. in: Paul C. Spehr, *The Man who Made Movies: W. K. L. Dickson*, New Barnet 2008, S. 14.

7 J. C. Woollan, »Hotel London«, in: *Living London*, London [1903], S. 238.

8 *The Daily News*, 13. September 1899.

9 Richard Brown / Barry Anthony, *A Victorian Film Enterprise. The History of the British Mutoscope and Biograph Company, 1897–1915*, Trowbridge 1999, S. 321–324.

10 *Sheffield Evening News*, 5. August 1901.

10 Auf der Suche nach Dummköpfen auf dem Strand

1 Arthur Roberts, *Fifty Years of Spoof*, London 1927, S. 93 f.

2 *Whitstable and Herne Bay Herald*, 18. April 1891.

3 *The London Standard*, 20. April 1894.

4 *Lloyd's Weekly Newspaper*, 12. April 1891.

5 *The Proceedings of the Old Bailey*.

6 Ebd.

7 *Lloyd's Weekly Newspaper*, 3. November 1895.

8 *Aukland Star*, 4. Januar 1896.

9 Maurice Moser / Charles F. Rideal, *Stories From Scotland Yard*, London 1890, S. 39.

10 Ebd., S. 108.

11 *Preston Chronicle*, 6. August 1892.

12 *The Proceedings of the Old Bailey*.

13 *Sheffield Daily Telegraph*, 17. Juni 1901.

11 Die Fallsammlung des Maurice Moser

1 Maurice Moser / Charles F. Rideal, *True Detective Stories*, New York 1891, S. 7.
2 Ebd., S. 8.
3 Maurice Moser / Charles F. Rideal, *Stories From Scotland Yard*, S. 26 f.
4 Ebd.
5 *Sheffield Daily Telegraph*, 18. September 1896.
6 »The Irish Colony in Paris. By an Old Colonist«, in: *St James's Gazette*, zit. in: *Brisbane Courier*, 11. Juni 1884.
7 *The Era*, 26. Januar 1884.
8 *The Times*, 7. März 1887.
9 Moser / Rideal, *True Detective Stories*, S. 41.
10 *St James's Gazette*, 8. August 1889.
11 *Bruce Herald*, 18. Oktober 1901.
12 *Lloyd's Weekly Newspaper*, 27. Juli 1890; National Archives J 77/433/3201.
13 National Archives, J 77/447/3639.
14 *The London Standard*, 2. Januar 1893.

12 Alias Jack the Ripper

1 *The London Standard*, 22. März 1887.
2 Ebd.
3 *The Proceedings of the Old Bailey*.
4 *The Evening News*, 1. Oktober 1888.
5 Ebd., 4. Oktober 1888.
6 *The Proceedings of the Old Bailey*.
7 *Nottingham Evening Post*, 1. Juni 1889.
8 *The Proceedings of the Old Bailey*.
9 Ebd.
10 *The London Standard*, 7. Oktober 1891.
11 *Edinburgh Evening Penny Post*, 24. November 1891.
12 *The Proceedings of the Old Bailey*.
13 Ebd.
14 Ebd.
15 Die Spekulationen im Internet, Le Grand sei »Jack the Ripper« gewesen, wurden von Tim Wescott angeführt. Meine Nachforschungen für dieses Kapitel gründen sich hauptsächlich auf zeitgenössische Presseberichte und haben keinen Gebrauch gemacht von dem ins Internet gestellten Material.

13 Morphiumkristalle

1 *Glasgow Herald*, 2. März 1878.
2 *The British Mercury*, 1. Oktober 1892.
3 *Reynolds's Newspaper*, 2. Oktober 1892.
4 Ebd.
5 Ebd., 25. September 1892.
6 Ebd., 2. Oktober 1892.
7 *Pall Mall Gazette*, 27 September 1892.

14 Ein Adelphi-Drama

1 Erskine Reid / Herbert Compton, *The Dramatic Peerage*, London 1892, S. 3.
2 Ebd., S. 201.
3 Arthur J. Smythe, *Life of William Terriss*, London 1898, S. 153.
4 East, *'Neath the Mask*, London 1967, S. 55.
5 Seymour Hicks, *Between Ourselves*, London 1930, S. 37.
6 Ebd., S. 38 f.
7 *Lloyd's Weekly Newspaper*, 2. Januar 1898.
8 *Dundee Courier*, 23. Dezember 1897.
9 *The Chronicle* [Adelaide], 29. Januar 1898.
10 *Dundee Courier*, 23. Dezember 1897.
11 *The Proceedings of the Old Bailey*.
12 Ebd.
13 East, *'Neath the Mask*, S. 56.
14 *The Proceedings of the Old Bailey*.
15 *Glasgow Herald*, 18. Dezember 1897.
16 Ebd.
17 Seymour Hicks, *Between Ourselves*, S. 42.
18 *Dundee Courier*, 23. Dezember 1897.
19 H. Chance Newton, *Cues and Curtain Calls*, London, 1927, S. 46.
20 George R. Sims, *My Life*, London 1917, S. 271.

15 Madame St John

1 Boyle Lawrence, *Celebrities of the Stage*, London [1900], S. 45.
2 W. T. Vincent, *Recollections of Fred Leslie*, London 1894, S. 96 f.
3 *The Theatre*, 1. Dezember 1884.
4 Vincent, *Recollections of Fred Leslie*, S. 98.

5 Jessie Millward, *Myself and Others*, London 1923, S. 215.
6 *The London Standard*, 11. Dezember 1891.
7 Ebd.
8 *Hampshire Telegraph and Sussex Chronicle*, 12. Dezember 1891.
9 *The London Standard*, 10. Dezember 1891.
10 *Lloyd's Weekly Newspaper*, 12. Dezember 1891.
11 *The Bristol Mercury*, 11. Dezember 1891.
12 *Lloyd's Weekly Newspaper*, 13. Dezember 1891.
13 Ebd.
14 *Reynolds's Newspaper*, 13. Dezember 1891.
15 Lawrence, *Celebrities of the Stage*, S. 45.

16 Der Hinterhof von St. Clement's

1 Steven Marcus, T*he Other Victorians. A Study of Sexuality and Pornography in Mid-Nineteenth Century England*, London 1966, S. 74 f.
2 Thomas Frost, *Reminiscences of a Country Journalist*, London 1886, S. 54.
3 *Lloyd's Weekly Newspaper*, 7. September 1851.
4 Ebd.
5 *Reynolds's Newspaper*, 20. Juli 1856.
6 *The Illustrated London News*, 1. Januar 1853.
7 *The Morning Chronicle*, 11. Mai 1857.
8 Ebd.
9 *North Wales Chronicle*, 28. November 1857.
10 *The Bookseller*, 1868, zit. nach: Cyril Pearl, *Victorian Patchwork*, London 1972, S. 81.
11 Anzeige auf dem Buchrücken von Renton Nicholson, *The Lord Chief Baron Nicholson. An Autobiography*, London [1860].
12 [William Stephens Hayward], *Skittles in Paris. A Biography of a ›fascinating‹ woman*, London 1884 (Reprint der Ausgabe von 1864), S. 3 f.
13 [Charles H. Ross], *Charley Wag, the New Jack Sheppard*, London 1891; Nachdr. British Library, Historical Print editions, S. 2.
14 Ebd., S. 48.
15 Ebd., S. 285.
16 Renton Nicholson, *The Lord Chief Baron*, London [1860], S. 242.
17 *Lloyd's Weekly Newspaper*, 1. Januar 1853.
18 George Speaight, *Bawdy Songs of the Early Music Hall*, London 1975, S. 81.
19 *The Lover's Harmony*, Nr. 46, London ca. 1840, S. 362 f.
20 Maurice Moser / Charles F. Rideal, *Stories from Scotland Yard*, London 1890, S. 36.

21 Jack Saul, *Sins of the Cities of the Plain*, [o. O.] 2006, S. 57.
22 *Pall Mall Gazette*, 23. November 1886.
23 *The Daily Telegraph*, 28. Dezember 1885.
24 John Hollingshead, *Gaiety Chronicles*, London 1898, S. 453.
25 *Newcastle Courant*, 31. Januar 1879.
26 Bernard Ince, »Redefining the Grotesque; E. J. Odell, Actor and Comedian«, in: *STR Theatre Notebook* 65 (2011), H. 2.
27 »In the Strand«, Text: Frank Hall, Melodie nach Dan Emmetts »I Wish I was in Dixie«, veröffentlicht ca. 1861.
28 »Unfit For Publication«, Text und Musik: E. V. Page.
29 »Walking Down the Strandity«, Text und Musik: Will Godwin.
30 »The Masher King«, Text und Musik: Harry Adams und E. Jonghmans, veröffentlicht ca. 1884.
31 »The Broken Down Masher«, Text und Musik: George Byford und E. Jonghmans, veröffentlicht ca. 1884.
32 H. G. Hibbert, *A Playgoer's Memories*, London 1920, S. 55.

Literaturhinweise

Acton, William: Prostitution, considered in its moral, social and sanitary aspects in London and other large cities. London 1857.

Glover, James M.: Jimmy Glover. His Book. London 1911.

– Jimmy Glover and His Friends. London 1913.

Hibbert, H. G.: Fifty Years of a Londoner's Life. London 1916.

– A Playgoer's Memories. London 1920.

Hicks, Seymour: Between Ourselves. London 1930.

Holden, W. H.: They Startled Grandfather. Gay Ladies and Merry Mashers of Victorian Times. London 1950.

Hollingshead, John: Gaiety Chronicles. London 1898.

Jupp, James: The Gaiety Stage Door. Thirty Years' Reminiscences of the Theatre. London 1923.

Macqueen-Pope, W.: Gaiety: Theatre of Enchantment. London 1949.

McKenna, Neil: Fanny and Stella. The Young Men Who Shocked Victorian England. London 2013.

Marcus, Steven: The Other Victorians. London 1966.

Mayhew, Henry: London Labour and London Poor. Bde. I–IV. London 1851–61.

Millward, Jessie: Myself and Others. London 1923.

Moser, Maurice / Charles F. Rideal: Stories From Scotland Yard. London 1890.

– True Detective Stories. New York 1891.

Nead, Lynda: Victorian Babylon. London 2000.

Nicholson, Renton: The Lord Chief Baron Nicholson. An Autobiography. London [1860].

Pearl, Cyril: The Girl with the Swansdown Seat. London 1955.

– Victorian Patchwork. London 1972.

Richie, J. Ewing: The Night Side of London. 2. überarb. Aufl. London 1858.

Rowell, George: William Terriss and Richard Prince: Two Characters in an Adelphi Melodrama. London 1985.

Scott, Clement: The Drama of Yesterday and To-day. London 1899.

Sims, George R.: My Life: Sixty Years' Recollections of Bohemian London. London 1917.

Speaight, George: Bawdy Songs of the Early Music Hall. London 1975.

Spehr, Paul: The Man Who Made Movies. W. K. L. Dickson. New Barnett 2008.

Yates, Edmund: Edmund Yates: His Recollections and Experiences. London 1885.

Verzeichnis der Abbildungen

Register

Brooks, Henry G. 75, 77, 84–87, 98, 106, 113
Brown, Vallet 222
Brydges Street, Covent Garden 91, 93, 291
Buckstone, J. B. 45
Bull Inn Court, Strand 254, 318
Bullock, Mr. 84
Burenkrieg 162, 182, 314
Burke, Thomas Henry 204
Burleske 16, 22, 26 f., 30 f., 40, 75, 103, 108, 112 f., 115, 118 f., 149, 152, 157, 171, 259, 262, 271 f., 303, 305
Burlington Arcade 109, 126, 253
Burnand, F. C. 119
Byford, George 312, 314, 316
Byrne, Frank 204
Byron, H. J. 111

Caine, W. S. 181
Campbell, George 222
Campbell, Herbert 194, 234
Campbell, Lord John 284–286, 292
Cancan 140, 146 f., 149 f., 152 f., 155 f., 263, 302
Career of an Artful Dodger, The 289
Carey Street 93
Carlton, Arthur 250
Carmencita 171
Carpenter, Edward 156
Carroll, Lewis 30
Cash, Johnny 52
Catherine Street, Strand 93–95, 97, 190 f., 288
Cato Street Conspiracy 280
Cavendish, Lord Henry 204
Cecil House, Strand 8
Cecil Street, Strand 20
Central Criminal Court s. auch Old Bailey 227, 256
Chadwick, Inspector 282

Chamberlain, William 119
Chaplin, Charles (Junior) 191
Chaplin, Charles (Senior) 191
Charing Cross (Bahnhof) 13–15, 24, 58, 132, 204, 230, 263
Charles II. (König) 11, 127
Charles Street, Drury Lane 54, 93
Charley Wag, or the New Jack Sheppard 45, 291
Chartisten 279, 288
Chevalier, Albert 153, 172
Churchill, Sir Winston 42
»City of Prague, The« 306
Clare Market 16, 43
Clarence, Duke of 129, 157
Clayden, Dolly 235–237
Clements Lane, Strand 100, 292
Clerkenwell Gefängnis 287
Cleveland Street Scandal 91, 129, 268
Clifton, Nellie 103
Coal Hole Companion 294
Cockburn, Sir Alexander 126
Cohen, Arthur 265, 268–270, 272–275
Cohen, Jacob 265
Cohen, Laurence 198
Coldbath-Fields-Gefängnis 284, 287
Collins, Hyman 150
Collins, Hyman Henry 150
Collins, José 163
Collins, Lizzie 151
Collins, Lottie 22, 141, 149–151, 159–163, 317
Collins, Rose 151
Collins, William Alfred 150
Colonna Quartet 147 f.
Confessions of Harriet Wilson 283
Cooke, George Samuel 22, 132–134, 138, 317
Cooke, Kate (Lady Euston) 101–103, 259, 266 f., 270, 272, 276
Cooney, Stephen 163